마가복음 강해서 2

하나님의 나라

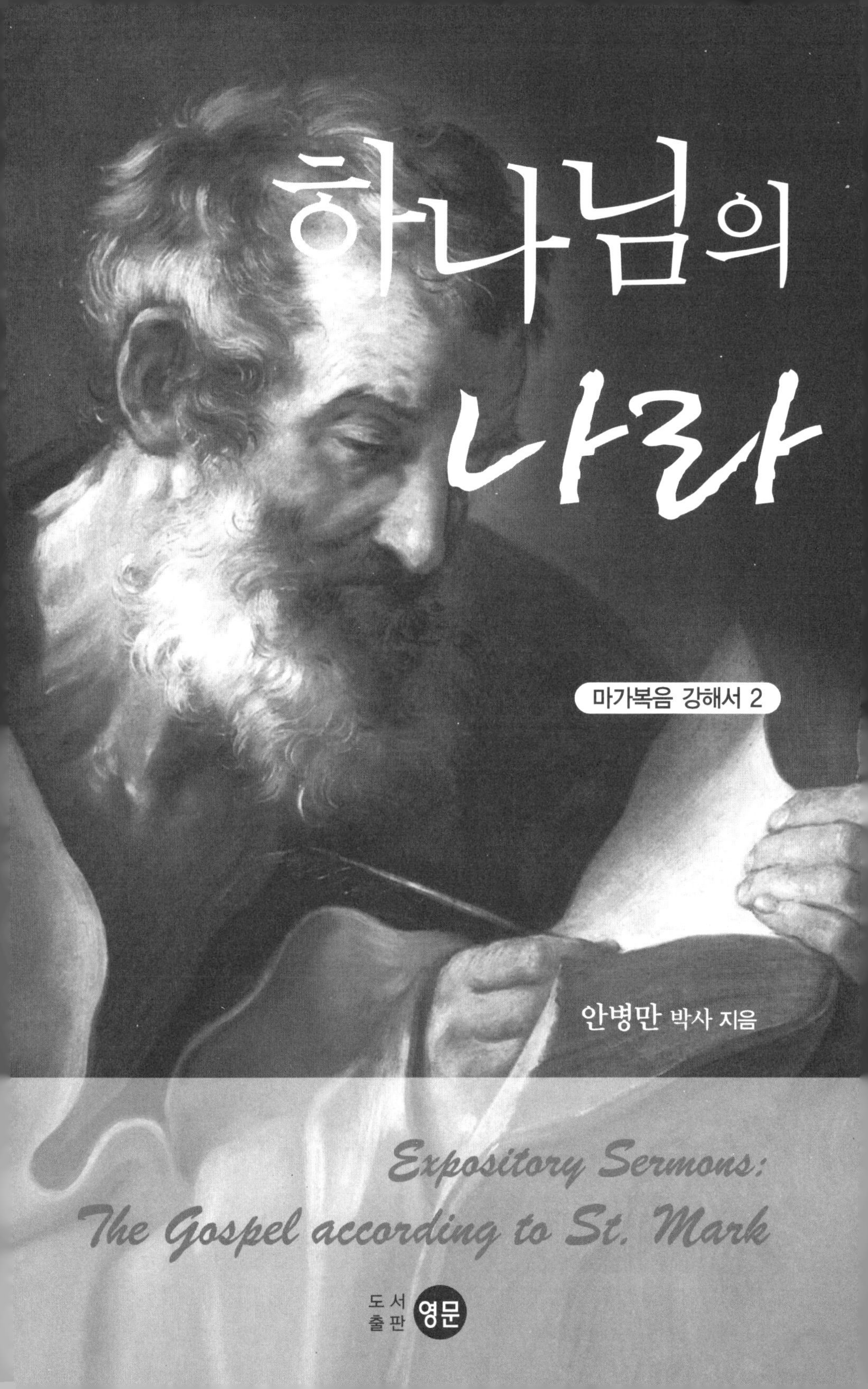

하나님의 나라

마가복음 강해서 2

안병만 박사 지음

Expository Sermons: The Gospel according to St. Mark

도서출판 영문

Acknowledgments

저자(著者)의 변(辯)

『하나님의 복음』이라는 제목의 마가복음 강해서 첫 권을 출간한 지도 벌써 일년의 세월이 흘렀습니다. 작년 4월 새 교회당 입당감사 예배를 준비하면서 축하객들과 열방가족들에게 최적의 선물이 무엇일까를 고민하던 중에 그 동안 매주 강단에서 선포한 말씀을 한권의 책으로 묶어 나누는 것이 좋겠다는 마음에 용기를 내어 책을 출간 한 바 있었으며, 금번에 두 번째로 『하나님의 나라』라는 제목으로 한 권의 책이 또 다시 세상에 빛을 보게 되었습니다.

예수님의 지상 사역을 간단명료하게 그려주고 있는 복음서의 원본(Original-사복음서 중에 제일 먼저 기록된 책)인 마가복음 강해를 시작 할 수 있었던 것은 본인에게 있어서 좋은 기회였고 교회적으로는 큰 은혜였습니다. 왜냐하면 마가복음서에 자세하게 기록되지 않은 사건과 이야기를, 다른 복음서를 연구하여 종합적으로 그리스도의 일대기를 살펴 그 진리의 진수를 발견하여 선포할 수 있게 되었고 선포된 말씀으로 성도들이 기쁨을 얻고 행복할 수 있었기 때문입니다. 마가복음의 전체맥락 속에 도도히 흐르는 한 물줄기는 바로 하나님의 나라의 왕이신 주 예수 그리스도의 삶과 통치입니다. 이방인(로마)들을 위해 쓰인 복음이기 때문에 이론보다 행동적인 면을 많이 강조하고 있습니다. 또한 하나님의 나라의 성격과 그 나라의 백성들이 어떻게 살아야 할 것인가를 구체적으로 기술하고 있습니다. 마태복음처럼 유대인들에 대한 변증이나 구약의 인용이 적고, 주님의 사역 가운데 이방인을 위한 복음 전파에 대해서는 저항에 대한 언급들이 없이 하나님의 나라가 어떻게 이루어지는가에 초점이 맞추어져 있고, 그 중심에 그리스도의 사역과 가르침이 놓여 있습니다. 그리스도의 사역을 통해서 이스라엘이라는 경계(boundary)를 넘어 이방 지역에도 하나님의 나라가 든든히 세워지고 확장되는 과정을 생생하게 볼 수 있습니다. 하나님의 나라는 복음을 통해서 누룩처럼 서서히 퍼져 나가기 때문에 그리스도의 초림부터 세례요한의 사역과 그리스도의 자신의 선언을 통해 택한 백성들이 하나님의 품으로 돌아오는 역사를 보게 됩니다. 특히 이방세계에 흩어져 살며 고난과 핍박을 받는 하나님의 백성들이 하나님 나라의 일원이 되고 그리스도가 완전히 통치할 그 시간들을 소망 가운데 바라봄으로 그 혹독한 환난과 시련을 이겨 내도록 격려하고 있습니다. 또한 이 세상은 사탄과 그 세력들에 의해서 통치를 받고 있기에 심한 갈등과 영적 전쟁이 치열하지만 그리스도의 권세로 그들이 정복당하고 패하는 것을 보여 주고 있습니다. 이는 주님께서 승리하신 것과 같이 하나님의 나라 백성들이 일시적으로 고통을 당하고 시련을 겪지만 결국 승리하게 된다는 진리를 대변하고 있습니다.

예수님의 사명은 그의 삶과 사역 전체를 통해 사탄을 결박하고 하나님의 나라를 세우시는 것임을 분명히 하고 있습니다. 권능으로 임한 하나님의 나라와 그의 통치를 모든 하나님의 백성들이 목격하게 될 것이라고 확언하고 있습니다(막 9:1 – **"여기 섰는 사람 중에 죽기 전에 하나님의 나라가 권능으로 임하는 것을 볼 자들도 있느니라"**). 즉 이미 이루어 졌지만 아직 여기서 완성되지 아니한 (Already, not yet) 하나님의 나라를 섬기시며 파괴된 창조의 세계를 회복하시는 그의 본질적 사역의 핵심을 보게 될 것을 예시 하신 말씀입니다.

제 1권은 마가가 선언하고 있는 '복음의 시작' (1:1)이라는 첫 구절이 담고 있는 핵심을 잡아 '하나님의 복음' 이라고 했다면 예수님의 사역의 길을 열기 위해 왔던 세례요한의 외침의 주제와 그리스도께서 선언하신 그의 통치와 만왕의 왕되심(The kingship)에 초점을 맞추어 '하나님의 나라' 라는 제목을 정했습니다. '하나님의 나라' 의 주제는 성경 전체에 깔려 있는 핵심진리이기도 하지만 그리스도의 오심 자체가 하나님의 나라의 시작이요 다스림이라고 할 수 있습니다.

본인은 **'존 스토트의 설교의 원리와 방법'**(프리셉트)을 연구하여 박사학위(Th.D)을 받아 수지에 있는 열방교회를 개척하여 섬기면서 성경적인 원리와 정신 그리고 아카데믹한 신학적 원리를 현실적으로 어떻게 접목하고 실현할 것인가를 10여 년 동안 고민하면서 먼저 요한 일서의 강해집 – **'하나님의 마음'**(프리칭)을 출간하였고, 다음으로 후학들에게 설교의 지침서가 될 '맛 설교학' 을 발간하여 신학생들과 설교에 어려워하는 사역자들에게 도우미가 되었으며, 작년에는 실제로 강해를 어떻게 하는가를 모범적으로 보여 줄 마가복음 강해 시리즈 1권을 출간하였습니다. 이러한 강해서가 한국교회 강단을 건강하게 하고 성경말씀이 바르게 선포되는 일에 지침서가 되었으면 하는 바람입니다. 시리즈 1권과 마찬가지로 2권도 아카데믹한 글이 아니기 때문에 가능하면 쉬운 언어와 문체를 사용하려고 노력했습니다. 일반성도들과 목회자들이 함께 읽고 은혜를 나눌 수 있도록 배려했습니다.

끝으로, 이 책 출간을 위해서 동역해 준 여러 분들(교정, 후원, 기도)께 감사를 드리며, 책의 전체내용을 다듬고 세밀한 교정을 봐 준 이윤정 자매의 노고에 감사를 드립니다. 특히 백석대 부총장으로 중책을 맡아 분주하신 중에도 기쁨으로 추천서를 써 주신 김진섭 박사님과 존경하는 선배 정근두 박사님 그리고 앞서 목회의 본을 보이시는 정주채, 박은조 목사님, 그리고 나의 친구 김명군 목사님께 감사를 드립니다. 항상 곁에서 기도로 내조하며 용기를 북돋아 격려를 아끼지 않는 사랑하는 아내(허순덕)와 든든한 버팀목이 되어주는 하나님의 상급인 자녀들(보혜/정훈, 희락, 보은)에게 감사의 마음을 전합니다.

2013. 4. 1

삼대(三代)가 행복한 열방교회 목양실에서...

안병만 목사

Acknowledgments

It has already been a year since the first expository book of Mark called 『The Gospel of God』was published. Last year in April, we had finished our church construction, and while considering what would be suitable gifts to give to contributors and to our church congregation at the opening service, it seemed meaningful to put together the sermons I had preached every week into one book, thereby resulting in the publication of 'The Gospel of God', followed by the publication of the second book 『The Kingdom of Heaven』.

To start an exposition of Mark, a book that gives us a short and simple picture of Jesus' ministries on earth, was a good opportunity for me and huge grace for the entire church congregation. The reason is because by researching through events that were recorded in the other three Gospels but were not mentioned in detail in the book of Mark, I could look carefully into the life story of Christ, and proclaim the essence of truth through which the congregation gained great joy and happiness. The main stream that flows majestically throughout the whole context of Mark is the life and reign of Jesus Christ, the King of the kingdom of heaven. Because it was written for the Gentiles(the Romans), it emphasizes more on action than on knowledge and also explains the characteristics of God's kingdom and how people of the kingdom of heaven should live. Unlike Matthew, the book of Mark has less demonstration about the Jews or quotes from the Old Testament and focuses more on how the kingdom of heaven is expanded through the gospel, without mentioning the resistance to the spreading of the Gospel to the Gentiles, where, in the center, Christ's ministries and teachings lie. Through Christ's ministries, it can be seen that the kingdom of heaven is expanding throughout the land of the Gentiles, beyond the boundaries of Israel. Because the kingdom of heaven expands by the gospel like yeast, the return of God's chosen people to God can be witnessed in Jesus' first coming, the works of John the baptist, and through Jesus' own proclamation. It encourages God's people all around the land of the Gentiles, who are being persecuted and are on trial, to overcome their severe ordeals by hoping for the time when God's people become part of God's kingdom and Christ reigns over all. Also, because the world is under the reign of Satan and its forces, severe conflict and spiritual warfare is intense but we can also see that they are defeated by the power of Christ. Although God's people are temporarily undergoing trial, the book of Mark speaks for the truth that, just as Jesus won, so will they in the end.

The book of Mark clearly shows that Jesus' mission is to bind Satan's power and to establish the kingdom of God through his whole life and ministries. It affirms that the kingdom of God and His reign by power will be witnessed by God's people (..."I tell you the truth, some who are standing here will not taste death before they see the kingdom of God come with power." Mark 9:1). In other words, this verse illustrates that we will see the core of his fundamental ministry, which is Jesus serving the kingdom of God, which has already come but is not yet in its fullness (already, not yet) and restoring God's creation that has been destroyed.

If the first book was named 'The Gospel of God', after the key point in the first verse 'the beginning of the Gospel' (1:1) that Mark is declaring, this book was named 'The kingdom of God' by focusing on the theme of John the baptist preparing to open the way for Jesus' ministry and the declaration of Christ of his reign and his kingship. The theme 'the kingdom of God' is the core truth of the whole Bible but the coming of Jesus itself is also the beginning of the kingdom of God and his reign.

I have studied the principles and methods of John Stott's sermons and received a doctor's degree in Theology. I founded All Nations' Community Church in Suji 12 years ago and while serving the church, I came to consider how I could apply and actualize Biblical theory, its spirit and theological theories practically. That is how I came to publish 'The heart of God', an expository book on 1 John and then 'Preaching as a delicious dish', a guide book for younger students to help theology students and ministers who find delivering sermons difficult. Last year, the first of a series of expository books on Mark that exemplifies how to deliver a sermon, was published. I hope that such a book strengthens the pulpit of Korean Churches and that the word of God is delivered properly. Just like the first book, the second book was written in facile style, as the contents are not of an academic one. It was written so that anyone, even without vast biblical knowledge, and pastors could read and share the grace.

I would like to express my gratitude to everyone who worked together with me anonymously to publish this book, especially to Dr. Jin-Sub Kim, who as a vice-president of Baek-seok University, who, during his busy schedule, was more than happy to write a word of recommendation; to Dr. Kun-Doo Jung, to pastor Joo-Chae Jung and pastor Eun-Jo Park, who are role models of ministry, and to my dear friend, pastor Myung-goon Kim. I am grateful to my wife (Soon-Deog Hur) who has always been by my side in prayer and encouraging me, and to my gifts from God, my children (Jeong-hoon/Bo-Hye, Hee-Rak, Bo-Eun).

2013 April 1

Dr. Byeong-Man An

추천사

주부라면 누구나 밥을 짓듯이 목사라면 누구나 설교를 해야 합니다. 하지만 주부라고 누구나 밥을 잘 할 수 있는 것도 아니고 목사라고 누구나 설교를 잘 하지는 않습니다. 그러나 주부의 요리솜씨가 탁월하지 않아도 식구들은 집에서 먹는 음식을 선호합니다. 그것은 파는 음식에서 기대할 수 없는 사랑과 정성이란 양념이 주부의 음식에는 들어있기 때문입니다. 그래서 인류가 존속하는 한 모든 사람들이 음식점에서 음식을 사 먹는 비극이 일어나지 않기를 바라고 있습니다. 마찬가지로 가장 탁월한 한 설교자의 설교를 모든 사람이 다 듣도록 강요당하는 시대가 오지 않을 것이란 믿음을 가지고 있습니다.

저자 안 병만 목사는 같은 교단에 속해 있을 뿐 아니라 동시에 같은 나라 남아공화국 포체프스트룸 대학교에서 유학을 한 공통점을 가지고 있습니다. 내가 로이드 존스의 원리와 방법을 전공한 것과 같이 그는 존 스토트의 설교의 원리와 방법을 전공했습니다. 그래서 그의 설교집은 또 한 권의 설교집이 아닙니다. 한 편의 설교마다 본문이 말하는 내용을 담아내기 위한 설교학을 전공한 사람의 고민이 묻어나고 있습니다. 그의 설교를 읽어보면 한 편 한 편의 내용이 결코 평범하지 않다는 것을 알게 될 것입니다. 첫 권에서는 하나님의 복음에 대한 생생한 이야기들로 가득 차 있어 독자들에게 큰 도전과 감동이 있었습니다. 그러므로 시리즈로 계속 나오게 될 그의 마가복음 강해집 3.4에 대한 기대를 갖게 만듭니다.

지금은 하늘에서 쉬고 있는 하용조 목사님의 마태복음 연속설교집이 일찍 나왔고, 아직도 끝맺음을 못한 추천인의 누가복음 강해설교집이 계속 나오는 것처럼, 그리고 김서택 목사님의 요한복음 연속강해설교집의 대열을 이어서 안 목사님의 마가복음 강해설교집이 복음서 연속강해집의 또 하나의 이정표를 새롭게 만들어가기를 바랍니다. 각 사람이 자기 시대의 자기 청중에게 영원한 복음을 전해야 할 사명이 있기 때문입니다. 안 목사님의 마가복음 설교집은 밥 짓는 일이 계속되듯이 설교를 매주 준비해야 하는 동역자들에게 큰 도움이 될 것이라고 생각합니다.

부디 이 책을 읽는 동역자들과 일반 독자들은 안 목사님을 통해서 마가가 전하려고 했던 복음의 그 단순 명료하고 힘 있는 능력을 접하게 되기를 바랍니다. 그리하여 시대마다 신실한 종들에 의해서 천국의 진리가 더 널리 전파되는 일에 이 책이 귀한 디딤돌이 되기를 바랍니다. 그리하여 이 세상 나라를 우리 주 하나님과 그리스도의 나라가 되어 그가 세세토록 왕 노릇하는 그날이 속히 임하기를 소원합니다. "아멘 주 예수여 오시옵소서"

구주대망 2013년 4월 1일, 남쪽 울산에서

울산교회 담임 정근두 목사

차례

Chapter 1

위대한 스승, 예수님의 비유

(The great teacher, His parable)

마가복음 4:1-20

예수께서 다시 바닷가에서 가르치시니 큰 무리가 모여들거늘 예수께서 바다에 떠 있는 배에 올라 앉으시고 온 무리는 바닷가 육지에 있더라 이에 예수께서 여러 가지를 비유로 가르치시니 그 가르치시는 중에 그들에게 이르시되 들으라 씨를 뿌리는 자가 뿌리러 나가서 뿌릴새 더러는 길 가에 떨어지매 새들이 와서 먹어 버렸고 더러는 흙이 얕은 돌밭에 떨어지매 흙이 깊지 아니하므로 곧 싹이 나오나 해가 돋은 후에 타서 뿌리가 없으므로 말랐고 더러는 가시떨기에 떨어지매 가시가 자라 기운을 막으므로 결실하지 못하였고 더러는 좋은 땅에 떨어지매 자라 무성하여 결실하였으니 삼십 배나 육십 배나 백 배가 되었느니라 하시고 또 이르시되 들을 귀 있는 자는 들으라 하시니라 예수께서 홀로 계실 때에 함께 한 사람들이 열두 제자와 더불어 그 비유들에 대하여 물으니 이르시되 하나님 나라의 비밀을 너희에게는 주었으나 외인에게는 모든 것을 비유로 하나니 이는 그들로 보기는 보아도 알지 못하며 듣기는 들어도 깨닫지 못하게 하여 돌이켜 죄 사함을 얻지 못하게 하려 함이라 하시고 또 이르시되 너희가 이 비유를 알지 못할진대 어떻게 모든 비유를 알겠느냐 뿌리는 자는 말씀을 뿌리는 것이라 말씀이 길 가에 뿌려졌다는 것은 이들을 가리킴이니 곧 말씀을 들었을 때에 사탄이 즉시 와서 그들에게 뿌려진 말씀을 빼앗는 것이요 또 이와 같이 돌밭에 뿌려졌다는 것은 이들을 가리킴이니 곧 말씀을 들을 때에 즉시 기쁨으로 받으나 그 속에 뿌리가 없어 잠깐 견디다가 말씀으로 인하여 환난이나 박해가 일어나는 때에는 곧 넘어지는 자요 또 어떤 이는 가시떨기에 뿌려진 자니 이들은 말씀을 듣기는 하되 세상의 염려와 재물의 유혹과 기타 욕심이 들어와 말씀을 막아 결실하지 못하게 되는 자요 좋은 땅에 뿌려졌다는 것은 곧 말씀을 듣고 받아 삼십 배나 육십 배나 백 배의 결실을 하는 자니라 세상에는 스승이라고 자처하는 사람들, 자기의 배움과 깨달음을 토대로 보다 훌륭하고 특출하다고 자부하며 자랑하는 사람들이 많습니다. 지상에서 33년의 짧은 생애를 사셨던 예수 그리스도는 그 어떤 스승보다 더 위대한 분이었습니다. 왜냐하면 스스로 그렇게 생각했을 뿐 아니라 가르침을 받은 사람들 역시 그렇게 여겼고, 그의 가르침을 지켜보던 사람들 또한 인정했기 때문입니다. 그의 가르침에는 권위가 있었고, 정규적인 교육과정을 거친 수준 높은 랍비들보다 그 가르침의 내용이나 방법이 탁월했습니다.

그는 때와 장소를 가리지 않고 모여드는 청중들과 그의 제자들에게 하늘의 진리와 도를 가르쳤습니다. 아주 쉽고 간단명료하게 진리를 전달하였음으로 흡수력이 뛰어났습니다. 예수님의 교육 방법 중에 특출한 것은 바로 진리를 어렵게 가르치지 않고 비유와 실물교육을 통해서 청중들의 이해를 도운 점입니다. 아무리 훌륭한 학문이라도 어렵게 가르치면 민초들은 이해하기가 힘듭니다. 쉽게 가르치는 것이 간단하지는 않습니다. 그러나 진리를 터득하는데 큰 도움이 되는 것이 사실입니다.

본문의 내용은 예수님께서 가장 쉽게 가르치신 네 종류의 밭에 관한 비유입니다. 이 비유는 많은 설명이 필요하지 않은 해석과 가능한 적용이 첨가된 이야기 형식으로 되어 있습니다.

비유를 통한 가르침

본문 1절 말씀에 **"예수께서 다시 바닷가에서 가르치시니 큰 무리가 모여들거늘 예수께서 바다에 떠 있는 배에 올라앉으시고 온 무리는 바닷가 육지에 있더라"**라고 기록하고 있습니다. 여기에 나오는 바닷가는 갈릴리 호수를 가리킵니다. 그리고 이곳은 아마도 예수님의 본 동네였던 갈릴리의 한 해변 마을인 가버나움의 바닷가였을 것으로 추정이 됩니다.

막1:16을 보면 예수님은 이곳에서 시몬과 안드레 그리고 야고보와 요한을 그의 제자로 부르셨고, 막2:13을 보면 이곳에서 큰 무리를 가르치셨습니다. 또한 막3:7을 보면 예수님은 바리새인들과 헤롯당의 박해를 피하여 이곳으로 물러가셨습니다. 예수님은 다시 바닷가에서 가르치셨습니다. 이 때 큰 무리가 예수님에게로 모여들었습니다. 여기에 사용된 "큰"(πολυ-a great)이라는 형용사가 헬라어에서는 최상급의 형태입니다. 이를 통해 지금까지 몰려든 무리 중에서도 가장 큰 무리가 이 때 모여들었음을 알 수 있습니다. 이들 무리는 질서라고는 전혀 찾아볼 수 없는 사람들이었습니다. 막3:9에 의하면, 이들은 예수님을 에워싸 밀려고 했습니다. 그래서 예수님은 제자들에게 작은 배를 대기하도록 명하셨습니다. 또한 막3:20을 보면, 이들은 예수님에게 식사할 겨를도 주지를 않았습니다. 이 때에도 예수님은 바다에 떠 있는 배에 올라 앉으셨다고 했습니다. 물론 예수님께서는 그에게로 모여든 무리를 피하시기 위해서 승선

(乘船)하신 것은 아니었습니다. 예수님께서는 그에게 모여든 무리를 가르치시기 위해서 배에 오르셨습니다.

2절에 **"이에 예수께서 여러 가지를 비유로 가르치시니 그 가르치시는 중에 그들에게 이르시되"** 라고 기록하고 있는데, 비유가 무엇입니까? 쉽게 말하면, 어떤 사실을 표현하기 위해서 그와 비슷한 다른 사실을 예로 드는 것입니다. 예수님은 깊고도 오묘한 영적 진리를 표현하시기 위하여, 살아가면서 일상적으로 접하는 단순한 일들을 비유로 말씀하셨습니다. 구약성경에도 비유를 통한 교훈이 나옵니다. 예컨대 다윗이 그의 신하 우리야의 아내 밧세바를 범했을 때, 나단 선지자가 찾아와서 이와 같이 말했습니다. 한 성읍에 부자와 가난한 자가 있었습니다. 부자에게 어떤 행인이 찾아왔을 때, 부자는 가난한 자의 양 새끼를 빼앗아 잡아 손님을 대접 했습니다. 이것은 부자가 가난한 자에게 행한 불의한 행위를 예로 들어서, 실제로는 다윗이 우리아에게 행한 잘못을 우회적으로 지적하기 위함이었습니다. 이와 같이 어떤 사실을 표현하기 위하여 그와 비슷한 다른 사실을 예로 드는 것을 비유라고 합니다.

막3:23을 보면, 예수님은 예루살렘에서 내려온 서기관들을 불러서 비유로 말씀하셨습니다. 예수님은 비유를 들어, 그가 사탄을 힘입어 귀신을 쫓아내는 것이 아님과 사탄보다 강한 자 곧 하나님이심을 밝히셨습니다. 이때를 제외하고는, 그때까지 예수님께서는 비유로 말씀하시지 아니하셨습니다. 그 동안 예수님께서 늘 직설적이고도 직접적인 표현으로 말씀하시며 가르치셨습니다. 그런데 막 4:34을 보면, 이제 예수님은 더 이상 비유가 아니면 말씀하지 아니하셨다고 합니다. 그 이유는 예수님이 비유로 말씀하신 목적에 잘 나타납니다. 예수님의 비유는 이중 목적을 가지고 있습니다. 긍정적으로는, 믿는 자들에게 영적 진리를 분명하게 깨닫도록 하는 것입니다. 부정적으로는, 믿지 않는 자들에게 영적 진리를 감추도록 하는 것입니다.

본문 11절과 12절에 **"이르시되 하나님 나라의 비밀을 너희에게는 주었으나 외인에게는 모든 것을 비유로 하나니 이는 그들로 보기는 보아도 알지 못하며 듣기는 들어도 깨닫지 못하게 하여 돌이켜 죄 사함을 얻지 못하게 하려 함이라 하시고"** 라고 했습니다. 예수님의 비유란 일상적인 일을 예로 들어서 영적 진리를 표현한 것을 가리킵니다. 예수님의 제자들에게는 천국의 비밀이 주어졌습니다. 예수님께서는 그들에게 모든 비유를 해석하시면서, 그 비유들의 영적 의미를 깨우쳐 주셨습니다. 그러나 예수님을 믿지 않는 자들은 예수님께서 비유로 하신 말씀을 피상적으로 이해할 뿐입니다. 그들은 그 비유에 감추어진 깊은 영적 진리를 깨닫지 못합니다. 예수님의 비유가 예수님을 믿는 자들에게는 은혜이지만, 예수님을 믿지 않는 자들에게는 심판이었습니다. 사실 지금까지 예수님은 말씀과 이적을 통하여, 그가 그리스도이시며 하나님의 아들이심을 분명하고도 충분하게 드러내셨습니다. 그럼에도 불구하고 막3:6에서 보는 바와 같이, 바리새인들과 헤롯당은 예수님을 죽이려고 작정했습니다. 또한 막 3:22 이하에서 보는 바와 같이, 예루살렘에서 내려온 서기관들은 예수님에게 더러운 귀신이 들렸다는 결론을 내렸습니다. 그 결과 막3:29에서 예수님이 밝히신 바와 같이, 그들은 성령님을 모독하는 자가 되어 영원히 사하심을 얻지 못하는 죄를 범하고 말았습니다. 이제 더 이상 그들에게 주어질 은혜는 없습니다. 그들에게는 오직 심판만이 기다리고 있을 뿐입니다. 그래서 예수님은 하나님 나라의 비밀, 곧 영적 진리를 더 이상 직접적인 표현으로 말씀하지 아니하시고, 오로지 비유로만 말씀하셨습니다. 그리고 난 후 제자들만 있을 때, 예수님께서는 그들에게 모든 비유를 자세하게 해석해주셨습니다. 흔히들 예수님은 말씀을 쉽고도 재미있게 전하시기 위해서, 비유를 들어 설명하신 것으로 생각하지만 믿는 자들에게는 영적 진리를 분명하게 하시며, 불신자들에게는 영적 진리를 감추시기 위함이었습니다.

우리가 하나님의 말씀을 들을 때 이해가 되고 나의 말씀으로 받아지는 것은 큰 은혜요 축복임을 알고 감사해야 합니다. 아무리 많이 배운 사람이라 해도 성경이 믿어지지 않고 깨달아지지 않으면 그것은 불행한 일입니다. 성령께서 진리 가운데로 우리를 인도하시고 깨닫게 해 주실 때에 우리는 깊은 영적 진리를 이해하게 되고 수용함으로 실천하게 됩니다. 그러므로 우리에게 예수님의 비유와 같은 성경 말씀은 영적 진리를 감추기 위한 심판의 말씀이 아니라 영적 진리를 분명하게 드러내기 위한 은혜의 말씀입니다. 따라서 우리는 예수님의 말씀을 듣고서, 하나님 나라의 비밀을 깨달아야 합니다.

네 종류의 밭

예수님께서는 팔레스틴 지역에서 쉽게 볼 수 있는 네 종류의 밭에 대해서 말씀하십니다. 그래서 이 말씀을 들을 때 청중들은 예수님의 비유를 쉽게 알아듣고 이해할 수 있었습니다. 왜냐하면 그 당시는 농경 사회였고 대부분 그 문화 속에 살았기 때문입니다.

1) 길가입니다.

본문 4절에 **"뿌릴새 더러는 길 가에 떨어지매 새들이 와서 먹어 버렸고"** 라고 기록하고 있습니다. 여기에 첫 번째 좋지 못한 땅이 나옵니다. 그것은 **"길가"**라는 땅입니다. 예나 지금이나 시골의 밭에는 울타리가 따로 없습니다. 밭들 사이에 길이 나 있고, 그 길이 양쪽의 밭을 구분하는 경계선의 역할을 합니다. 이스라엘의 파종은 낙타나 소와 같은 짐승의 등위에 씨를 담은 포대를 싣고 구멍을 내어 밭에 들여보내 씨를 뿌리거나 아니면 높은 언덕에 올라가 바람을 따라서 흩었습니다. 그러다 보니 어떤 씨는 밭이 아니라 길 가에 떨어지기도 했습니다. 길 가는 경작할 수 없는 땅입니다. 또한 그 위로 사람들이 지나다니기 때문에 단단합니다. 그 결과 길 가에 떨어진 씨는 땅 속으로 파고들 수가 없습니다. 씨는 그대로 땅 위에 남아있을 수밖에 없습니다. 그러면 새들이 와서 그 씨를 먹어버립니다. 이러한 까닭에 씨가 길 위에 떨어지면, 새들이 와서 먹어 버립니다. 아니면 눅8:5 말씀처럼, 지나다니는 사람들에게 밟히고 맙니다. 이와 같이 길 가에 떨어진 씨는 결실할 수가 없습니다. 새들이 먹어버리든지, 사람들에게 밟혀서 부수어지기 때문입니다.

2) 돌밭입니다.

5절 말씀에 **"더러는 흙이 얇은 돌밭에 떨어지매 흙이 깊지 아니하므로 싹이 나오나 해가 돋은 후에 타져서 뿌리가 없으므로 말랐고"** 라고 기록하고 있습니다. 예수님께서 말씀하신 돌밭은 자갈이 많이 섞여있는 땅을 의미하지 않습니다. 씨를 뿌리기 전에, 농부는 쇠스랑이나 써레를 이용하여 크고 작은 돌들을 미리 다 제거하게 마련입니다. 눅8:6을 보면, 똑같은 내용을 가리켜 **"바위 위에 떨어지매"**라고 말씀합니다. 그러니까 이 경우는 땅 속에 숨어있는 암반 위에 씨가 떨어지는 것을 의미합니다. 암반 위에도 흙이 있습니다. 그러나 흙이 깊지 못하고 얕습니다. 암반 위에 떨어진 씨들은 즉시 싹이 나옵니다. 수분이 암반 밑으로 내려가지 못하는 까닭에, 오히려 다른 땅보다 수분이 더 많을 수도 있습니다. 또한 암반 위에 있는 흙이 얕아서, 태양열도 빨리 받습니다. 그래서 곧 싹이 나옵니다. 뿐만 아니라 이런 땅에 떨어진 씨는 즉시 싹이 나서 한 동안은 잘 자랍니다. 뿌리가 밑으로 내려가지 못하는 대신, 모든 영양분이 다 위로만 올라가기 때문입니다. 그렇더라도 이들은 결실하지 못합니다. 뿌리가 제대로 뻗지를 못했기 때문입니다. 이스라엘에서는 여름철에 비가 오지 않습니다. 따라서 모든 식물들은 뿌리를 통해서, 땅 아래 있는 수분을 흡수해야 합니다. 그러나 이들은 뿌리가 없기 때문에, 여름철의 뜨거운 태양을 견디지 못하고 결국은 다 타서 말라 죽고 맙니다. 예컨대 어느 한 곳의 식물이 주변의 식물보다 더 빨리 성장하는 것을 볼 수 있습니다. 그러면 이것은 좋은 징조가 아니라, 나쁜 징조입니다. 그렇게 빨리 성장한 식물은 뿌리가 없어서, 곧 말라 죽을 수 있기 때문입니다.

3) 가시떨기입니다.

본문 7절에 **"더러는 가시 떨기 위에 떨어지매 가시가 자라서 기운을 막았고"** 라고 기록하고 있습니다. 여기에 세 번째 종류의 좋지 못한 땅이 나옵니다. 그것은 가시떨기의 실뿌리가 들어있는 땅입니다. 가시떨기의 실뿌리는 눈에 잘 띄지 않습니다. 그래서 겉으로 보기에는 아무런 문제가 없는 땅처럼 여겨질 수 있습니다. 그러나 실제로는 그렇지 않습니다. 가시떨기는 잡초의 일종입니다. 이스라엘 땅에는 가시떨기가 많습니다. 마28:29에 의하면, 총독의 군병들이 가시관을 엮어서 예수님의 머리에 씌웠습니다. 예수님의 머리에 씌워진 가시관이 바로 이 가시떨기로 만든 관입니다. 헬라어로 똑같은 단어입니다. 본시 잡초는 번식력이 강합니다. 가시떨기도 마찬가지입니다. 따라서 이런 땅에 떨어진 씨는 땅 속에서부터 가시떨기와 생존경쟁을 해야만 합니다. 농부가 뿌린 씨가 싹이 나서 자라더라도, 가시떨기가 그보다 더 빨리 자랍니다. 그러다 보니 가시떨기 때문에 햇빛이 가려져 허약하게 자라고 결국 잎이나 가지가 제대로 뻗어나가지도 못하게 되어 결실하지 못합니다.

4) 좋은 밭입니다.

지금까지 예수님께서는 세 종류의 좋지 못한 땅에 대해서 말씀하셨습니다. 첫째, 길 가입니다. 아예 싹이 나지 못합니다. 둘째, 돌밭입니다. 싹은 나지만 쉽게 말라버립니다. 셋째, 가시떨기가 있는 땅입니다. 싹이 나서 자라기는 하지만 결실하지 못합니다. 예수님의 비유는 단계적으로 진행됩니다. 아예 싹이 나지 못하는 경우에서 시작해서, 그 다음에는 싹은 나지만 자라다가 말라 죽는 경우로, 그리고 마지막에는 끝까지 자라기는 하지만 결실하지 못하는 경우로 발전됩니다. 그러나 세 경우 모두 다 결과는 똑같습니다. 그러므로 세 종류의 땅 모두 좋지 못한 땅이라고 할 수 있습니다. 곧이어 예수님께서는 좋은 땅에 대해서 말씀하셨습니다.

8절에서 예수님께서는 **"더러는 좋은 땅에 떨어지매 혹 백 배, 혹 육십 배, 혹 삼십 배의 결실을 하였느니라"**라고 말씀하십니다. 여기 **"좋은 땅"**은 앞에 나온 세 종류의 좋지 못한 땅과 다릅니다. 좋은 땅은 흙이 깊어 싹이 나고 뿌리가 쉽게 내리므로 성장이 빠릅니다. 물론 좋은 땅이라고 해서, 토질이 다 똑같지는 않습니다. 땅의 토질에 따라서 추수하는 양이 다를 수 있습니다. 그래서 예수님도 삼십 배의 결실을 맺는 땅과, 육십 배의 결실을 맺는 땅과, 백배의 결실을 맺는 땅으로 나누어서 말씀하셨습니다. 물론 그 당시의 농사 기술로서는 삼십 배나 육십 배나 백배의 결실은 놀랄 만큼 엄청난 수확이었을 것입니다. 그렇더라도 땅의 토질에 따라서 결실하는 정도가 달라진다는 것은 누구라도 쉽게 이해할 수 있는 사실이었습니다.

해석과 적용

예수님께서는 제자들에게 앞서서 말씀하신 네 종류의 밭에 대해서 소상하게 해석하시고 덧붙여 설명을 해 주셨습니다.

19절에서 주님께서 길가에 뿌려진 씨앗에 대해서 **"아무나 천국 말씀을 듣고 깨닫지 못할 때는 악한 자가 와서 그 마음에 뿌려진 것을 빼앗나니"**라고 해석을 해 주십니다. 이러한 마음 밭은 말씀을 들으나 깨달음이 없고 감동이 없는 사람을 가리킵니다. 길가는 많은 사람들이 밟고 다니기 때문에 딱딱합니다. 씨앗이 떨어지지만 땅속으로 들어가지 못하고 새들이 와서 먹어 버립니다. 이 마음 밭은 한쪽 귀로 듣고 다른 한쪽으로 흘려버리는 사람을 말합니다. 즉, 말씀을 들으나 깨달음이 없고 감동이 없는 사람입니다. 양심이 굳어져 말씀이 뿌리 내릴 수 없는 마음의 토양을 의미합니다.

20절에서 주님께서는 돌밭은 **"말씀을 듣고 즉시 기쁨으로 받되 그 속에 뿌리가 없어 잠시 견디다가 말씀을 인하여 환난이나 핍박이 일어나는 때에는 곧 넘어지는 자"**라고 해석하십니다. 돌밭이기는 하지만 흙도 있기 때문에 일단은 씨가 떨어지면 싹은 나지만 밑에 돌덩어리가 있기 때문에 뿌리가 깊이 수원까지 뻗지 못합니다. 이런 사람은 복음을 받은 경험이 있지만 미움, 시기와 질투, 위선, 회개하지 않는 돌덩어리, 불순종의 돌덩어리, 불신앙의 돌덩어리 때문에 뿌리가 더 이상 내리지 못하는 사람을 지칭합니다. 그래서 일상생활 가운데 환난의 바람, 시험 그리고 조그마한 유혹에 쉽게 넘어져 신앙의 결실을 못하고 실족하게 됩니다. 변덕이 심하고 기복이 많은 신자를 의미합니다.

22절에서 주님께서 가시덤불과 잡초로 우거진 땅은 **"말씀은 들으나 세상의 염려와 재리의 유혹에 말씀이 막혀 결실치 못하는 자"**라고 해석하십니다. 이와같은 마음 밭을 가진 사람은 말씀은 듣지만 이 세상 염려, 세상적인 쾌락의 유혹으로 복음의 결실을 하지 못합니다. 어느 정도 자라지만 세상의 것이 너무 좋아서 신앙이 성숙하지 못하고 이중적인 삶을 사는 허약한 신자들을 지칭하는 것입니다.

23절에서 예수님께서는 좋은 밭은 **"말씀을 듣고 깨닫는 자니 결실**

하여 혹 백배, 혹 육십 배, 혹 삼십 배가 되느니라"라고 설명하십니다. 눅8:15에는 착하고 좋은 마음으로 말씀을 들을 뿐 아니라 그 말씀을 지키고 적용하며 끝까지 인내하면서 열매를 맺는 땅이라 말씀하고 있습니다. 끝까지 결실한 밭은 좋은 땅 하나 뿐입니다. 나머지 4분의 3은 하나님의 말씀이 선포되지만 열매 맺지 못하고 사탄이 앗아가며, 우리 마음의 돌덩어리로 인하여, 세상 염려, 돈의 유혹, 쾌락의 유혹으로 공중에 흩어집니다. 호세아 10:12에 **"지금이 곧 여호와를 찾을 때니 너희 묵은 땅을 기경하라 마침내 여호와께서 임하사 의를 비처럼 너희에게 내리시리라"** 고 말씀하십니다. 장차, 먼 미래가 아니라 바로 지금(right now) 하나님을 찾을 때입니다.

릭 워렌(Rick Warren)목사는 우리의 마음을 기경하기 위해서는 네 가지가 필요함을 강조합니다. 첫째, 예배를 통하여, 둘째 제자훈련을 통하여, 셋째 교제를 통하여, 넷째 복음전파를 통하여 우리의 마음을 기경하라 말씀합니다. 밭을 기경하는데 농기구가 있어야 하는 것처럼 우리의 마음 밭을 일구기 위해서도 위의 네 가지와 더 필요한 도구들이 있어야 합니다. 중요한 것은 하나님의 말씀의 쟁기입니다. 말씀을 듣고 순종하며 나아갈 때 부드럽고 기름진 마음의 밭이 될 것입니다.

우리는 마음 밭을 기경하여 부드럽고 기름지게 함으로써 풍성한 열매를 맺어야 합니다. 본문에서 **"좋은 땅에 뿌리웠다는 것은 곧 말씀**

을 듣고 받아 삼십 배와 육십 배와, 백배의 결실을 하는 자니라."고 했는데 여기서 "듣는다"(아쿠우신-ἀκούουσιν)는 동사의 원어적인 의미는 단순히 귀로 듣는 것뿐 아니라, 이해하는 것과 복종하는 행위까지도 포함되어 있습니다. 그렇습니다. 열매 맺는 신앙인이 되기 위해서는, 우선 하나님의 말씀을 들어 이해하고 복종해야 합니다. 사도 바울이 아덴에 갔을 때에 그곳 사람들이 그의 말을 듣고자 했는데, 이 사람들은 단순한 지적 호기심에서 그리하였으므로, 복음을 듣고서도 예수 그리스도를 만나지 못했습니다. 자신의 지적인 호기심을 채우는 일에만 관심을 기울이는 사람들은, 복음을 들어도 별 유익을 얻지 못하게 됩니다. 그러므로 자기를 비우고 경청하는 자세가 필요합니다. 경청하는 이들이 주님의 뜻을 알게 되고 경건한 삶을 추구하게 마련입니다. 김진목사의 고조 외할아버지는 연동교회가 설립될 때 창립 멤버 세 사람 중 한분이었는데 후에 두 사람은 목사가 되고 그 분은 장로가 되어 교회를 섬기고 훌륭한 가문을 세웠습니다. 김진목사의 아버지는 육사 1기생으로 장군이 되었고 그 분의 손자 손녀는 목사가 되고 사모가 되었습니다. 김진 목사의 어머니 오정숙 사모님은 기도의 어머니로 소문이 나 있고 네 동생을 위해서 평생 기도하는 언니 누나가 되어 팔순을 맞이하여 하나님께 영광을 돌리고 신앙의 계보를 이어가고 있습니다. 말씀을 제대로 듣고 순종하는 개인과 가문은 자녀 손들과 사회에서도 복을 받아 누리게 되는 줄 믿습니다.

3절에의 말씀처럼 열매 맺는 신앙인이 되기 위해서는 듣는 것과 함께 받는 것이 따라야 합니다. **"받는다"**(파라데콘타이-παραδεχονται)는 단어의 원어적인 의미는 받아들이고 인정하는 것 외에도 "환영하는 것"을 내포하고 있습니다. 사랑하는 사람이나 반가운 손님이 찾아오면 기쁨으로 환영하는 것처럼, 하나님의 말씀에 대해 이와 같이 반응하는 사람이 열매를 풍성히 맺게 됩니다. 하나님의 말씀이 어떤 것이든지 마치 보고 싶은 사람, 내 인생에 행복과 유익을 가져다 줄 사람이 찾아오는 것처럼, 반기고 환영해야 열매 있는 삶이 가능하게 됩니다.

우리 자신이 성도임을 증거 하는 확실한 증거는, 신앙의 열매를 풍성히 맺는 것입니다. 나무의 좋고 나쁨이 열매로 가려지듯, 우리 생활 속에 나타나는 열매 여하에 따라, 성도인지 아닌지가 드러나게 되는 것입니다. 오래 믿었고 또 중요한 직분을 받았다 해도, 열매들이 나타나지 않는다면 그는 참 성도로 인정될 수 없습니다. 농부가 포도나무를 심고 거름을 주고 돌보는 것은 열매를 얻고자 함인데, 추수 때가 되어도 열매가 없다면 그 농부의 마음이 얼마나 실망되고 허전한 마음일지 상상해 보십시오. 열매 없는 성도들을 바라보시는 하나님의 마음이 바로 그러할 것입니다. 그러므로 우리는 열매를 풍성히 맺어야 합니다.

본문 9절에 **"또 이르시되 들을 귀 있는 자는 들으라 하시니라."** 고 말씀하신 것은 비유의 목적이 이중적인 것처럼, 비유의 결과도 이중적일 수밖에 없다는 것을 의미합니다. 예수님께서 비유로 말씀하실 때, 그 가운데는 들을 귀 있는 자가 있었습니다. 반대로 들을 귀 없는 자도 있었습니다. 들을 귀 있는 자는 예수님의 비유를 통해서, 영적 진리를 깨닫게 됩니다. 그러나 들을 귀가 없는 자는 예수님의 비유 안에 있는 영적 진리를 깨닫지 못합니다. 그런 사람은 예수님의 비유를 하나의 단순하고도 평범한 이야기로만 듣게 될 뿐입니다. 그러면 들을 귀 있는 자는 어떤 사람입니까? 막3:35의 표현을 빌리면, 하나님의 뜻대로 행하는 자입니다. 곧 하나님의 뜻대로 예수님을 믿어, 예수님의 참 가족이 된 사람입니다. 이러한 사람은 예수님의 비유를 통해서, 하나님 나라의 비밀을 알게 됩니다. 반대로 들을 귀 없는 자는 어떤 사람입니까? 하나님의 뜻과는 달리, 예수님을 배척하는 자들입니다. 또한 무리처럼 예수님에게 오더라도 자신의 이익만을 구하는 자들입니다. 이러한 자에게는 하나님 나라의 비밀이 감추어집니다. 들을 귀가 없는 사람은 비유만을 듣고 그것으로 끝납니다. 영적 의미를 깨닫지 못합니다.

우리는 지금까지 예수님께서 말씀하신 네 종류의 밭을 살펴보았습니다. 이제는 눈을 돌려서 우리 자신을 살펴볼 차례입니다. 우리 모두는 이 네 가지 종류의 마음 밭 중의 하나에 속하는데, 나는 과연 어떤 마음 밭인지 진단해 보아야 합니다. 만일 여러분이 진정으로 말씀의 풍성한 열매를 맺기를 소원한다면, 먼저 여러분의 마음 밭을 살펴보십시오. 그리고 여러분의 마음 밭이 길바닥이나 돌밭과 같이 굳어 있다면, 먼저 애통하고 회개하는 마음이 충만하도록 기도하시기를 바랍니다. 그래서 그 굳어진 마음 밭을 회개와 성령의 쟁기로 기경하여 부드럽게 일구도록 하십시오. 말씀과 기도의 쟁기로 마음 밭을 기경해야 하고 부드럽지 못한 마음을 훈련의 방망이로 깨어 옥토가 되도록 해야 합니다. 또 만일 여러분의 마음 밭에 세상의 염려나, 재리의 유혹, 향락의 잡초가 무성하거든, 아낌없이 모두 뽑아 성령의 불에 태워버리도록 하십시오. 그리고 여러분의 마음 밭에 말씀의 씨앗이 뿌려질 때마다, 기도의 거름을 주고, 해충이나 새와 같은 사탄의 방해물이 틈타지 못하도록 늘 깨어 기도해야 합니다. 우리 모두 좋은 밭처럼 중생한 마음, 착하고 선한 마음 그리고 부드럽고 온유한 마음이 되어 삼십 배, 육십 배, 백배의 결실을 맺음으로써 주님을 기쁘시게 해드리고 하나님의 영광을 드러내는 성도들이 되시기를 바랍니다.

Chapter 2

등불을 밝히 드러내는 삶

(The lamp on a table)

마가복음 4:21-25

또 그들에게 이르시되 사람이 등불을 가져오는 것은 말 아래에나 평상 아래에 두려 함이냐 등경 위에 두려 함이 아니냐 드러내려 하지 않고는 숨긴 것이 없고 나타내려 하지 않고는 감추인 것이 없느니라 들을 귀 있는 자는 들으라 또 이르시되 너희가 무엇을 듣는가 스스로 삼가라 너희의 헤아리는 그 헤아림으로 너희가 헤아림을 받을 것이며 더 받으리니 있는 자는 받을 것이요 없는 자는 그 있는 것까지도 빼앗기리라

전기가 발명되어 전구가 보급되기 전까지 대부분의 나라에서는 등불이 어둠을 밝히는 도구였습니다. 원시시대에는 등보다 더 못한 조명 수단을 사용했지만 전기 발명이전 단계에서는 등이 사용 되었습니다. 저도 어릴 때 석유 기름을 넣어 사용하는 호롱불을 쓰다가 유리 막으로 된 등불을 사용한 경험이 있습니다. 그 뒤 전기가 들어오면서 그 모든 것이 다 사라지고 더 밝은 세상이 되었습니다. 등불은 사람들과 역사를 같이 해 오면서 발전을 거듭했고, 인류와 떨어질 수 없는 불가분리(不可分理)에 있는 유용한 조명도구입니다. 등

불 아래서 학생들과 선비들은 공부하기도 하고, 아낙네들은 길쌈을 하며, 낮이 모자라는 노동자들은 불빛 아래서 열심히 일을 하기도 하면서 문명을 발전시켜 왔습니다. 밤에 등불이나 전기 불이 없다면 세상은 암흑천지가 되고 말 것입니다.

예수님께서는 씨 뿌리는 비유와 해석 그리고 설명을 하시고 난 후 등불에 관한 비유를 통해서 자신을 드러내시고 더 나아가 깊은 영적 진리를 가르치고 계십니다. 예수님께서 생활하셨던 시대에는 대부분의 가정이 등불이나 촛불을 사용했기 때문에 이 비유를 들어 말씀하셨을 때 그 의미가 무엇인지 쉽게 전달되었을 것입니다. 현재 50대 이상인 기성세대는 등불에 관한 설명을 하지 않아도 금방 그 의미가 무엇인지 이해가 될 수 있지만 어린이들이나 젊은 세대들은 자세한 설명이 필요할 것입니다.

등불의 존재 이유

오늘 본문 21절 말씀에 예수께서 **"사람이 등불을 가져 오는 것은 말 아래나 평상 아래에 두려 함이냐 등경 위에 두려 함이 아니냐"** 고 반문하시고 "우리는 비밀을 감추어 두지 않고 오히려 말할 것이다. 숨기지 않고 오히려 밝히 드러낼 것이다" (유진 피터슨 '메시지' 바이블) 라고 하셨습니다. 등불의 빛을 공간에 환하게 비추이도록 하는 것과 같이 하늘의 비밀도 반드시 드러나야 할 것을 밝히고 있습니다. 여기서 우리가 알 수 있는 진리는 등불이 어두움을 밝히는 것이 목적이듯이 등불 되신 예수님은 어두운 세상에 진리를 드러내셔야 할 분이라는 것입니다. 특히 하늘의 깊은 영적 진리를 알지 못하고 예수님께서 하시는 말씀을 오해 했던 유대인들에게 자신의 정체를 알리면서 빛으로 오신 예수님의 신분과 그의 사역을 비유를 통해서 우회적으로 말씀하신 것입니다. 그렇습니다. 예수님께서는 자신이 빛으로 오셔서 죄로 인하여 가려진 어두움을 밝히시는 등불임을 강조하신 것입니다. 스탁(Stock)은 '등불' (ὅ λυξνος) 이라는 단어 앞에 정관사(ὅ)가 붙었기 때문에 그 등불은 하나의 등불이 아니라 '바로 그 등불(The lamp)' 이신 그리스도를 드러낸 것이라고 해석했습니다. 저도 그의 지적에 전적으로 동의합니다. 예수님께서는 세상을 환하게 비치는 등불이시며 빛이십니다. 모든 사람이 볼 수 있도록 영광 가운데 나타나신 생명의 빛이십니다.

> "온 세상이 캄캄하여서 참 빛이 없었더니 그 빛나는 영광 나타나 온 세상 비치었네 영광 영광의 주 영광 영광의 주 밝은 그 빛 내게 비추었네. 영광 영광의 주 영광 영광의 주 이 세상의 빛은 오직 주 예수님."(새찬송가 84장 1절)

이 찬송가는 예수 그리스도를 이 세상의 빛으로 노래하고 있습니다. 태초에 하나님께서 어두움과 혼돈 가운데 빛을 창조하셨듯이 예수께서는 어두운 세상 가운데 진리의 빛으로 오셨습니다. 이 찬송가의 작사자는 알 수 없지만 아마도 요 8:12에 **"나는 세상의 빛이니 나를 따르는 자는 어두움에 다니지 아니하고 생명의 빛을 얻으리라"**는 말씀에 의지하여 이 찬송가 가사를 썼을 것으로 예측해 봅니다.

요9:5에 **"내가 세상에 있는 동안에는 세상의 빛이로라"**고 하셨는데, 빛으로 오신 주님께서는 때가 되니 자신을 감추지 아니하시고 아버지께서 보내신 목적을 따라 사람들에게 하늘의 진리를 드러내시고 사람들의 마음이 죄로 어두워져 있는 것을 밝히 드러내시어 광명을 허락해 주신 것입니다. 빛으로 드러나는 것은 절대 숨겨서는 안 되고 통 속이나 침대 밑에 감추어서는 더욱 안 됩니다. 그렇게 하지도 않습니다. 반드시 책상이나 선반 위에 두어 빛이 방안 가득히 차도록 해야 하는 것과 같이 하나님의 영적인 진리를 가지고 있는 사람들은 세상 사람들에게 그 진리를 환하게 드러내어야 합니다. 우리 주님께서는 이 사명을 잘 감당하여 그를 따르는 사람들을 생명의 길로 인도하셨습니다.

우리도 예수님처럼 '세상의 빛' 으로서 어두운 세상 속에 주님의 빛을 드러내고 우리를 구원하신 하나님의 목적을 따라 착한 행실을 통해서 가정과 사회 그리고 내가 속한 직장 속에서 빛으로 드러나야 할 것입니다. 우리 주님께서는 우리에게 **"너희는 세상의 빛이라 산 위에 있는 동네가 숨기우지 못할 것이요"**(마5:14)라고 하시면서 우리의 행실과 생활을 통해서 하나님께 영광을 돌릴 것을 주문하고 계십니다. 마5:16에도 **"이같이 너희 빛을 사람 앞에 비취게 하여 저희로 너희 착한 행실을 보고 하늘에 계신 너희 아버지께 영광을 돌리게 하라"** 고 명령하고 계시는데 우리는 참된 그리스도인으로써 하나님의 자녀 됨의 착한 행실을 세상 속에 드러내는 삶을 살아야 할 것입니다. 그리스도인 됨을 부끄러워하거나 열등의식을 가지는 것은 어리석은 일입니다. 오히려 그리스도인임을 자랑하고 당당하게 드러내는 삶을 살아야 합니다. 이는 스스로의 착한 행실을 통해 주위에 좋은 영향력을 미칠 때 가능한 것입니다. 특별히 부모 된 우리는 자녀들에게 모범된 생활을 통해서 가정에 빛을 발하여 하나님께 영광을 돌려드려야 할 것입니다. 영광된 삶은 바로 자녀들이 하나님을 잘 섬기는 것이고 경외하는 것입니다. 그렇게 할 때 수천 대까지 명문 가문이 되고 하나님의 복을 받아 누리게 됩니다.

들을 귀 있는 자

본문 23절에 예수님께서 **"들을 귀 있는 자는 들으라"**고 말씀하시는 것을 보게 됩니다(참조, 눅 14:35). 귀라고 하는 것은 듣기 위한 기능을 위해 몸에 붙어있는 작은 지체입니다. 그런데 도대체 들을 귀가 없는 사람이 어디 있겠습니까? 일부 청각 장애자를 제외한다면 들을 귀는 모두 가지고 있습니다. 그래서 저는 청소년기에 이 말씀을 읽으면서 '들을 귀 있는 자는 들으라니, 도대체 누가 못 듣는다는 말인가?' 라고만 생각했었습니다. 그런데 제가 인생을 살아가면서 깨닫게 된 것은 우리가 소리는 듣지만 그 소리에 담긴 의미를 못 들을 때가 많다는 것입니다. 똑같은 자리에서 똑같은 이야기를 들었음에도 불구하고, 어떤 사람은 그 들은 바를 기억하지도 못하는가 하면, 어떤 사람은 생생하게 기억합니다. 또 같은 이야기를 듣고도 이야기한 사람의 의도와 전혀 관계없이 자신이 이해하는 바대로 들어서 이해(理解)가 아닌 오해(誤解)를 하는 경우도 있습니다. 그러니 신체적 기능으로서 들을 수 있는 귀를 가지고 있다고 해서 모두 잘 듣는 것은 아니라는 것입니다. 유진 피터슨은 이 구절(9,23)을 "너희는 듣고 있느냐? 정말로 듣고 있느냐?[Are you listening to this? Really listening]" 라고 쉽게 번역하여 그 의미를 전달하고 있습니다.

교회에서도 여러 번 광고를 하였음에도 불구하고, 시간이 지난 후에 처음 듣는 것처럼 반응하는 사람들도 있으니 그러한 모습은 우리 주변에서 쉽게 발견할 수 있는 실례들입니다. 그래서 주님께서도 어떤 비유(比喩)를 말씀하신 후에 **"들을 귀 있는 자는 들으라"**(4:9)고 말씀하셨던 것 같습니다. 다시 말하면 잘 듣고 깨달음을 얻으라는 말입니다. 성령님의 조명(照明)하심으로 그 들은 바를 깨닫는 수준까지 이르기를 바라는 간절한 마음이 담겨 있는 말씀입니다. 듣는 것은 믿음에 있어서 근간입니다. 믿음은 들음에서 나기 때문에 바르게 듣고 이해하는 것이 신앙에 있어서 아주 중요한 요소입니다. 롬10:17에서 **"그러므로 믿음은 들음에서 나며 들음은 그리스도의 말씀으로 말미암았느니라"**라는 말씀을 주신 것에서 알 수 있듯 듣지 아니하는 것은 불신이고 듣고도 깨닫지 못하면 미련한 것입니다. 듣지 않으면 신앙이 자라나지도 않을 뿐 아니라 순종의 자리까지 나아 갈 수 없습니다. 잘 경청하시는 분들을 보면 죽는 자리에서까지 하나님의 말씀과 목회자의 말을 잘 듣고 지킵니다. 왜냐하면 잘 듣고 이해하는 것은 순종하겠다는 의지가 그 속에 담겨 있다는 의미이기 때문입니다. 사무엘 선지자는 불순종하는 사울에게 **"여호와께서 번제와 다른 제사를 그 목소리 순종하는 것을 좋아하심 같이 좋아하시겠나이까 순종이 제사보다 낫고 듣는 것이 수양의 기름보다 나으니"**(삼상15:22)라고 꾸짖었습니다. 주님께서는 모든 이들이 한결같이 들을 수 있는 귀를 가지고 말씀을 이해하고 깨닫고 은혜 받기를 원하고 계시는 것입니다.

오늘까지 우리는 수없이 많은 말씀을 들었습니다. 그러나 이 말씀을 나의 삶에 실천하면서 순종하고 있는 부분이 얼마나 되는지 깊이 생각해 보아야 합니다. 들은 바 말씀을 자신의 마음속에 깊이 새기고, 그 말씀이 자신과 가정 공동체에게 어떤 메시지인가를 깊이 깨달으며 온전히 헌신하는 데까지 나아가야 합니다. 순종이 동반되지 않는 들음은 순간적인 감동은 받을 수 있지만 삶의 변화와 성숙으로는 나아가지 못합니다. 많은 경우 우리는 주일 예배나 부흥 사경회를 통해 말씀으로 은혜 받고, 도전 받지만 채 일주일도 지나지 않아 그 말씀을 우리 마음속에서 떠나보내고 맙니다. 이것이 문제입니다. 말씀을 영적으로 깊이 이해하는 수준까지 나아가 순종을 통해 변화되는 생활이 이루어 질 때, 주님의 말씀이 나에게 기적을 창출해 낼 줄 믿습니다.

오늘도 세상에는 수많은 다양한 소리가 있어 저마다 자기 소리를 내고 있지만, 주님께서는 무엇보다도 당신의 음성을 듣기를 원하고 계십니다. 그것도 아주 세미한 음성으로 말씀하시는 (왕상 19:12) 그 분께 우리가 귀 기울이기를 원하십니다. 요란한 소리가 아니고, 웅장한 소리도 아닌 그야말로 조용하게 우리의 귀를 열어 생명의 말씀을 주시고 싶은 것입니다. 태초부터 계시어 우리를 창조하신 그 말씀이 끊임없이 우리를 부르시며, **"너희는 내 목소리를 들으라 그리하면 나는 너희 하나님이 되겠고 너희는 내 백성이 되리라"**(렘 7:23)라고 말씀하고 계십니다. 그러나 사람들이 그 귀를 진리에서 돌이켜 허탄한 이야기를 좇으니(딤후 4:4), 주님께서는 교회에 거듭하여 말씀하시기를 **"귀 있는 자는 들으라"**(마 13:9), **"귀 있는 자는 성령이 교회들에게 하시는 말씀을 들을지어다"**(계 2-3장)라고 권면하시는 것입니다. 듣고 순종하는 자에게 우리 주님께서는 복을 주시고 가까이 하시며 하늘의 비밀을 알려 주시는 것입니다.

진리에 대한 척도(尺度)

예수님께서는 인색하지 말고 베푸는 삶을 살 때 부유하게 된다는 말씀을 24절과 25절에서 분명하게 말씀하고 계십니다. 비단 물질뿐 아니라 말이나 행동이나 모든 것이 다 나누어 질 때 풍부하게 되고 넘치게 되는 법입니다. 예를 들면 촛불도 초의 몸통이 녹을 때 빛이 드러나는 것이고 가만히 있으면 빛은 점점 희미해지면서 사그라지고 맙니다. 24절에 **"너희는 헤아리는 그 헤아림으로 너희가 헤아림을 받을 것이며 더 받을 것이라"** 는 말씀에서 헤아린다는 것이 어떤 의미입니까? 이 '헤아림' 은 계산적이고 이기적인 삶에서 벗어나 이웃에게 관심을 가지는 삶을 말합니다. 우리 주변에는 우리의 도움을 기다리고 있는 이웃이 많이 있습니다. 그들을 사랑하며 보살피라는 것입니다. 있는 것을 이웃에게 베풀며 나누라는 것입니다. 그런 사람에게는 하나님께서 은혜를 주시고 또 더 많은 것을 주신다는 것입니다. '베풂에도 세 종류가 있는데 아까워하며 베푸는 것, 의무적으로 베푸는 것, 감사함으로 베푸는 것이다(로버트 N. 로덴메이어).' 는 말이 있습니다. 나눔과 구제 그리고 베풂을 행할 때에 생색내거나 억지로 혹은 의무감으로 하지 말고 감사함으로 순종하면 마음에 큰 기쁨과 보람을 가지게 될 것입니다. 어느 교회 한 장로님은 어려운 가정과 환자들 심방을 하실 때, 돈을 봉투에 넣어 이불 밑이나 침대 속에 몰래 넣고 오십니다. 자신도 넉넉한 형편이 아니지만 흩어 구제하는 자에게 넉넉히 채우시는 하나님의 신실하심을 의지하고 선한 일에 열심 내는 장로님으로 부유한 자가 되었다는 이야기입니다.

25절에는 **"있는 자는 받을 것이요 없는 자는 그 있는 것까지도 빼앗기다"**고 했습니다. 여기서 있는 자는 많은 것을 소유한 자를 말하는 것이 아닙니다. 주님께서 말씀하시는 가진 자는 남을 헤아릴 줄 아는 자입니다. 이웃과 나눌 줄 아는 자, 베풀 줄 아는 자가 가진 자라는 것입니다. 이웃과 나누는 사람은 나누는 만큼 가진 자입니다. 만 원을 소유하고 있는 사람이 그것을 이웃과 나누면 만 원만큼 가진 자입니다. 그러나 1억 원을 소유하고도 나누지 못하면 1억 원을 갖고 있다고 할 수 없습니다. 아무리 많은 것을 소유하고 있어도 이웃과 나누지 못하는 사람은 가난한 사람입니다. 우리는 내가 소유한 많은 것을 자랑합니다. 그러나 그것이 언제 내게서 떠날지는 시간문제입니다. 내가 많은 것을 소유하고 있다고 해서 항상 내 것이 될 수 없는 것입니다. 그러므로 우리는 나눌 줄 아는 가진 자가 되어야 합니다. 주님께서는 그런 사람을 지켜주시고 더 많은 것을 맡겨주십니다. 나누며 베푸는 삶을 살 때 하나님이 더 큰 축복을 주신다는 사실을 믿으시기 바랍니다.

진리를 실천하는 척도는 행동화하느냐 아니냐에 달려 있습니다. 나누고 베푸는 삶을 통해 부유함을 느끼며 경험하는 자가 바로 진리에 순종하는 사람입니다. 진리를 듣고 깨달은 사람은 실천함으로 더 많은 것을 받게 됩니다. 심은 대로 거두는 복을 받게 됩니다. 많이 심은 자는 많이 거두고 적게 심은 자는 적게 거두는 것은 자연과 동일한 영적인 법칙입니다. 고후 9:6에 **"이것이 곧 적게 심는 자는 적게 거두고 많이 심는 자는 많이 거둔다 하는 말이로다"** 라고 기록하고 있습니다. 그러므로 자기의 가진 것을 자랑하는 사람이 아니라 나눔으로 다른 사람으로 자랑과 칭찬을 듣는 그리스도인들이 되시기를 주의 이름으로 축복합니다.

빛은 어두움을 몰아내고 밝음을 제공해 줍니다. 생명의 길로 인도합니다. 예수님께서는 생명의 빛으로 이 세상에 오셨으며 어두운 세상을 환하게 밝혀 주셔서 바른 길을 걷게 하셨습니다. 우리도 예수님처럼 죄악 세상을 환하게 비추는 사명을 잘 감당해야 할 것입니다. 그렇게 하기 위해서는 먼저 말씀을 잘 경청하고 순종하는 믿음의 사람들이 되어야 할 것입니다. 듣지 않고는 순종의 자리에 나아갈 수 없습니다. 빛된 삶을 살 수 없고 하나님께 영광 돌리는 생활이 어렵기 때문에 늘 경청의 삶을 살아야 합니다. 기회가 주어지는 대로 세상의 소리가 아닌 하늘의 소리, 말씀의 소리를 들어야 합니다. 그리고 베푸는 삶을 통해 진리를 실천하는 성숙한 믿음의 거인이 되어 자자손손 복 받는 가문을 세워 갈 수 있기를 주의 이름으로 축원합니다.

Chapter 3

하나님 나라의 특성(1) – 성장

(Growth of the kingdom of God)

마가복음 4:26-29

또 이르시되 하나님의 나라는 사람이 씨를 땅에 뿌림과 같으니 그가 밤낮 자고 깨고 하는 중에 씨가 나서 자라되 어떻게 그리 되는지를 알지 못하느니라 땅이 스스로 열매를 맺되 처음에는 싹이요 다음에는 이삭이요 그 다음에는 이삭에 충실한 곡식이라 열매가 익으면 곧 낫을 대나니 이는 추수 때가 이르렀음이라

예수님께서는 씨, 등불에 관한 비유를 하신 후에 하나님의 나라에 대한 두 가지 비유, 즉 식물의 성상과 우리가 익히 알고 있는 겨자씨의 비유를 통해 하나님 나라의 두 가지 특성인 성장과 능력에 대한 교훈을 하십니다. 그 당시는 농경사회였기 때문에 씨 뿌리는 비유나 식물의 성장에 관해서 말씀 하실 때 청중들은 그 말씀이 무엇을 의미하는지 쉽게 받아들일 수 있었습니다. 우리가 지금 스마트폰에 대해서 말하면 긴 설명이 필요 없이 다 이해가 되는 것과 같은 이치라고 할 수 있습니다. 주님은 주변에 있는 평범한 재료나 자연의 원리를 소통의 방편으로 사용함으로써 청중의 눈높이에 맞게

진리를 전달했습니다. 예수님께서 가르치신 진리는 어려운 것이 아니고 우리의 생활의 주변에서 쉽게 찾아서 적용할 수 있는 것이었습니다. 성경이 때때로 어렵다고 느껴지는 것은 기록될 그 당시와 현재의 문화적 차이 때문이지 진리 그 자체가 어려운 것은 아닙니다. 오늘 나누고자 하는 비유는 마가복음에만 기록되어 있는 유일한 것이고, 깊은 영적 진리가 담겨 있습니다. 3장 33,34절에 보니 **"예수께서 이러한 많은 비유로 그들이 알아들을 수 있는 대로 말씀을 가르치시되 비유가 아니면 말씀하지 아니하시고 다만 혼자 계실 때에 그 제자들에게 모든 것을 해석하시더라"** 라고 기록하고 있습니다. 비유 중에 영적으로 심오한 진리는 금방 알아들을 수 없고 쉽게 용납되지 않는 것은 더 긴 설명이 필요했기 때문에 반드시 알아듣고 이해해야 할 대상자에게는 설명을 해 주신 것입니다. 이것이 하나님의 백성에 대한 예수님의 배려요 사랑이었습니다. 이처럼 오늘날도 성경에 기록된 하나님의 말씀인 진리를 쉽게 풀어서 해석하고 설명하여 삶에 적용하도록 하기 위해서 설교자가 있고 사역자들이 필요한 것입니다.

하나님께서 일하시는 모습

예수님께서는 하나님 나라의 특징을 비유를 통해서 말씀하십니다. 그것은 바로 사람이 씨를 땅에 뿌림과 같다고 26절에서 말씀하고 있습니다. 동물에 관한 말씀으로 하나님 나라에 대한 비유를 하시지 않고 식물을 가지고 말씀하시는 것은 하나님 나라의 특성을 잘 드러내기 위함입니다. 동물의 세계에서는 약육강식(弱肉强食)으로 강한 자가 약한 자를 잡아먹음으로 인하여 생존과 번식을 이루어 가지만 식물은 주위의 어떤 것을 탈취하거나 빼앗지 않고 뿌리를 통한 영양과 수분 공급 그리고 잎사귀를 통해 태양의 에너지를 흡수해 광합성을 하여 성장 발육함으로 꽃을 피우고 열매를 맺게 됩니다. 하나님의 나라는 강한 자가 약한 자, 없는 자의 소유나 재산을 탈취하고 빼앗음으로 이루어지는 것이 아니라 믿음과 말씀의 씨앗이 심령에 떨어져 발아하고 성장하여 열매를 맺음으로 형성되고 확장되는 것입니다. 시편 기자는 시37:11에 **"오직 온유한 자는 땅을 차지하며 풍부한 화평으로 즐기리로다"** 라고 했고 구약에 능통한 예수님께서는 산상보훈에서 **"온유한 자는 복이 있나니 땅을 기업으로 받을 것이라"**(마5:5)고 확인하고 있습니다. 강한 자보다 오히려 약한 자, 비천한 자들이 모여 강국을 이루는 것이 교회요, 하나님의 나라입니다.

또한 식물의 성장에 있어서 전적으로 하나님의 일하시는 모습을 보게 됩니다. 사람이 땅에 씨앗을 심듯이 하나님께서 사람들의 마음 밭에 생명의 씨앗을 심으시고, 말씀의 거름을 주어 자라나게 하시는 것입니다. 믿음을 통해 생명이 자라서 창조주 하나님을 보게 하고 육안으로 보이지 않지만 하나님을 아버지로 믿고 고백하게 하고 신뢰하도록 하시는 하나님의 섬세한 손길을 보게 되는 것입니다. 이것이 바로 식물이 자라나는 과정에서 보이지 않는 모습과 같이 일하시는 하나님의 모습입니다. 생명의 씨앗도 하나님으로부터 주어지는 것이고 자라나는 과정도 잘 보이지 않지만 분명히 움직이는 손길을 경험하게 됩니다. 식물은 땅 속에서 발아할 때 사람의 눈에 보이지 않습니다. 씨앗이 땅 속에 떨어지면 공기와 수분 그리고 토양의 조건에 따라 발아하여 땅을 헤집고 세상 밖으로 나오는 것입니다. 떡잎이 떨어지고 자라나는 모습도 잘 보이지 않지만 세월이 지나고 나면 어느 정도 커 있는 모습을 보게 되는 것입니다.

하나님의 나라도 마찬가지인데, 그 나라의 구성원인 성도들의 마음에도 말씀의 씨앗이 떨어지면 그 속에서 성령의 역사와 믿음과 기도를 통해서 어느 정도 조건이 갖추어질 때 변화와 더불어 성장과 성숙이 이루어지는 것입니다. 우리는 이 모든 것을 통해서 하나님의 일하시는 방법과 모습을 경험하게 됩니다. 먼저는 자신이 잘 알고 그 다음에는 주위에 있는 사람들이 알게 됩니다. 하나님의 나라는 하나님께서 왕이시기 때문에 전적으로 하나님 자신이 통치하시고 세밀하게 다스리시는 것입니다. 우리는 하나님의 일하고 계시는 모습을 믿음의 눈, 즉 영안(靈眼)으로 볼 수 있어야 합니다. 세상적인 눈, 즉 육안(肉眼)으로 보면 교회와 하나님의 나라는 굉장히 초라해 보이고 별 것 아닌 것처럼 시시해 보이지만 지금도 하나님 나라의 생명운동은 활발하게 일어나고 있고, 하나님의 백성들은 성장하고 있습니다. 갈보리 언덕에서 심으신 생명의 씨앗이 믿는 성도들의 심령 속에 발아하여 교회 공동체를 이루고 이것이 온 세상으로 퍼져나가 점진적으로 하나님의 나라를 왕성하게 합니다. 우리는 그 일에 기쁨으로 동참하고 하나님의 동역자가 되어 이 땅에 이루어지는 거룩한 통치를 바라보며 감사하고 그 영광을 하나님께 올려 드려야 할 것입니다.

식물의 성장 모습

본문 27절에 농부는 곡식의 종자를 밭에 심습니다. 생명체의 특징은 어떻게 자라나는지 눈에 잘 보이지 않지만 시간이 지나고 나면 성큼 성장해 있는 모습을 보게 된다는 것입니다. 성장의 단계를 보면 처음에는 씨를 땅에 파종하는 것입니다. 이처럼 우리 마음의 밭에 생명의 씨, 예수 그리스도의 영원한 생명이 우리 마음 밭에 심어집니다. 심는 자는 바로 하나님 아버지이십니다. 하나님께서 심지 않으시면 아무도 생명을 받을 수가 없습니다. 예수님을 믿는 믿음을 주시는 분이 하나님이시고, 우리가 믿음을 갖는 것이 바로 하나님의 은혜의 선물입니다. 그 은혜로 인하여 믿음으로 구원을 받습니다. 바울은 엡2: 8에서 **"너희가 그 은혜를 인하여 믿음으로 말미암아 구원을 얻었나니 이것이 너희에게서 난 것이 아니요 하나님의 선물이라"**고 말씀하고 있습니다. 사람이 밭에 씨를 파종하므로 생명이 시작되는 것과 같이 말씀을 듣고 청종하는 가운데 하나님께서 우리의 마음에 믿음의 씨앗을 심으심으로 영원한 생명이 발아하게 되는 것입니다.

두 번째 단계는 땅에 떨어진 씨가 발아하여 생명이 탄생하는 것입니다. 한 알의 씨앗이 땅에 떨어져 썩지 아니하면 한 알 그대로 있고 썩으면 많은 열매를 맺는다고 주님께서 말씀하셨습니다. 요 12:24에서 **"내가 진실로 진실로 너희에게 이르노니 한 알의 밀이 땅에 떨어져 죽지 아니하면 한 알 그대로 있고 죽으면 많은 열매를 맺느니라"** 고 말씀하고 있습니다. 즉 생명 탄생의 충족 조건이 갖추어지면 생명은 발아하게 되어 있습니다. 생명의 특징은 반드시 자라난다는 것입니다. 어떤 사람들의 마음에는 믿음이 심겨졌으나 아직 발아를 하지 못하여 생명으로 거듭나지 못하는 경우가 있습니다. 아직 발아를 하지 못하여 그대로 있는 '길가'와 '돌밭'과 같은 심령이 있다는 것입니다. 생명은 우리가 마음을 열고 주님께 대한 열정만 가지면 언제든지 자라나게 되는 법입니다. 그러므로 예수님이 내 마음 속에 들어 올 때 생명을 가지게 됩니다. 예수님을 인격적으로 모시지 못하면 그 속에는 생명이 없습니다. 요일5:12에 분명하게 **"아들이 있는 자에게는 생명이 있고 하나님의 아들이 없는 자에게는 생명이 없느니라"**고 단언하고 있습니다. 주님이 내 안에 들어와 생명으로 자리 잡을 때, 다시 말하면 주님이 내 안에 생명주실 때 진정한 나 자신의 성장이 시작된다는 것입니다. 그 전에는 우리가 다 허물과 죄로 죽었던 자입니다. 죽음은 하나님과 나와의 단절이요 관계 파괴입니다. 바울은 엡2:1에 **"너희의 허물과 죄로 죽었던 너희를 살리셨도다"**라고 했습니다. 살아 호흡하고 있다고 살아 있는 것이 아닙니다. 이미 죄와 허물 즉 타락으로 인하여 하나님과 아무 상관없는 자로 살아왔기 때문에 우리는 모두 이미 죽은 자들입니다. 죽은 자들인 우리 안에 그리스도가 들어옴으로써 새로운 생명이 탄생되고 새 삶이 시작되는 것입니다. 이것은 예수님께서 니고데모에게 말한 것처럼 잘 보이지 않지만 우리 속에 일어나고 있는 현실이요 놀라운 사실입니다. 그러므로 우리는 주님께서 주시는 새 생명으로 날마다 자라가야 합니다. 그 자람은 내 노력으로 되는 것이 아니라 하나님의 은혜와 돌보심으로 되는 것이요, 하나님과 가까이 하려고 하는 사모함과 믿음이 있어야 하는 것입니다. 그리고 마지막 단계는 바로 열매입니다. 열매라도 먹지 못하는 열매가 아니라 먹음직스럽고 충실한 열매입니다. 골1:6에서 **"이 복음이 이미 너희에게 이르매 너희가 듣고 참으로 하나님의 은혜를 깨달은 날부터 너희 중에서와 같이 또한 온 천하에서도 열매를 맺어 자라는도다"**라고 했고, 골1:10에도 **"주께 합당히 행하여 범사에 기쁘시게 하고 모든 선한 일에 열매를 맺게 하시며 하나님을 아는 것에 자라게 하시고"**라고 하면서 열매 맺는 신앙생활이 되어야 함을 권면합니다. 열매는 최종적인 결과입니다. 아무리 화려해 보이는 나무와 식물이라도 수확기에 와서 충실한 열매를 맺지 못한다면 그것은 의미가 없습니다. 우리 주님께서는 열매 없는 무화과나무를 저주하셨습니다. 종교 생활은 하지만 삶에 그 어떤 열매도 맺지 못하는 바리새인들과 서기관 그리고 종교형식주의자들에 대한 심한 질책을 무화과나무 저주를 통해서 간접적으로 하신 것입니다. 우리는 반드시 신앙행위에 대한 선한 열매를 맺어야 합니다. 그것이 성장에 대한 최종적인 표현입니다. 딛3:14에 **"또 우리 사람들도 열매 없는 자가 되지 않게 하기 위하여 필요한 것을 예비하는 좋은 일에 힘쓰기를 배우게 하라"**고 했고, 벧후 1:8에도 **"이런 것이 너희에게 있어 흡족한즉 너희로 우리 주 예수 그리스도를 알기에 게으르지 않고 열매 없는 자가 되지 않게 하려니와."**라고 했습니다. 선한 일에 열매 맺는 주의 종들이 되어야 할 것입니다.

추수 때

예수님께서는 이 비유의 핵심에 성장을 통한 최종적인 심판의 때가 있음을 말씀하고 있습니다. 식물이나 곡식이 자라면 나중에 열매가 무르익게 되는데 그 때에는 반드시 곡물을 거두어들이게 된다는 것입니다(29). 저는 시골에 자라면서 밭농사나 논농사를 짓는 것을 직접적으로 경험했습니다. 봄이 오면 농부들이 논밭에 파종을 합니다. 그리고 더운 여름에 곡식을 가꾸면서 애를 많이 씁니다. 그리고 나면 얼마 있지 않아서 추수기가 오고 낫으로 곡물을 베어 타작을 하게 됩니다. 겨울이 오기 전에 모든 추수가 끝나게 됩니다. 모든 곡식은 반드시 추수기를 맞게 마련입니다. 그 때는 농부들이 알곡과 가라지를 가려내고 충실한 알곡은 곡간에 저장을 합니다. 마13:30에 예수님께서 **"둘 다 추수 때까지 함께 자라게 두어라 추수 때에 내가 추수꾼들에게 말하기를 가라지는 먼저 거두어 불사르게 단으로 묶고 곡식은 모아 내 곳간에 넣으라 하리라"**라고 하시면서 추수 때가 반드시 있음을 시사하고 있습니다.

솔로몬은 전3:2에서 **"날 때가 있고 죽을 때가 있으며 심을 때가 있고 심은 것을 뽑을 때가 있으며"** 라고 고백하고 있습니다. 우리의 인생과 사역 그리고 신앙생활은 영구적인 것이 아니고 시한부라는 것을 의미합니다. 사람들의 오해는 우리의 날을 영구적인 것처럼 생각한다는 사실에 있습니다. 반드시 시작을 했으면 끝마치는 날이 있는 것은 농사일 뿐 아니나 매사에 다 적용되는 것입니다. 공부하는 학생들은 학창시절의 시작과 끝이 있다는 것을 기억하고 공부에 임하면 최선을 다하게 될 것입니다. 사업하시는 분들도 내가 은퇴할 날이 올 것이라는 것을 기억하고 열심히 일하면 나중에 그 날이 오게 될 때 당황하지 않고 걱정하지 않으므로 마음에 평안을 가지게 됩니다. 그것을 모르고 시간을 허비하게 되거나 물질을 저축하지 못하면 은퇴하는 그날에 불안해지는 것입니다.

영적인 생활도 마찬가지입니다. 신앙생활을 시작해서 열심히 씨뿌리고 성장하면 나중에 거둘 것이 많고 풍성한 열매로 인하여 기쁨을 얻게 되지만 게으르게 하면 최후의 심판대 앞에 설 때 부끄러움을 당하게 됩니다. 예수님은 제자들에게 농사의 추수기를 말하지 않고 영적 추수기를 말하면서 전도와 선교에 힘쓸 것을 주문하셨습니다. 요4:35의 말씀입니다. **"너희가 넉 달이 지나야 추수할 때가 이르겠다 하지 아니하느냐 내가 너희에게 이르노니 눈을 들어 밭을 보라 희어져 추수하게 되었도다"**. 실제 우리의 삶 속에 가장 중요한 것은 영적 열매인 영혼 구원입니다. 직, 간접적으로 전도와 선교를 통해 마지막 때에 거둘 것이 많은 성도들이 되도록 최선을 다해야 할 것입니다.

성장에 관한 비유를 통해서 우리는 자연의 원리와 영적 원리가 흡사하다는 것을 알게 되었습니다. 우리의 마음에 생명의 씨를 심어 자라게 하시는 분이 하나님이시라는 것을 알 때 마음이 든든합니다. 사도 바울도 이 사실을 명확하게 알고 있었습니다. 고전3:7에 **"그런즉 심는 이나 물주는 이는 아무 것도 아니로되 오직 자라나게 하시는 하나님뿐이니라"**. 하나님의 일하시는 모습을 보게 됩니다. 우리는 그리스도의 생명을 받은 자로서 날마다 자라가는 하나님의 사람이 되어야 합니다. 성숙은 하나님을 기쁘시게 해 드리는 가장 확실한 방법 중에 하나입니다. 그리고 추수 때에 낫으로 곡식을 거두어들이는 것처럼 우리의 행위에 대한 최종적인 심판이 있다는 것을 기억하고 많은 열매를 맺기 위한 노력을 해야 합니다.

Chapter 4

하나님 나라의 특성(2) – 위력

(Power of the kingdom of God)

마가복음 4:30-34

또 이르시되 우리가 하나님의 나라를 어떻게 비교하며 또 무슨 비유로 나타낼까 겨자씨 한 알과 같으니 땅에 심길 때에는 땅 위의 모든 씨보다 작은 것이로되 심긴 후에는 자라서 모든 풀보다 커지며 큰 가지를 내나니 공중의 새들이 그 그늘에 깃들일 만큼 되느니라 예수께서 이러한 많은 비유로 그들이 알아 들을 수 있는 대로 말씀을 가르치시되 비유가 아니면 말씀하지 아니하시고 다만 혼자 계실 때에 그 제자들에게 모든 것을 해석하시더라

최근 중국의 소수민족 조선족 자치구인 연변 방문을 통해서 알게 된 중요한 정보가 하나 있습니다. 이 지역에서 큰 자랑 거리로 여기는 것이 있는데 바로 **'사과배'** 입니다. 이름 그대로 겉보기로는 사과인데 속은 배 맛이 난다고 하여 그 이름이 붙여지게 되었다고 합니다. 전하는 바에 의하면 최창호라고 하는 분이 1920년대 용정지역에서 조선 북청지역(사과가 유명한 지역으로 널리 알려져 있음)의 사과나무를 연변의 돌배나무에 접목하여 개발하여 널리 보급하였다고 합니다. 현재로는 연길에서 용정으로 가는 길목에 보면 오른

쪽은 황제들이 먹었던 쌀 생산지인 평야가 펼쳐져 있고, 왼쪽은 야산으로 과수원인데 온통 사과배나무로 면적이 1만 헥타르로서 연간 생산량이 4만 톤에 달한다고 합니다. 봄이 되면 흰 꽃으로 뒤 덮여 장관을 이루고 꽃 축제도 열린다고 합니다. 지금은 용정뿐만 아니라 연변의 기타 지역에도 널리 보급되었으며, 심지어 중국 내지의 감숙성에까지도 전파되었다고 합니다. 수년 전에 감숙성에서 연변 과수원에 찾아와서 사과배 묘목 수십만 그루를 요구하였다고 합니다. 이에 과수원 측은 아무런 고려도 없이 수십만 그루라고 하는 숫자에 동하여 사과배 묘목과 재배기술을 팔았습니다. 그 후 감숙성에서는 사과배를 개량하여 대량으로 보급하였으며, 현재 연변의 사과배보다 더 많은 규모의 개량 과수를 생산하고 있다고 합니다. 이렇게 한 사람에 의해서 시작된 사과배가 100년 만에 온 산지를 뒤덮을 정도가 되었으니 작은 것, 소수의 위력이 얼마나 큰 것인가를 가히 짐작할 수 있습니다.

지난 시간에는 하나님의 나라의 특성인 성장에 초점을 맞추어 비유를 말씀 드렸는데 오늘 함께 읽은 본문은 겨자씨 비유로써 눈에 보이지 않을 정도로 작은 씨앗이 성장하여 큰 영향력을 발휘하는 위력에 대해서 말씀을 나누고자 합니다.

작은 씨앗의 소중함

예수님께서 비유로 말씀하신 겨자씨는 하나님 나라의 특성을 드러내는 가장 좋은 재료였습니다. 원래 겨자나무는 몇 가지 종류가 있지만 성경의 겨자는 흑겨자(Brassica nigra L.)로 봅니다. 사실 겨자는 나무가 아니라 1-2년생 풀이며 줄기가 2m 정도로 자라는데 크면 목질화(木質化)되어 나무처럼 단단해집니다. 중동지역에서는 3-5m 까지도 자라고 꽃은 노란색의 4판인 십자화(十字花)로 열매속에 흑갈색의 조그마한 씨가 들어있습니다. 그 씨를 갈아 겨자를 만들고 향신료로 사용합니다. 이러한 겨자씨(mustard seed)는 종종 '큰 발전적 가능성을 간직한 작은 일'이란 뜻으로 비유되기도 하는데 주님께서 말씀하신 겨자씨의 비유에서 주목해야 하는 구절은 역시 겨자씨가 "모든 씨 중에서 가장 작은 씨"라는 것입니다. 잘 보이지 않을 정도로 아주 작은 씨이고 안질이 좋지 않은 분들은 육안으로 식별이 불가능합니다. 너무 미미하고 보잘 것 없는 씨가 바로 겨자씨입니다. 다른 씨앗들은 나무가 크고 열매가 크면 씨앗도 큰데 겨자씨는 그와 반대입니다. 겨자씨는 외견상으로 보면 심히 작고 볼품이 없지만 이 씨앗에는 생명을 발아하는 위력이 있습니다. 씨앗은 조그만 한 알갱이의 모습에 불과하지만, 그러나 그 안에는 신비하고 놀라운 생명력이 있는 것입니다. 하나님 나라의 요소는 현세적이며 물질적인 것에 있는 것이 아니라, 진정한 하나님의 생명으로부터 시작되는 것입니다. 그 생명은 바로 예수 그리스도 자신을 가리키는 것입니다. 예수 그리스도야말로 **"길이요 진리요 생명이시며"**(요16:4) 그 인격 안에 하나님의 생명을 소유하고 계신 분이십니다. 그리고 하나님의 진리와 생명 되시는 예수 그리스도께서 이 땅에 오신 이상, 하나님 나라는 기필코 이루어지고야 말 것입니다. 특히 겨자씨는 복음의 시작과 깊은 관련이 있습니다. 초라하게 말구유의 아기로 초림 하셨던 예수님과, 사회적으로 미천했던 제자들과, 초대 교회 공동체의 미약함은 겨자씨에 비견될 만하였습니다. 그러나 그 안에 씨앗과 같은 생명력이 있다는데 참된 의미가 있는 것입니다.

우리들이 사는 세상은, 질보다 양에 큰 가치와 비중을 두고 있습니다. 무엇이든지 크고 강하고 많으면 감탄하고 그 가치를 인정합니다. 작거나 약하거나 적으면, 소홀히 대접합니다. 무시하기도 하고, 멸시하기도 하고, 아예 관심 밖으로 밀어내어 버립니다. 그러나 예수님께서는 하나님 나라의 시작과 출발에 관심을 두고 계십니다. 하늘나라의 질에 관심을 두고 계시는데 그 핵심은 바로 생명운동입니다. 하나님 나라의 시작은 미미하고 보잘것없다는 것을 예수님은 제자들에게 인식시키고 싶었습니다. 공생애 시작부터 하나님의 나라가 가까웠음을 외쳤고 세례 요한도 그렇게 했지만 시간이 좀 지나도 유대인들이 기대했던 화려한 왕국은 도래하지 않고 오히려 더 작아지고 세상 밖으로 밀리는 듯 했습니다. 세례 요한이 헤롯왕에게 책망한 일로 인하여 감옥에 갇혔을 때는 정말 예수님이 메시야인가 아닌가 하는 의문을 제기 하기도 했습니다. 눅7:20에 **"저희가 예수께 나아가 가로되 세례 요한이 우리를 보내어 당신께 말하기를 오실 그이가 당신이오니이까 우리가 다른 이를 기다리오리이까 하더이다 하니"** 라고 기록하고 있습니다. 그 정도로 예수님께서 말씀하신 천국의 도래는 너무나 보잘것없는 수준이었습니다.

주님께서는 겨자씨 비유를 통해서 하나님의 나라란 바로 세상 사람들이 쳐다보지도 않는 사소한 것일 수 있지만 절대 포기 하지 말아야 하는 것임을 비유를 통해서 말씀하고 계시는 것입니다. 실제 하나님 나라의 도래를 알리고 건설하셨던 주님의 모습이 그러했고, 제자들과 기독교 역사 속에서도 동일했습니다. 오히려 화려하게 크게 출발했던 로마는 얼마 있지 않아 타락하고 말았습니다. 그러나 제자들이 순교하면서 세운 하나님의 나라와 교회 그리고 여러 종류의 공동체는 시간이 갈수록 번창해 갔고, 점점 그 영향력이 확대되어 갔습니다.

오늘날도 마찬가지입니다. 아주 미약하게 시작된 복음 운동이 점점 그 세력을 확대하여 견고하고 강한 하나님의 나라로 발전해 가는 것을 볼 수 있습니다. 예부터 섬마을 사람들은 미신을 섬겼습니다. 어민들이 안전하게 고기를 잡을 수 있도록 바다의 신에게 제사를 지내는 풍어제가 그렇습니다. 동해안과 남해안의 별신굿과 서해안의 배연신굿과 대동굿도 그 예입니다. 의학이 발달치 않았던 옛

날은 물론이고 지금도 무당을 불러 굿을 하는 어촌 마을들이 많이 있습니다. 하지만 전라남도 신안군 증도면 사람들은 다릅니다. 무인도 91개와 유인도 8개로 구성돼 있는 증도면은 모두 2천 여 명이 넘게 살고 있는데 풍어제나 대동굿 같은 미신 행위는 찾아볼 수가 없습니다. 왜냐하면 전체 인구의 90% 이상이 예수를 믿고 있기 때문입니다. 60년 전 그곳의 섬마을도 다른 섬마을과 다를 게 없었지만 그 땅에 복음의 씨앗을 뿌린 문준경 전도사의 헌신적인 삶으로 인해 그곳 사람들의 삶은 달라지기 시작했습니다. 무엇보다 문준경 전도사는 사람을 있는 그대로의 모습으로 사랑했습니다. 예수 그리스도가 이 땅에 오셔서 수많은 과부와 고아들, 헐벗고 굶주린 사람들, 못 배우고 천한 사람들을 사랑하며 그들을 위해 눈물을 흘리셨던 것처럼 문 준경 전도사도 그들과 함께 먹고 마시고 자며 삶을 나누었던 것입니다. 그녀는 1891년 2월 2일에 신안군 암태면에서 셋째 딸로 태어났습니다. 어린 시절 영특했던 그녀는 글을 배우고 싶었지만 아버지의 완강한 반대로 그 고집을 꺾을 수밖에 없었습니다. 이후 17살의 꽃다운 나이에 남편과 혼인을 하지만 이미 그 남편은 딴 여자와 살림을 차리고 있었습니다.

그때부터 20년 동안 문 준경은 허울만 본부인일 뿐 소실만도 못한 생활을 했습니다. 물론 아낌없는 사랑을 주고 그토록 배우고 싶은 글을 가르쳐 준 시아버지 덕에 그 모진 세월을 견딜 수 있었습니다. 하지만 시아버지가 돌아간 뒤에는 그곳에 더 이상 남아 있을 수 없었고, 급기야 친정오빠가 살고 있는 목포로 나와 셋방을 얻어 재봉틀로 바느질삯을 하며 생계를 꾸려나갔습니다. 목포에서 전도부인의 전도를 받고 교회에 나간 뒤, 그녀는 1928년 6월 세례를 받았고 1931년 무렵에는 경성성서학원에 입학하여 6년간 신학수업을 받으면서 전라남도 섬 마을 일대를 돌며 전도실습을 나갔습니다. 그래서 세운 교회가 임자도에 있는 진리교회와 증도에 있는 여러 섬마을 교회입니다. 그렇지만 그녀의 헌신적인 삶을 비웃기라도 한 듯, 공산당은 1950년 10월 5일 새벽 2시에 그녀를 비롯한 많은 크리스천들을 백사장으로 끌고 가서 총살과 학살을 감행했습니다. 그때 그녀의 나이는 60세였습니다. 실로 안타까운 죽음이었지만, 그녀가 뿌린 순교와 헌신의 피 때문에 그곳 주민들이 예수를 믿으며 지금껏 자유롭게 신앙생활을 하고 있습니다. 전염병이 돌아 시체가 썩고 있는 와중에도 그 집에 들어가 시체를 옮겨 장례를 치러줬고 아이를 낳아 본 적이 없었지만 그곳의 수많은 아이들을 다 받아내었습니다. 또한 낡은 집을 수리하고 도배를 하였으며, 잔칫집에서 얻은 음식들로 제 배를 채우는 대신 배고픈 사람들에게 나눠줬습니다. 그녀의 헌신적인 삶이 바로 오늘 증도면 전체를 하나님 나라로 변화시켰던 것입니다. 큰 일 위대한 일만이 변화를 가져오고 세상에 영향을 주는 것은 아닙니다. 아주 사소한 것이지만 자신이 주어진 자리에서 최선을 다할 때 하나님의 나라는 번성하고 발전하는 것입니다.

작은 겨자씨

그러면 하나님 나라에서 겨자씨처럼 작은 것에서부터 시작하지만 큰 생명의 역사를 일으키는 요소들은 어떤 것들이 있겠습니까? 먼저 예수님께서 겨자씨만한 믿음에 대해서 말씀하신 것을 보면 쉽게 알 수 있습니다. 마17:20에 **"가라사대 너희 믿음이 적은 연고니라 진실로 너희에게 이르노니 너희가 만일 믿음이 한 겨자씨만큼만 있으면 이 산을 명하여 여기서 저기로 옮기라 하여도 옮길 것이요 또 너희가 못할 것이 없으리라"**, 눅17:6에 **"주께서 가라사대 너희에게 겨자씨 한알만한 믿음이 있었더면 이 뽕나무더러 뿌리가 뽑혀 바다에 심기우라 하였을 것이요 그것이 너희에게 순종하였으리라"**고 했습니다. 여기서 볼 수 있는 것처럼 믿음은 분명 작은 겨자씨와 같이 처음에는 적게 마음속에 심기우지만 시간이 지날수록 커져서 큰 역사를 일으키게 됩니다. 겨자씨 한 알만한 믿음이란 바로 십자가 구원에 대한 믿음입니다. 생명을 간직하고 있는 살아 있는 믿음, 약동하고 행동하는 믿음입니다. 이것은 당시 제자들이 전혀 본 적이 없고, 그 누구도 행한 적이 없는 사건입니다. 그러니 믿을 래야 믿을 수 없는 일이었습니다. 그러나 예수의 행적과 말씀에 의지하여 믿는다면, 그것이 아주 작은 믿음이라 하더라도 진실로 구원에 이르는 믿음이라는 것입니다. 세상을 변화시킬 수 있는 믿음이라는 것입니다. 그리고 그 믿음은 아주 작지만 "산을 옮길 만한 모든 믿음"인 것입니다. 바로 그런 믿음을 가지라고 주님은 명령하시는 것입니다. 우리가 가진 믿음은 너무나 작습니다. 우리는 믿음이 연약한 사람들입니다. 그러나 올바른 믿음, 제대로 된 믿음이 겨자씨 한 알만큼이라도 있다면 결국 우리는 세상을 바꿀 수 있습니다. 이 땅에 하나님의 나라를 이룰 수 있습니다. 그것이 바로 예수께서 이 땅에 오신 이유이기 때문입니다. 그리고 우리를 부르신 이유이기 때문입니다. 우리 각자 속에 선물로 주신 믿음이 별 것 아닌 것 같지만 이 믿음이 정말 살아 있는 믿음이라면 못할 것이 없습니다.

두 번째는 복음의 위력입니다. 복음을 전하는 것은 아주 시시해 보이고 별 것 아닌 것 같지만 그 능력은 대단합니다. 70인의 제자들은 복음을 전할 때 그것을 실감했습니다. 많은 사람들이 복음을 듣고 돌아오고 심지어는 귀신들도 하늘에서 떨어지는 역사가 일어났습니다. 눅10:17~20에 **"칠십인이 기뻐 돌아와 가로되 주여 주의 이름으로 귀신들도 우리에게 항복하더이다. 예수께서 이르시되 사단이 하늘로서 번개 같이 떨어지는 것을 내가 보았노라. 내가 너희에게 뱀과 전갈을 밟으며 원수의 모든 능력을 제어할 권세를 주었으니 너희를 해할 자가 결단코 없으리라. 그러나 귀신들이 너희에게 항복하는 것으로 기뻐하지 말고 너희 이름이 하늘에 기록된 것으로 기뻐하라 하시니라"**라고 기록하고 있습니다.

복음이 한 마을에 떨어지면 그 복음의 위력으로 그 마을 전체가 하나님께로 돌아오게 됩니다. 제가 태어난 마을은 경남 함안군 대산면 옥렬리 대이동입니다. 산골짜기를 따라서 여러 마을이 씨족을 중심으로 하나의 리(里)로 벨트를 이루고 있는데 유일하게 우리 마을에서 저희 외할머니가 선교사님에게 복음을 받아 예수를 믿게 되고 교회를 세워 복음화율이 70%가 넘게 되었습니다. 다른 마을에는 한 두 가정 정도 예수를 믿게 되었지만 한 연약한 여인의 헌신적인 복음 전파를 통해 가족들과 가문이 더 나아가 동네 대부분의 주민이 주님을 영접하고 예수 믿는 마을이 된 것입니다. 이렇게 복음은 전파되기만 하면 크게 확장되고 성장하게 되는 줄 믿습니다. 복음 전하는 것을 우습게 여기지 마시고, 겨자씨처럼 하찮게 보여도 열심히 전도하면 하나님의 나라는 우리가 알지 못하는 가운데 자라게 됩니다. 마지막으로 기도입니다. 기도는 겨자씨 운동입니다. 소수의 사람들이 모여서 기도하기 시작하면 나중에 큰 무리를 이루고 교회가 성장하고 가정이 잘되는 복을 받습니다. 기도가 뭐 그렇게 중요하겠나 생각할 수 있지만 엘리야는 갈멜산에서 혼자서 850명의 바알 선지자와 대결하여 불의 응답을 받았습니다. 숫자적으로 보면 게임이 안 되는 승부수였지만 겨자씨와 같이 기도하기만 하면 큰 역사가 일어나게 됩니다. 우리가 잘 아는 캠브리지 7인의 경건의 시간 기도회는 전 세계에 선교의 불을 지피는 선교의 도구가 되었습니다. WEC 국제선교회(Worldwide Evangelization for Christ)의 창시자 스터트(C.T. Studd)는 영국의 한 유복한 집안에서 태어나 크리켓 선수로 명성을 날리던 대학 시절, 선교의 소명을 받고 캠브리지 7인의 한 사람으로 중국으로 건너가, 후에 허드슨 테

일러와 함께 중국 복음화를 위해 헌신했습니다. 53세가 되던 1913년, 하나님의 부르심에 순종하여 아프리카 심장부에 복음을 전하기 위해 콩고(옛 자이레공화국)에 '아프리카 심장 선교회'(The Heart of Africa Mission)를 설립하였고, 이것이 'WEC 국제선교회'(1918)의 전신이 되었습니다. 평범한 한 사람의 비전으로부터 시작한 WEC 국제선교회는 복음주의적 국제선교단체가 되어 현재 50개국에서 모인 1,900여 명의 선교사가 75개국에서 사역하고 있습니다. 기도는 곧 선교사입니다. 기도는 놀라운 일들을 일으킵니다. 그 이유는 기도를 통해서 하나님께서 일하시기 때문입니다. 그러므로 겨자씨와 같은 살아 있는 믿음과 복음의 능력 그리고 기도의 위력을 바로 인식하고 작은 것에서부터 시작하여 큰 능력을 갖는 그리스도인들이 되어야 할 것입니다.

영향력

본문 32절에는 **"천국은 마치 사람이 자기 밭에 갖다 심은 겨자씨 한 알 같으니, 이는 모든 씨보다 작은 것이로되 자란 후에는 나물보다 커서 나무가 되매 공중의 새들이 와서 그 가지에 깃들이느니라."**고 했습니다. 공중을 날아다니다 피곤하여 지친 새들은 크게 성장하여 그늘까지 제공하는 겨자나무의 가지에 앉아서 쉼을 얻습니다. 이와 마찬가지로 고뇌와 슬픔으로 가득 찬 이 세상에서 상처받고 지친 영혼들이 안식처를 찾아 헤매다, 복음의 메시지를 듣고 교회에 나와서 하나님의 품에 안길 때 비로소 참된 안식을 맛보게 되는 것입니다. 교회에는 다양한 사람들이 있습니다. 부한 사람도 있고, 권력이 있는 사람도 있고, 지식이 있는 사람도 있지만, 반대로 가난한 사람도 있고, 낙심한 자들도 있고, 병든 자들도 있고, 각양 종류의 사람들이 다 있습니다. 이런 여러 종류의 사람들이 모두 와서 깃들일 수 있는 곳, 수많은 사람들이 와서 영혼의 안식과 쉼을 얻는 그런 교회가 바로 하나님 나라의 모습입니다.

수가성의 여인처럼 성적인 욕구에 목말라 있는 사람이 영원한 생수를 마실 수 있는 곳이 교회입니다(요4장). 부자였지만 사람들로부터 왕따를 당하여 외로움과 고독 가운데 있었던 여리고성의 삭개오처럼 관계 회복에 목말라 하던 사람들이 뽕나무 위에서 예수님을 만나 구원 받은 아브라함의 자녀가 되는 곳이 바로 교회입니다(눅19장). 온갖 질병에 노출되어 죽음의 계곡에서 고통하며 신음하던 자들이 겨자씨 나무와 같이 예수님의 그늘 아래서 육체의 회복과 정신적인 건강 그리고 영적인 강건함을 얻는 곳이 바로 교회며 하나님의 나라입니다. 하나님의 나라는 수고하고 무거운 짐 진 자들이 와서 안식과 평안을 얻는 곳입니다. 하나님의 나라는 주님의 그늘에서 쉼과 안식 그리고 위로를 받는 곳입니다. 사랑이 흘러넘치는 곳이 바로 교회입니다. 이런 교회가 되기 위해서 우리가 해야 할 몫이 있습니다. 세상 사람들이 교회라고 하는 큰 가지에 둥지를 틀고 안식을 누리도록 하기 위하여 먼저 우리가 복음의 능력을 가지고 세상에 영향력을 보여야 합니다. 이러한 사명을 감당하고, 하나님의 크신 은혜를 체험하는 여러분들이 되시기를 주의 이름으로 소원합니다.

결론적으로, 겨자씨는 눈에 보이지 않는 아주 작고 쓸모없는 씨앗 같지만 그 속에 생명이 있기에 땅에 심기어 큰 나무로 자라나서 모든 새들이 둥지를 틀고 쉴 수 있는 안식처가 됩니다. 작다고 힘이 없는 것이 아니라 그 속에 생명이 있다면 엄청난 힘을 발휘할 수 있습니다. **"네 시작은 미약하나 나중은 창대하리라"**(욥8:7)는 말씀처럼 작은 것, 본질적인 것에 대한 소중함을 알고 믿음과 복음 그리고 기도를 통해서 하나님의 위대한 일을 이루어 많은 사람들에게 안식과 위로 사랑을 줄 수 있는 하나님 나라 백성이 되고, 그들이 모여서 이루어지는 건강한 교회가 되어야 할 것입니다.

Chapter 5

돌풍을 잠재운 예수님

(The wind ran out of breath)

마가복음 4:35-41

그 날 저물 때에 제자들에게 이르시되 우리가 저편으로 건너가자 하시니 그들이 무리를 떠나 예수를 배에 계신 그대로 모시고 가매 다른 배들도 함께 하더니 큰 광풍이 일어나며 물결이 배에 부딪쳐 들어와 배에 가득하게 되었더라 예수께서는 고물에서 베개를 베고 주무시더니 제자들이 깨우며 이르되 선생님이여 우리가 죽게 된 것을 돌보지 아니하시나이까 하니 예수께서 깨어 바람을 꾸짖으시며 바다더러 이르시되 잠잠하라 고요하라 하시니 바람이 그치고 아주 잔잔하여지더라 이에 제자들에게 이르시되 어찌하여 이렇게 무서워하느냐 너희가 어찌 믿음이 없느냐 하시니 그들이 심히 두려워하여 서로 말하되 그가 누구이기에 바람과 바다도 순종하는가 하였더라

어떤 소설가가 여객선을 타고 여행을 즐기고 있었습니다. 갑자기 바다 한 가운데서 풍랑이 일어나기 시작했습니다. 무섭게 바람이 몰아쳐 오는데 마음이 불안해서 가만히 앉아있을 수가 없었습니다. 그래서 갑판 위로 올라가 거닐면서 두려움을 달래고 있었습니다. 그런데 소년 하나가 갑판 위에서 깡충깡충 뛰면서 재미있게 노는 것입니다. 이 소설가는 아이의 손을 꼭 붙들고 물었습니다. "애야, 너는 무섭지 않니! 애야, 너는 이 풍랑이 무섭지도 않니?" 그러자 아

이가 대답했습니다. “아저씨, 우리 아빠가 선장이거든요. 제가 지금 선장실에서 나오는 길인데요 우리 아빠의 얼굴을 보니 아빠의 얼굴이 편안했어요. 아무 일 없을 거예요. 아저씨! 걱정하지 마세요.”

이 세상을 고해(苦海)로 비유하기도 합니다. 원치 않는 바람과 해일 그리고 쓰나미와 같은 재앙이 쉴 새 없이 닥치는 세상을 그렇게 표현한 것입니다. 그래서 바다와 같은 이 세상에서 우리는 생각지도 않았던 돌풍을 만나 우왕좌왕(右往左往) 하며 좌초할 때가 많습니다. 우리는 노도 광풍을 만날 경우 어떻게 대처해야 할지 몰라 당황하고 두려워 떨게 됩니다. 풍랑이 오지 않으면 얼마나 좋겠습니까 마는 우리의 바람과는 너무나 다르게 끊이지 않고 몰려오는 것이 현실입니다. 오늘 본문을 통해서 예수님을 믿는 우리에게 왜 풍랑이 오는지, 돌풍이 불 때 우리는 어떤 상황에 처하게 되는지, 그리고 어떻게 하면 해결할 수 있는지, 그것을 통해서 주는 유익과 하나님의 의도가 무엇인지를 함께 생각해 보면서 은혜를 나누고자 합니다.

큰 광풍이 일어남

예수님과 제자들이 탄 배가 호수 가운데 있을 때 일어난 세 가지 사건을 오늘 본문은 자세하게 다루고 있습니다.

첫째, 큰 광풍이 일어났습니다. 갈릴리 호수는 주변이 산과 언덕으로 둘러싸여 있습니다. 때때로 북쪽에 있는 높은 산에서 찬 공기로 이루어진 기류가 형성이 됩니다. 그 기류가 산과 산 사이의 좁은 계곡 사이를 지나서, 갈릴리호수 쪽으로 불어오면, 저절로 속도가 매우 빨라집니다. 게다가 갈릴리 호수는 해발 -200m입니다. 아주 낮은 곳에 위치해 있습니다. 그래서 눅8:23을 보면, 마침 광풍이 호수로 내리쳤다고 했습니다. 그러니까 그 때 바람이 아주 무서운 속도로 높은 곳에서 낮은 곳으로 사납게 불어 닥친 것입니다. 북쪽에서 내려온 찬 공기가 그 호수의 따뜻한 공기와 만나면 서로 충돌을 일으킵니다. 그러면 호수에는 소용돌이가 일어나게 됩니다. 소용돌이가 치는 방향은 전혀 예측할 수 없습니다. 광풍이라는 말 그대로 그 때의 바람은 미친 듯이 제멋대로 붑니다. 이렇듯 갈릴리 호수에서는 그 지형적인 이유로 인해서 빈번하게 광풍이 일어납니다. 그러나 오늘 본문에 등장하는 광풍은 그저 흔하게 일어나는 광풍중의 하나가 아니었습니다. "큰 광풍"이었습니다. 말하자면 이는 하나님의 섭리 가운데 예정된 특별한 광풍이었습니다.

둘째, 물결이 배에 부딪쳐 들어왔습니다. 고요한 바다에 바람이 불면 물결이 일어납니다. 바람이 거셀수록, 물결은 더 크게 일어납니다. 갈릴리 호수는 그렇게 크지 않습니다. 그래서 해변을 때린 물결이 되돌아오면서, 해변으로 다가가는 물결과 충돌합니다. 그러면 물결은 더 크고 더 높아질 수밖에 없습니다. 마8:24절을 보면, 그 때 바다에 큰 놀이 일어나 배가 물결에 덮이게 되었다고 했습니다. 배를 덮어버릴 만한 큰 물결이 일어났던 것입니다. 그런 물결이 해변으로 밀려갔다가 되돌아오면서 배의 양쪽에 심하게 부딪쳤던 것입니다.

셋째, 물이 배에 가득하게 되었습니다. 그들이 탄 배에는 갑판이 따로 없었습니다. 내부가 완전히 개방된 배였습니다. 따라서 큰 물결이 쉴새없이 배에 부딪쳐 들어오자, 순식간에 배에 물이 가득하게 되었습니다. 그래서 눅8:23 말씀처럼, 그 배는 가라앉을지도 모를 정도로 위태하게 되었습니다. 이처럼 '일엽편주(一葉片舟)'와 같은 우리들의 삶에 일어나는 풍랑 역시 언제 어디서 어떻게 일어날지 알 수 없습니다. 때로는 사고로, 질병으로, 경제적인 손실로, 회복할 수 없는 상처로, 모함으로, 배신으로 갖가지 방법으로 일어납니다. 인간은 누구도 이 풍랑에서 제외될 수 없습니다. 예수님께서 타신 배에도 풍랑이 일어났습니다. 바울이 탄 배도 **'유라굴로'**(행27:14)라는 광풍에 파선을 당하였습니다. 초대교회에 박해가 시작되었을 때 사람들은 생각했습니다. 하나님을 믿는 교회가 왜 핍박을 받아야 하는가? 이 말씀은 주님께서 박해와 절망의 시대에 고통속에 있는 제자들과 교회를 위로하고 계신다는 것을 의미합니다. 바울은 고린도교회 성도들에게 **"우리는 많이 참으면서, 환난과 궁핍과 곤경과 매 맞음과 옥에 갇힘과 난동과 수고와 잠을 자지 못함과 굶주림을 겪습니다"**(고후6:4-5)라며, 박해를 겪고 있는 형편을 숨김없이 말합니다. 우리가 사는 세상에도 예상치 않은 돌풍이 많이 일어나 우리의 삶을 송두리째 빼앗아가는 일들이 비일비재하게 일어나고 있음을 부인할 수 없습니다. 예를 들면 위기의 단계가 점점 더 심각해지는 것을 경험하게 됩니다. 처음에는 감기 몸살처럼 아프다가 나중에는 심각한 상태로 불치의 병이라는 선고를 받아 순항하던 인생길이 완전히 암반에 부딪히는 경우가 있고, 경제적으로 넉넉한 삶을 살다가 잘못된 선택을 통해 하루아침에 거지 신세가 되는 파산을 맞을 때도 있습니다. 지혜롭게 잘 자라던 자녀가 근육 무력증과 같은 병으로 시한부 인생을 살 수 밖에 없는 광풍을 맞을 때도 있습니다. 여러 가지 시련의 바람을 맞지 않는 사람이나 가정이 없을 정도로 이러한 일은 허다합니다. 그러나 이에 대해 찬송373장 2절은 **'큰 물결 일어나 나 쉬지 못하나 이 풍랑으로 인하여 더 빨리 갑니다'** 라고 적고 있습니다.

주무시는 예수님

예수님께서는 불어대는 광풍에 전혀 개의치 않으시고 베개를 베고 주무셨습니다. 예수님은 아주 지쳐 있었습니다. 병자들을 치유하시고, 귀신들을 내쫓으시고, 백성들을 가르치시고, 특히 제자들에게 말씀의 진리를 가르치는 일에 강행군하시므로 육체적으로 너무 힘드셨기 때문에 잠깐이나마 눈을 붙이면서 피곤을 푸셨던 것입니다. 주님의 인성을 엿볼 수 있는 부분입니다. 그러나 예수님께서 제자들에게 믿음이 없다고 꾸짖으신 사실에 비추어 볼 때, 주님께서 주무실 수 있었던 것은 당신의 믿음 때문이었던 것으로 보입니다. 광풍에 대해 전혀 걱정하지 않으시고, 하나님 아버지의 품에 안겨 고이 잠을 청할 수 있었던 것입니다. 이것은 육체적으로는 피곤하였지만 마음은 하나님 아버지와 화평의 관계를 유지하고 있었기 때문이었습니다. 실제 육체적으로 건강하고 정신적으로 평온하며 하나님과 바른 관계에 있는 사람은 위태한 상황에서도 잠을 잘 수 있습니다. 제자들은 예수님의 이러한 모습을 자신들을 향한 관심의 결핍으로 오해했던 것입니다. 그들은 예수님께 도움을 구하면서도 자신들을 향한 무관심에 불평하고 있었습니다.

우리의 삶에도 우리가 주님과 동행하고 있음을 의식하고 믿고 있지만 어려움을 당하게 되면 침묵하고 계시는 예수님에 대해서 관심이 없으신 주님으로 오해 할 때가 많습니다. 주님은 모든 것을 알고 계시고 자신의 필요 때문에 쉬고 계시는데 우리는 주님을 무능력한 주님으로, 우리에 대해 아무런 일을 하지 않는 무관심한 자로 치부할 때가 있습니다. 여러분이 어려움에 처했을 때 주님이 외면하는 듯한 순간을 경험한 적이 없으십니까? 침묵은 일을 하기 위한 쉼의 기회이지 무관심하거나 무시하는 태도가 아닙니다. 누가 무엇이라 해도 침묵하는 안식의 시간이 필요합니다. 일할 때가 있으면 쉴 때도 있음을 깨닫고 여유 있는 삶을 살아야 합니다. 하나님은 주무시지도 졸지도 않으신다고 하셨는데, 왜 침묵하느냐고 반문할 수 있지만 하나님이 다 일하시면 우리는 허수아비나 로봇이 되고 말 것입니다. 하나님의 침묵은 어려움이 찾아오면 우리가 하나님을 의지함으로 그 분을 찾고 나오도록 하기 위함이며, 그 분과 인격적인 관계를 더 견고하게 맺도록 하기 위함이지 결단코 우리를 외면하시는 것이 아닙니다.

제자들의 당황

제자들은 자기들의 노력이 더 이상 효력이 없게 되자 고물(배 뒤쪽)에 주무시고 계시는 주님을 흔들어 깨우게 되었습니다. "선생님이여 우리의 죽게 된 것을 돌아보지 않으십니까?"라고 했습니다. 자신들을 주님께서 방치해 두고 있다고 생각했습니다. 제자들은 더 이상 자신들이 가진 경험이나 지식으로 안전을 지킬 수 없다고 생각했습니다. 그 때부터 제자들은 당황하고 두려움을 느끼기 시작합니다. 건강하고 편안할 때는 우리의 힘으로 무엇인가 할 수 있다고 생각하지만 우리도 제자들처럼 나 스스로가 무엇을 할 수 없다고 생각할 때에는 주님을 찾고 하나님께 부르짖게 됩니다. 마8:25을 보면, 이 때 어떤 이는 예수님을 **"주여"**(Lord)라고 불렀습니다. 오늘 본문에서는 **"선생님"**(Teacher)이라고 불렀습니다. 눅8:24에서는 **"주여, 주여"**(Master, Master)라고 불렀습니다. 너무도 다급한 나머지 그들이 예수님을 부르는 호칭조차도 제 각각이었습니다. 그럴지라도 그들이 풍랑 속에서 예수님을 깨우며 예수님에게 도움을 간청했던 것은 바른 일이었습니다. 성경에는 성도들이 삶의 풍랑을 맞이할 때, 하나님을 깨우는 심정으로 하나님에게 도움을 간청하는 말씀이 자주 나옵니다.

> 시44:23에 "주여 깨소서 어찌하여 주무시나이까 일어나시고 우리를 영원히 버리지 마소서", 사51:9에 "여호와의 팔이여 깨소서 깨소서 능력을 베푸소서...."라고 했습니다.

뜻하지 않는 풍랑을 만나셨습니까? 당황하거나 두려워하거나 스스로 좌절하거나 자포자기 하지 마십시오. 풍랑 속에 침묵하시는 듯하지만 우리의 형편을 보고 계시는 예수님께 나아오십시오. 그리고 간절한 마음으로 예수님의 도우심을 구하십시오. 그리하면 예수님은 일어나셔서 우리가 겪는 풍랑을 잠재우시고 평안함을 주시고 안전한 목적지까지 인도해 주실 것입니다. 위기 때에 성도들의 올바른 태도가 진가를 발휘하게 됩니다. 평소에는 성도와 믿지 않는 자들 사이에 차이가 잘 나타나지 않습니다. 그러나 어려움이 오면 그리스도인들은 예수님께 나아오게 되고 하나님께 도움을 요청하면서 그 풍랑을 잘 헤쳐 나갑니다. 이것이 그리스도인들이 가지고 있는 특권이며 무기입니다. 메리큐스 마네라는 부인이 있었습니다. 남편은 사업에 부도를 내고 어디론가 도망가 버리고 말았습니다.

살림을 다 잃어버리고 알거지가 되어 길거리로 나 앉게 되었습니다. 어린 아들이 문방구에서 연필 하나를 훔치다 들켰는데 그것 때문에 결국 학교에서조차 쫓겨났습니다. 부인은 더 이상 살고 싶은 마음이 없었습니다. 깨끗이 죽자! 결심하고 아이들을 재우고 방에 가스를 켰습니다. 가스가 스미어 나오는 데 정신이 몽롱해져 오기 시작합니다. 마침 그 때 이웃집에서 찬송소리가 들려왔습니다. **"내 모든 시험 무거운 짐을 주 예수 앞에 아뢰면 근심에 쌓인 날 돌아 보사 내 근심 모두 맡으시네"**(337장). 그래 내가 죽을 생각을 하면서 왜 기도할 생각은 못했는고 하면서 그 부인은 아이들을 가까스로 밖으로 밀어내고 가스를 잠갔습니다. 그리고 그 자리에서 무릎을 꿇고 하나님께 눈물로 뜨거운 기도를 올렸습니다. 그리고 용기를 내서 시골에 내려가 빈 집 하나를 얻어 새 삶을 시작했습니다. 그 후 자녀들이 모두 멋지게 성공을 하였고, 그 부인은 인생의 후반전을 해피 엔딩으로 장식합니다. '근심이여 안녕' 이라는 책 마지막 부분에서 그는 이렇게 적고 있습니다. "죽을 수 있는 용기를 가진 자들이여! 하나님 앞에 기도할 수 있는 용기로 바꾸어 보십시오! 백 번의 탄식보다 한 번의 기도가 당신의 인생을 반전시킬 것입니다. 백 번의 절망보다 한 번의 믿음의 기도가 당신의 운명을 바꾸어 줄 것입니다."

예수님의 처방과 의도

처방

위기를 만난 제자들이 예수님께 간청하자 주님께서는 즉시 일어나셔서 바람을 꾸짖으시고 바다를 향해 **'잠잠하라, 고요하라'** 하시면서 광풍을 잠재우셨습니다(39). 제자들은 스스로 할 수 있는 일을 다 해 보았지만 소용이 없게 되자 주무시는 예수님께 요청했고, 예수님께서는 즉각적으로 반응하시고 그들의 어려움을 해결해 주셨습니다. '광풍' 이라는 말의 '라이랍스(λαιλαψ)' (37절)는 욥38:1에서 '폭풍(Storm)' 는 말입니다. 그 단어는 귀신의 능력을 강조합니다. 하나님이 창조 때에 원시적인 혼돈을 초월하는 권위를 가졌던 것처럼(욥38:8-11, 시74:13-14), 예수님도 자연을 지배하는 귀신의 힘을 초월하는 권위를 가지고 있습니다. 여기서는 이 같은 예수님의 능력에 대한 확증이 드러납니다. 그의 명령을 통해서 자연 재해까지도 순종하게 되었다는 사실은 그가 지니고 있는 권위를 증거하는 것입니다. 바람은 그치고 아주 고요해졌습니다. 이 사건은 예수 그리스도가 '모든 자연의 통치자' 라는 사실을 확증하고 있습니다. 바다와 풍랑을 잠잠케 하고 고요하게 하신 것은 예수님께서 하나님 나라의 통치자이심을 드러내신 것입니다. 이를 통해 사탄을 결박하고 하나님 나라 건설을 위해 오신 예수님 사역의 진면모가 나타납니다. 만일 자연조차도 다스릴 수 없다면 앞서 말씀하신 성장과 위력에 대한 비유는 한낱 생각에 불과한 것이고, 실제 하나님의 나라는 확장될 수 없는 것입니다. 밭에 심겨진 씨앗처럼 초라하게 시작하지만 점점 사탄의 권세가 축소되는 동시에 하나님의 나라는 확대되고 성장할 것이라는 그의 가르치심을 제자들에게 현실적으로 입증해 보이신 것입니다. 말과 단순한 가르침으로 끝나는 허상이 아니라 실제 삶의 현장에서 그렇게 된다는 것을 증명하신 것입니다.

우리가 주님께 부르짖기만 하면 주님께서는 즉각 응답해 주십니다. 오늘날 기도라는 통로를 통해서 주님은 응답이라는 처방을 내려 주십니다. 구하고 찾고 두드리는 자에게 반드시 응답의 역사가 있습니다. 수로보니게 여인은 자기 딸이 귀신들려 죽게 되었을 때 주님께 나와서 온갖 멸시와 수모를 겪으면서까지 부르짖어 구했고 치유의 은혜를 누리게 되었습니다. 소경 바디메오가 예수님께서 여리고로 지나간다는 소식을 듣고 "다윗의 자손 예수여, 나를 불쌍히 여겨주소서! 라고 부르짖을 때에 주위의 사람들은 꾸중하고 말렸지만 예수님은 그의 눈을 뜨게 해 주셨습니다. 부르짖는 자에게 주시는 하나님의 은혜요 그리스도의 치유의 복인 줄 믿습니다.

우리도 위기를 만날 때마다 주님의 처방을 받기 위해서는 간절하게 주님께 나아가서 부르짖어야 합니다. 기도는 불가능한 일을 가능케 하는 유일한 열쇠라는 사실을 믿어야 합니다.

의도

주님께서 자연의 성냄을 잠잠케 하신 의도는 여러 가지 측면에서 생각해 볼 수 있지만 첫 번째는 자신이 하나님 되심을 드러내시고자 하신 것입니다. 막1:1에 명시된 바와 같이 마가복음의 기록 목적은 예수님이 하나님의 아들이시며 그리스도이심을 밝히는 것입니다. 한 마디로 예수님은 하나님입니다. 욥26:12에 **"그는 능력으로 바다를 잔잔하게 하시며"**라고 하며, 시89:9에도 **"주께서 바다의 파도를 다스리시며 그 파도가 일어날 때에 잔잔하게 하시나이다"**라고 말합니다. 이와 같이 오로지 하나님만이 바람과 바다를 다스리십니다. 오직 하나님만이 그것들을 잠잠하게 하시며 고요하게 하십니다. 그런데 오늘 본문에서는 예수님께서 그의 권세로 이 일을 행하셨습니다. 그러니 예수님은 누구이십니까? 예수님은 바로 하나님이십니다. 그동안 예수님은 자신이 하나님이심을 계속해서 드러내셨습니다. 예컨대 막2:10을 보면, 예수님에게는 죄를 사하시는 권세가 있습니다. 막2:28에는 예수님은 안식일에도 주인이심을 말씀합니다. 또한 막3:27을 보면, 예수님은 사탄보다도 더 강하십니다. 이외에도 예수님은 말씀과 이적들을 통하여 자신이 하나님이심을 계속해서 밝히 드러내셨습니다. **"어찌하여 이렇게 무서워하느냐 너희가 아직 믿음이 없느냐?"**고 지적하신 예수님의 말씀을 보면 제자들이 예수님의 말씀을 전적으로 신뢰하지 못하고 있었고, 그의 말씀을 믿지 못했다는 것을 알 수 있습니다. 이 말씀을 통해 예수님은 자신이 하나님의 아들 되심을 깨닫게 하시고 자신을 믿도록 하신 것입니다. 예수님의 인간적인 모습뿐 아니라 하나님 되심에 대한 두 가지 성품을 붙잡지 못하면 우리의 신앙은 반쪽조차 되지 못하며 아직 믿음이 없는 상태'라고 할 수 있습니다. 반쪽만 믿는 것 역시 믿음이 아닙니다. 인간적으로 연약해 보이는 예수님이라도 그분은 하나님의 아들로 창조주이시고 하나님의 나라를 세워가시는 능력의 하나님이십니다. 영원하신 대주재이십니다.

41절을 보면, 제자들이 심히 두려워하는 광경이 나옵니다. 그들은 큰 두려움에 떨면서 서로 말하기를, **"예수님이 누구이시기에 바람과 바다도 예수님의 말씀에 순종하는가"**라고 했습니다. 이 질문에 대한 대답은 자명합니다. 예수님께서는 하나님이시며 바람과 바다를 창조하신 창조주 하나님이십니다. 요1:3에서 만물이 예수님으로 말미암아 지은 바 되었다고 말씀합니다. 지은 것이 하나도 예수님 없이는 된 것이 없다는 것입니다. 바람과 바다도 예수님에 의해서 창조되었습니다. 따라서 그것들이 예수님에게 순종하는 것은 너무도 당연합니다. 또한 히1:2은 예수님으로 말미암아 모든 세계가 지어졌음을 밝히고 있을 뿐 아니라 히1:3에는 이어서 예수님이 만물을 붙들고 계심도 밝히고 있습니다. 예수님께서는 온 세계 만물을 지으셨고, 친히 그 모든 것들을 다스리십니다. 그래서 우리는 찬송가 32장 1절에서 이렇게 찬양합니다. **'만유의 주재 존귀하신 예수, 사람이 되신 하나님, 나 사모하여 영원히 섬길 내 영광되신 주로다.'** 예수님께서는 이 기적을 통해서 제자들에게 자신이 하나님이시며 만유의 주재이심을 각인시키십니다. 또한 이 예수님을 믿고 하나님의 나라를 위해서 열심히 헌신하도록 하십니다. 우리들도 예수님의 행하시는 기적과 하나님의 나라를 다스리심을 인정하고 이 거룩한 일에 헌신하는 신실한 제자들이 되어야 할 것입니다.

결론적으로 힘든 세파에서 여러 가지 풍랑을 겪는 하나님의 백성들에게 우리 주님은 가까이 계시면서 우리가 구할 때마다 능력을 베푸실 줄 믿습니다. 그 누구도 해결할 수 없는 사탄의 권세와 영적 장난들 그리고 자연의 광기까지도 창조주이시고 절대적인 주권을 가지신 주님 앞에서는 순종할 수밖에 없습니다. 또한 주님께서는 위기에 처한 당신의 백성들을 구원해 주십니다. 당황하거나 두려워하지 맙시다. 믿음이 없는 사람들과 적은 자들은 상황을 보고 침묵하고 계시는듯한 예수님의 모습에 당황하고 두려워하게 됩니다. 그러나 우리에게 어려움이 닥치고 때론 돌풍이 일어나는 것은 우리가 신뢰하는 예수 그리스도 그분이 얼마나 위대한가를 체험하고 더욱 그 분을 바르게 알고, 믿고, 그리고 의지하도록 하기 위함입니다. 우리는 예수님이 하나님이심을 믿어야 합니다. 그래야 예수님께서 다스리시는 하나님 나라의 백성이 될 수 있기 때문입니다. 예수님께서는 만유의 주재이십니다. 그러므로 시55:22의 말씀과 같이 우리의 짐을 예수님께 맡깁시다. 또한 벧전 5:7의 말씀과 같이 우리의 염려를 다 예수님께 맡깁시다. 예수님께서는 우리를 돌보시며, 모든 풍랑을 아주 잔잔케 하실 것입니다. 큰 물결이 뛰노는 거친 바다를 항해하는 우리들이지만 주님과 함께 하면 안전한 항구에 도달할 수 있을 줄 믿습니다. 거친 바다를 항해하는 우리가 도달해야 할 영원한 포구는 바로 천국입니다.

Chapter 6

거라사 광인과 예수님

(The madman & Jesus Christ)

마가복음 5:1-20

예수께서 바다 건너편 거라사인의 지방에 이르러 배에서 나오시매 곧 더러운 귀신 들린 사람이 무덤 사이에서 나와 예수를 만나니라 그 사람은 무덤 사이에 거처하는데 이제는 아무도 그를 쇠사슬로도 맬 수 없게 되었으니 이는 여러 번 고랑과 쇠사슬에 매였어도 쇠사슬을 끊고 고랑을 깨뜨렸음이러라 그리하여 아무도 그를 제어할 힘이 없는지라 밤낮 무덤 사이에서나 산에서나 늘 소리 지르며 돌로 자기의 몸을 해치고 있었더라 그가 멀리서 예수를 보고 달려와 절하며 큰 소리로 부르짖어 이르되 지극히 높으신 하나님의 아들 예수여 나와 당신이 무슨 상관이 있나이까 원하건대 하나님 앞에 맹세하고 나를 괴롭히지 마옵소서 하니 이는 예수께서 이미 그에게 이르시기를 더러운 귀신아 그 사람에게서 나오라 하셨음이라 이에 물으시되 네 이름이 무엇이냐 이르되 내 이름은 군대니 우리가 많음이니이다 하고 자기를 그 지방에서 내보내지 마시기를 간구하더니 마침 거기 돼지의 큰 떼가 산 곁에서 먹고 있는지라 이에 간구하여 이르되 우리를 돼지에게로 보내어 들어가게 하소서 하니 허락하신대 더러운 귀신들이 나와서 돼지에게로 들어가매 거의 이천 마리 되는 떼가 바다를 향하여 비탈로 내리달아 바다에서 몰사하거늘 치던 자들이 도망하여 읍내와 여러 마을에 말하니 사람들이 어떻게 되었는지를 보러 와서 예수께 이르러 그 귀신 들렸던 자 곧 군대 귀신 지폈던 자가 옷을 입고 정신이 온전하여 앉은 것을 보고 두려워하더라 이에 귀신 들렸던 자가 당한 것과 돼지의 일을 본 자들이 그들에게 알리매 그들이 예수께 그 지방에서 떠나시기를 간구하더라 예수께서 배에 오르실 때에 귀신 들렸던 사람이 함께 있기를 간구하였으나 허락하지 아니하시고 그에게 이르시되 집으로 돌아가 주께서 네게 어떻게 큰 일을 행하사 너를 불쌍히 여기신 것을 네 가족에게 알리라 하시니 그가 가서 예수께서 자기에게 어떻게 큰 일 행하셨는지를 데가볼리에 전파하니 모든 사람이 놀랍게 여기더라 오늘의 시대를 가리켜 광기의 절정을 이루어 가는 시대라고 표현할 수 있을 것입니다. 현대인들은 스포츠에 미쳐 자신의 광기를 드러내기도 하고, 인터넷과 영상 매체에 미쳐 정상적인 삶을 살지 못하고 비인간적인 삶의 모습을 드러내기도 합니다. 청소년들 가운데는 음악과 게임에 미쳐서 정서적으로 불안해하고 사회로부터 점점 소외되는 이들도 있습니다. 스포츠와 음악 그리고 연예계 스타들을 바라보며 오빠부대를 만들어 광란을 즐기기도 합니다. 어떤 사람은 쾌락에 미쳐서 가정을 버리고 사회에서 부평초처럼 떠다니는 표류 인간이 되기도 합니다. 이러한 삶의 형태는 정도의 차이가 있지만 인간의 타락 이후 계속되어 온 비정상적인 현상입니다. 우리가 좋고 선한 일에 미친 듯이 집중한다면 긍정적인 결과를 얻지만 별로 중요하지 않는 일에 광기를 드러내는 것은 사회 질서와 공동체를 파괴하는 해악입니다. 더 스릴과 흥분 조장하는 자극적인 광기는 사람의 마음과 정신 그리고 육체까지도 망가지게 만듭니다.

예수님께서 배를 타고 갈릴리 호수를 횡단하여 가라사 지방에 갔을 때 묘지에서 생활하던 한 광인을 만나게 되었습니다. 그와 관련된 이야기가 오늘 읽은 본문 속에 상세하게 기록이 되어 있습니다. '거라사' 라는 단어는 광기 어린 사람들의 모습을 표현하는 대명사가 되었습니다. 이 사건을 통해서 하나님께서 오늘 우리에게 주시는 메시지가 무엇인지 함께 생각해 보고자 합니다.

광인을 만난 예수님

예수님은 바다 한 가운데서 일어난 광풍으로 인하여 고생하고 있었던 제자들에게 하나님의 아들 되심과 자연을 다스리는 만유의 주로서의 자기 정체성을 충분히 드러내셨고, 22절 이후를 보면 새벽녘에 거라사 항구에 배의 닻을 내렸습니다. '거라사' 지방은 알렉산더 대제가 갈릴리 지방을 정복한 후 10개의 도시 왕국을 세워 데가볼리(Decapolis)라고 부른 지역 중에 한 곳입니다. 역사학자 요세푸스에 따르면 거라사 지방은 베레아 지역의 수도로 주로 이방인들이 거주하는 지역이었다고 기술하고 있습니다. 그것을 뒷받침하는 근거는 바로 많은 돼지들을 치는 양돈 우리가 그곳에 있었다는 사실입니다. 유대지역에서는 돼지를 칠 수가 없었기 때문입니다. 이 지역은 로마제국의 동쪽 변방에 해당되는 곳으로서 로마 군대가 주둔하고 있었던 곳이었습니다.

지리적으로 갈릴리 바다를 배경으로 세워진 거라사는 폼페이에 버금가는 아름답고 풍요로운 항구 도시였습니다. 27절을 보면 **"배에서 나오시매 곧 더러운 귀신 들린 사람이 무덤 사이에서 나와 예수를 만나니라"**고 기록되어 있습니다. 우리 주님은 이렇게 가족, 이웃 사람들과 어울리지 못하고 버려진 한 영혼 구원을 위해 거라사 지역으로 오신 것입니다. 제자들에게 배를 타고 먼저 가라고 하신 이유를 우리는 이 시점에서 이해하게 됩니다. 예수님은 한 생명을 천하보다 귀하게 여기시는 구원자이십니다. 가족과 이웃 그리고 세상 사람들은 이 광인을 공동체로부터 축출시켜 버렸지만 우리 주님께서는 그를 찾아 오셔서 만나 주신 것입니다. 한 마리의 잃어버린 양에 대한 예수님의 비유에서와 같이 99마리의 양을 들녘에 두고 찾아오신 주님의 마음을 우리는 헤아릴 수 있습니다. 주님이 만나러 오실 때에 사람은 구원 받을 수 있습니다. 다른 이로서는 구원을 받을 수 없지만 오직 십자가에 못 박혀 죽으신 그리스도를 만날 때 구원받을 수 있습니다. 베드로는 행 4:12에서 단호하게 **"다른 이로서는 구원을 얻을 수 없나니 천하 인간에 구원을 얻을만한 다른 이름을 우리에게 주신 일이 없음이니라 하였더라"**고 선언하고 있습니다. 귀신들려 광인이 된 거라사 지방의 한 사람도 구원 받을 수 있는 유일한 길이 그리스도를 만나야만 하는 것이었기에 주님은 모든 것을 다 제쳐두고서 그를 만나기 위해 오신 것입니다. 아무도 알아주지 않았고, 영원히 무덤 속에 갇혀 사람 구실 할 수 없었던 광인에게 오셨던 것처럼 주님은 우리를 죄의 사슬로부터 벗어나게 하시고 영원한 죽음으로부터 자유와 해방을 주셨습니다. 혹 이 자리에 그리스도를 인격적으로 만나지 못한 분이 있다면 당신을 찾아오신 주님을 만날 수 있기를 소망합니다. 주님은 한 사람 한 사람을 만나기 위해 지금 여기에 우리를 찾아오시는 것입니다. 그 분과의 만남을 소중하게 여길 수 있기를 간절히 바랍니다. 영접하는 자 그 이름을 믿는 자는 하나님의 자녀가 되는 권세를 가지게 되고 그의 백성이 되어 영생복락(永生 福樂)을 누리게 됩니다(요1:12).

광인의 형편

본문에서 묘사된 거라사 지방의 귀신들린 사람은 '군대' 귀신들린 사람으로서 하나님(예수) 없이 버려진 인간의 파멸적인 모습(버림받음과 유리됨, 그리고 광란과 난폭함과 자학)을 극적으로 보여주고 있습니다. 특히 그의 모습에 대한 자세한 서술은 이 사람이 처한 상황이 얼마나 절망적인지를 잘 보여줍니다. 그는 마을 사람들로부터 축출되어 격리되었고, 무덤가에 거주하면서 벌거벗은 채 광란과 자학의 반사회적 행동을 하고 있었습니다. 더러운 귀신이 들린 이 사람은 인간 편(마을 사람들 편)에서는 어찌할 도리가 없기 때문에 철저하게 사회적으로 버림을 받을 수밖에 없는 존재로 그려지고 있습니다. 이러한 그의 모습은 성경에서 말하는 '하나님의 형상' 이 완전히 망가진 모습이라고 할 수 있습니다. 특히 유대의 정결법에 따라서 '부정(不淨)한 자' 로 낙인이 찍힌 그는 동네에서 쫓겨나 무덤가에 기거하였습니다. 더러운 '군대' 귀신이 들린 이 사람은 너무나 난폭하였기 때문에 손과 발이 쇠사슬에 매였고 아무도 그를 통제할 수 없었으며, 밤낮으로 소리를 지르며, 스스로 돌로 자신의 몸을 자학하며 살고 있었습니다.

그의 특징적인 몇 가지 모습을 살펴보면,

첫째, 그의 주거지가 무덤이었습니다(3). 그는 집에 거하지 않고 무덤 사이에서 거했다고 합니다. 거라사 지방에는 석회암으로 된 자연 동굴이 많았는데 사람들은 이를 거처로 사용했습니다. 또한 무덤 주변의 빈 동굴들은 세상을 등진 방랑객들이나 가출 청소년들의 피난처가 되기도 했습니다. 그는 사랑하는 가족들과 함께 살기 어려워 집을 나왔고, 누구에게도 간섭을 받지 않는 공동묘지 사이에서 살고 있었습니다. 더러운 귀신이 들려 마을로부터 축출을 당하여 무덤이나 산에 기거하는 이 사람은 사회적으로 완전히 버려진 인생으로 죽은 것 같은 삶을 살아갑니다. 비록 살아있다고는 하지만 주변(무덤)의 죽은 자들(시체들)과 다름이 없습니다. 특히 무덤가에 기거하는 이 사람은 돼지들에 대한 언급과 함께 묘사되고 있으며, 이사야 선지자에 따르면 우상을 숭배하는 불결한 백성으로 이해됩니다(**그들이 무덤 사이에 앉으며 은밀한 처소에서 밤을 지내며 돼지고기를 먹으며**–사 65:4). 그 역시 사람들을 외면한 채 어둡고 음침한 공동묘지 사이에 자기만의 공간을 만들고 외부와 철저히 관계성을 단절한 채 살고 있었습니다. 이렇게 사탄은 감수성이 예민하고 자기 통제가 잘 안 되는 의지력이 약한 사람의 마음속을 비집고 들어가 자기의 아성을 쌓게 만듭니다. 오늘날 청소년들로 하여금 가정이나 학교의 울타리 속에 살기를 거부하게 만들어, 가출을 조장하고 무덤과 방불한 어두운 범죄의 집단 속으로 빠져들게 만듭니다. 악한 영에 지배 받는 사람들은 사회적응 능력이 떨어져 무덤과 같은 죄의 소굴에서 어두운 생활을 하게 됩니다.

둘째, 그는 통제 불능의 상태였습니다(3,4). 모든 통제력과 사회성을 상실한 그는 무엇으로도 길들여 질 수 없는 인간으로 살아가고 있습니다(쇠고랑과 쇠사슬도…아무도 저를 제어할 힘이 없는지라 -4절). 우리는 여기서 하나님 없는 인생, 통제가 불가능한 더러운 귀신 들린 인생의 파멸적인 모습을 봅니다. 그는 누구도 통제할 수 없는 불능상태가 되고 말았습니다. 자기뿐만 아니라 가족과 이웃도 통제할 수 없게 되어 쇠고랑을 차야만 어느 정도 통제할 수 있게 된 것입니다. 오늘날도 많은 사람들이 자기 스스로를 통제하지 못하여 제도적으로 행정적으로 그리고 물리적으로 한정된 곳에서 살아가고 있습니다.

셋째, 그는 부끄러워할 줄 몰랐습니다(5). 그 젊은이는 오랫동안 옷을 입지 않았다고 합니다. 사람들이 어떨 때 옷을 벗습니까? 대체적으로 열 받을 때 옷을 벗습니다. 이 사람은 반발심이 강해 항상 속이 부글부글 끓어올랐습니다. 그 때마다 그는 수치심을 상실한 채 옷을 벗어 던지고 알몸으로 산 속과 해변과 거리를 질주했습니다. 벌거벗어도 부끄러워할 줄 모르고 순간적인 자신의 감정에 의해서 행동했습니다. 절제하지 못하는 것은 광기에 사로잡힌 자의 특징 중에 하나입니다. 현대인들은 노출을 심하게 해도 부끄러워하지 않습니다. 다른 사람의 시선과는 아무 상관이 없는 듯합니다. 자기 통제가 잘 안 될 뿐만 아니라 무엇에라도 쉽게 중독이 되고, 자신의 감정을 그대로 노출하기도 합니다. 하나님 없이 사는 사람에게는 벌거벗음의 수치와 소외(버림받음)와 자기 번민과 소리 지름과 광란만 있습니다(5절). 이러한 사람들은 타인이 가까이 할 수 없는 인간이며 또한 자기 자신도 스스로를 혐오스러운 존재로 여깁니다. 그렇기 때문에 자학의 심도가 깊습니다.

넷째, 이 모든 것의 배후에는 사탄이 자리 잡고 있었습니다(2). 더러운 삶을 살게 하는 악한 영이 그 사람의 마음 중심에 주인이 되어 통제하고 있었습니다. 악령의 세력은 그를 갑자기 충동질하여 반발하고 분노하고 초인적인 힘을 발휘하며 광기를 부리게 했습니다. 그렇기 때문에 그는 사람다운 삶을 살지 못하고 귀신이 시키는 대로 살 수 밖에 없는 불쌍한 존재가 되었습니다. 사람들은 이와 같이 자기 안에 있는 또 다른 자기의 실체가 무엇인지 알지 못할 때 극심한 혼란에 빠져 정신분열증을 일으키고 자기를 학대하게 됩니다. 또 어떤 사람은 망상형 정신분열증에 사로잡혀 폭군이나 이단의 교주가 되기도 하고, 창녀나 엽기적 범죄자가 되기도 합니다. 히틀러는 반 유대적인 인종청소부의 망상에 사로잡혀 대학살 범이 되었습니다. 문 선명이나 정 명석은 메시아 망상에 사로잡혀 스스로 이단의 교주가 되었습니다. 영국의 화가 루이스 웨인은 고양이가 마왕의 화신이라는 망상에 사로잡혀 고양이 떼와 은둔 생활을 했습니다. 할리우드의 창녀 마돈나는 자신이 남성들을 지배하는 여신이라는 망상에 사로잡혀 있습니다. 이들 모두는 불행한 삶을 살았습니다. 하나님과 더불어 사는 삶은 깨끗하고 행복한 삶이지만 사탄에 의해 지배 받는 삶은 너무나 불행할 수밖에 없습니다.

귀신의 정체

예수님은 귀신들린 사람에게 네 이름이 무엇이냐고 물어보았습니다. 그러자 귀신은 자기의 이름이 '군대' 라고 했습니다. 그 지역을 오염시킨 악한 세력은 바로 **군대 귀신들**이었습니다. 예수님은 그들을 보는 순간 그들에게 추방을 명했습니다. 그러나 그 귀신들은 그 지역에서 떠나려고 하지도 않았고, 또 무저갱으로 들어가려고 하지도 않았습니다. 무저갱은 귀신들이 최후에 심판을 받고 들어갈 형벌의 장소입니다(계 20:1,3). 그들은 최후의 심판 때까지 세상에 남아서 활동하기를 원했습니다. 사단은 지금도 세상에서 활발하게 활동하고 있습니다. 그들은 우는 사자처럼 돌아다니면서 할 수만 있으면 하나님의 자녀들까지도 유혹하려고 혈안이 되어 있습니다. 그러므로 우리는 사단의 유혹에 빠지지 않도록 성령님 안에서 깨어 기도해야 합니다. 또 우리는 우리가 사는 지역에서 악한 영들이 쫓겨나고 성령님의 통치를 받게 해달라고 기도해야 합니다. 우리는 이 땅에 하나님 나라가 임하고, 이 땅에서 하나님의 뜻이 이루어지게 해 달라고 기도해야 합니다. 그렇게 하면 하나님께서 우리가 사는 지역을 악한 영으로부터 지켜 주시고, 하나님 나라의 전초 기지로 삼으실 것입니다.

'스크루테이프의 편지' 는 20세기 기독교 최고의 변증가이자 작가로 평가 받는 C.S. 루이스의 대표작인데 이 작품은 경험 많고 교활한 악마 스크루테이프가 조카이자 풋내기 악마인 웜우드에게 인간을 유혹하는 방법에 대해 쓴 31통의 편지로 구성돼 있습니다. 각각의 편지는 계급이 높은 선배 악마가 계급이 낮은 경험이 없는 조카 귀신에게 어떻게 하면 인간을 미치게 하여 파멸로 이끌어 지옥에 이르게 할 수 있는지 조언하는 내용입니다. 내용의 일부를 살펴보면 할 수 있는 대로 사람으로 하여금 어떤 한 가지에 집착하게 만들고, 예배는 형식적으로 드리게 하라고 충고하고 있습니다. 또한 은혜 받지 못하게 해야 하고 교회와 선한 일에 헌신이나 충성 그리고 자기희생을 절대 하지 못하도록 하라고 권면하고 있습니다.

성도들 가운데도 말씀에 의지하여 사는 의지적 그리스도인이 아닌 순간적인 분위기에 휩싸여 감정적으로 반응하는 그리스도인들이 있습니다. 그리고 이러한 마음에 사탄이 천사로 가장하여 마음 깊숙이 파고들어 미치게 만드는 것을 보기도 합니다. 불신자들이나 예민한 청소년들에게는 더 쉽게 사탄이 접근할 수 있는 길이 열려 있습니다. 현대 문명 속에서 유행과 흥행에 민감한 청소년들의 마음에 들어가 광기의 사람들로 변형시킵니다. 사탄은 집요하게 도박이나 성의 노예가 되도록 사람들의 마음을 사로잡습니다. 그리고 가정의 불화와 물질적인 빈곤으로 인하여 사회적 불만을 쏟아놓게 만들고 건전한 생각, 긍정적인 생각을 하지 못하게 함으로 사회생활에 비판적이 되고 불평이 많아지며 더 나아가 자기 소외나 우울증으로 삶을 포기하게 만듭니다. 사탄은 빈틈만 있으면 사람의 영혼에 비집고 들어가 악한 영의 영향권 아래 살게 함으로 사회로부터 왕따를 당하게 하고, 고독한 무덤 속에 살게 합니다. '보건복지부' 가 전국 18세 이상의 남녀 6,114명을 대상으로 실시한 '정신건강 역학조사'에 의하면, 과거에 정신질환을 겪었거나 현재 겪고 있는 사람들이 31.4%에 이른다는 놀라운 결과가 있습니다. 그뿐만 아니라 우리 국민의 $\frac{1}{3}$ 가까운 사람들이 정신질환이라는 고통에서 자유롭지 못한 채 살아가고 있다고 합니다. 더 구체적인 통계를 보면 현재 우리나라의 알콜 중독자는 227만명, 니코틴 중독자는 210만명이 된다고 하는데 이것은 현대인 치고 정신병과 중독에서 자유로운 사람은 거의 없다는 얘기입니다. 대부분의 정신병과 중독의 배후에는 귀신의 역사가 도사리고 있다는 사실을 잊지 말아야 할 것입니다. 그리고 그 세력이 얼마나 크고 놀라운지 누구도 그 세력을 꺾을 수 없는 지경에 이르고 있습니다.

예수님의 축귀

본문 8절을 보니 **"이는 예수께서 이미 그에게 이르시기를 더러운 귀신아 그 사람에게서 나오라 하셨음이라."** 거라사 광인은 더러운 귀신에 붙들려 있었습니다. 더러운 귀신이란 한 맺혀 죽은 처녀 귀신이 아닙니다. 그렇다고 서양의 총각 귀신인 드라큘라도 아닙니다. 귀신은 사람들 가운데 역사하는 악한 영들입니다. 악한 영을 더러운 귀신이라고 하는 것은 사람들의 내면세계를 강력한 힘으로 지배하며 갖가지 더럽고 추악한 일들을 행하도록 조종하는 영이기 때문입니다. 사람들 중에는 무엇인가에 조종당하여 이성으로는 이해 할 수 없는 행동을 서슴지 않는 경우도 있습니다. 이는 악령이 그를 지배하고 있기 때문입니다. 그런데 귀신은 예수님을 가장 두려워합니다. 왜냐하면 예수님은 귀신을 쫓아내고 귀신의 일을 멸하려 오셨기 때문입니다.

사람들은 악령에 붙잡혀 더럽고 악한 일을 서슴없이 자행하는 거라사 청년을 정신병자로만 취급하여 몸을 쇠사슬로 묶고 발목에 쇠고랑을 채워 지켰습니다. 그러나 악령이 그 안에서 역사할 때면 그는 초인적인 괴력을 발휘하여 쇠사슬을 끊고 고랑을 깨뜨린 후 탈출하여 광야로 도망했습니다. 악령이 역사할 때면 그는 사람이 아니었습니다. 눈빛은 몸서리칠 정도로 광기로 빛났고 괴성을 지르며 자기 의지와는 상관없이 야수적이고 엽기적인 행동을 서슴지 않았습니다. 예수님은 발광하는 거라사 광인 안에서 역사하는 귀신을 보셨습니다. 그래서 그를 보셨을 때 그 사람 안에 거하고 있는 더러운 귀신을 향해 나오라고 명령하셨습니다.

거라사 광인의 내면세계와 삶의 현장을 살펴 볼 때 오늘날 젊은이들과 흡사한 점을 발견할 수 있습니다. 많은 젊은이들이 특별한 이유 없이 답답해합니다. 세상에 대한 반발심을 가지고 있으며, 알 수 없는 속박으로부터 벗어나고자 폭주족이 되어 미친 듯이 도심을 질주하는가 하면, 정상적인 이성으로는 이해할 수 없는 행동을 하기도 합니다. 채팅을 하는 상대에게 사정없이 욕설을 퍼붓는 욕방에 들어가는가 하면, 초코파이를 스타킹에 담아 침을 뱉고 짓이겨 더럽게 먹는 게임을 즐기기도 합니다. 그런가 하면 수업도 안 들어가고 집에도 안 들어 간 채 PC방에 며칠씩 틀어박혀 게임에 몰두하기도 합니다. 그들은 사람들과 관계성을 단절한 채 공동묘지 대신 사이버 공간을 거처로 삶고 살아가고 있습니다. 무엇이 오늘날 젊은이들을 미치게 하는 것입니까? 젊은이들이 이같이 미쳐 가는 이유가 어디에 있습니까? 심리학자들이나 정신과 의사들은 급변하는 사회에서의 병리현상이라고 말합니다. 한마디로 세상과 문화가 사람을 미치게 한다는 것입니다. 사실 각박하고 삭막한 세상과 쾌락적이고 음란한 문화가 사람을 미치게 하는 매체 역할을 합니다. 그러나 더 깊숙이 파고 들어가 보면 그 안에는 이를 조장하는 악한 영들이 도사리고 있습니다. 신상언씨의 저서인 '사단은 마침내 대중문화를 선택했다' 는 글 가운데는 악한 영들이 대중문화를 통해 사람들을 어떻게 미치게 만드는가가 잘 나타나 있습니다.

예수님은 거라사 광인을 어떻게 도와 주셨습니까? 9절을 보십시오. **"예수께서 네 이름이 무엇이냐 이르되 내 이름은 군대니 우리가 많음이니이다."** 예수님은 거라사 광인 안에서 발악하는 더러운 귀신을 향해 "네 이름이 무엇이냐?"고 물으셨습니다. 이는 그 사람을 지배하고 있는 귀신의 정체를 드러내시기 위해서였습니다. 이때 귀신은 자기 이름을 '군대' 라고 대답했습니다. '군대' 란 헬라어로 '레기온' (λεγιων)으로 6000명으로 이루어진 군단을 의미합니다. 이를 볼 때 그 사람 안에는 헤아릴 수 없는 많은 수의 악령의 세력이 지배하고 있었음을 알 수 있습니다. 예수님께서 그의 이름을 물으신 이유가 바로 여기에 있습니다.

예수님은 거라사 광인 안에 숨어 역사하는 악령의 정체가 무엇인가를 폭로하셨습니다. 그 안에 역사하는 악령은 레기온이라는 이름을 가진 악령의 군단이었습니다. 예수님은 우리 안에 있는 또 다른 내가 누구인가를 알도록 도와주십니다. 우리가 내 안에 꿈틀거리는 또 다른 내가 누구인가를 알 때 비로소 자신의 참된 정체성을 찾을 수 있습니다. 마음속에 있는 두 자아는 끊임없이 긴장관계에 있고 엎치락뒤치락하면서 갈등 속에 놓여 있습니다. 바울은 죄의 세력으로 인해 자기를 미워하며 자학하는 사람들을 향해 이렇게 외쳤습니다. **"그러므로 이제 그리스도 예수 안에 있는 자에게는 결코 정죄함이 없나니 이는 그리스도 예수 안에 있는 생명의 성령의 법이 죄와 사망의 법에서 너를 해방하였음이라."**(롬 8:1~2)

예수님은 거라사 광인을 사로잡고 있는 군대 귀신의 정체를 드러내셨습니다. 그리고 악령의 군단을 향해 그 사람에게서 나가라고 명령하셨습니다. 군대 귀신은 더 이상 그 사람 안에 거할 수 없게 되었습니다. 31절을 보십시오. 거처를 잃은 귀신들은 예수님께 무저갱(지옥)으로 보내지 말 것을 간구했습니다. 마침 주변 산에서 방목을 하는 돼지 떼들이 한가로이 먹고 있었습니다. 귀신들은 예수님께 거라사인에게서 나가는 대신 돼지 떼에게로 들어가도록 허락해 주시기를 간구했습니다. 예수님께서 이를 허락하시자 귀신들이 그 사람에게서 나와 돼지에게로 들어가니 돼지들이 갑자기 발광을 하기 시작했습니다. 돼지 떼는 비명을 지르며 비탈로 내리달아 호수로 뛰어들어 몰사 했습니다. 예수님께서는 거라사 광인을 구원하시기 위해 돼지 떼를 희생하셨습니다. 마가복음에 보면 2000마리의 돼지가 희생을 당했습니다. 돼지 한 마리에 15만원씩만 계산하여도 3억 원에 해당하는 엄청난 희생을 치르신 것입니다. 이는 매우 놀랍고도 충격적인 사실입니다. 부모가 사랑하는 자식을 구하기 위해서는 돼지 2000마리보다 더 한 것도 희생할 수 있을 것입니다.

거라사 광인은 이미 인격과 삶이 완전히 파괴된 사람이었습니다. 사실 그는 인간이라고 할 수 없는 짐승 같은 삶을 사는 이였습니다. 그러나 예수님은 그를 매우 소중한 한 인간으로 보셨습니다. 이와 같이 예수님은 모든 사람들을 매우 소중하고 가치 있는 사람으로 보십니다. 예수님께서는 한 사람의 영혼을 구원하시기 위해 자기 목숨을 기꺼이 희생하셨습니다. 여러분들 중에 혹 자신을 쓸모없는 사람으로 여기는 분은 없습니까? 그러나 예수님께서는 여러분을 매우 소중하게 여기십니다. 여러분들 중에 혹 자신을 살 가치가 없는 자로 여기는 분은 없습니까? 그러나 예수님은 여러분을 위해 자기 목숨을 버리시기까지 소중히 여기십니다. 예수님은 여러분을 천하보다 더 소중한 분들로 여기십니다. 예수님께서 여러분들을 소중히 여기고 가치 있게 여기심 같이 여러분들도 자신을 소중하고 가치 있게 여겨야 합니다.

14, 15절을 보십시오. **"사람들이 그 된 것을 보러 나와서 예수께 이르러 귀신 나간 사람이 옷을 입고 정신이 온전(穩全)하여 예수의 발아래 앉은 것을 보고 두려워하거늘"**. 거라사 광인에게서 군대 귀신이 나가자 그는 정신이 온전해졌습니다. 정신이 온전해지니 단정히 옷을 입고 겸손히 예수님의 발아래 앉아 감사를 표현했습니다. 거라사 광인이 온전케 된 것은 거라사지방에 큰 구원의 역사가 시작되었음을 말해 줍니다. 그러나 거라사 광인이 구원받고, 이로 인해 돼지 떼가 몰사하자 다른 돼지 농장 주인들이 두려워하게 되었습니다. 그들은 구제역으로 많은 소 떼를 잃은 목장 주인들 같이 더 피해를 입기 전에 예수님이 그 지방에서 떠나 주시도록 간청했습니다. 예수님께서 거라사 지방을 떠나시고자 할 때 귀신 나간 사람이 예수님께 자기와 함께 있기를 간구했습니다. 그러나 예수님은 그를 거라사 지방에 남겨두시고 사명을 주셨습니다. 19절을 보십시오. **"집으로 돌아가 주께서 네게 어떻게 큰일을 행하사 너를 불쌍히 여기신 것을 네 가족에게 알리라 그가 가서 예수께서 자기에게 어떻게 큰 일 행하셨는지를 데가볼리에 전파하니 모든 사람이 놀랍게 여기더라"**. 예수님은 거라사 광인이 온전케 된 것을 큰일이라고 하셨습니다.

이를 통해 예수님께서 어떤 일을 큰 일로 보시는가를 배울 수 있습니다. 대개 사람들은 물량적인 개념으로 일을 평가합니다. 큰 교회를 세우고, 많은 사람을 동원하여 대형 집회를 하며, 많은 사업을 해야 큰일을 했다고 평가합니다. 그러나 예수님은 그렇게 보시지 않으십니다. 죄와 사단으로 말미암아 못쓰게 된 한 사람이 온전케 되기까지 돕는 것을 큰 일로 보십니다. 목사님들 중에는 10년이 넘도록 성도 한 두 분을 붙들고 씨름하고 있다는 수치심을 가지신 분도 있습니다. 그러나 여러분들이 일평생 한 사람을 하나님의 사람이 되도록 도왔다면 그것은 하나님 앞에 매우 큰일을 한 것입니다. 또한 눈에 보이는 열매가 없지만 한 사람을 돕기 위해 자기를 희생하고 있다면 그것은 매우 큰 사역을 하고 있는 것입니다.

큰 은혜를 입은 거라사 청년에게 예수님은 하나님께서 그에게 하신 큰일을 모든 사람들에게 일일이 고하라고 명하셨습니다. 그는 예수님의 명령에 순종하여 온 성에 두루 다니며 자기에게 임한 하나님의 구원의 은혜를 전파했습니다. 그는 마침내 데가볼리 지방의 선교사가 되었습니다. 이것이 바로 은혜를 감당하는 삶입니다. 주님을 인격적으로 만나면 정상적인 사람이 되어 주어진 삶의 영역에서 그리스도의 능력과 사역을 전하는 증인이 됩니다. 이것을 통해서 죄의 사슬에 얽매여 있는 사람들이 자유를 얻고 새사람이 되어 구원받은 기쁨 속에서 살게 됩니다.

Chapter 7

달리다굼

(Ταλιθα κοῦμι, Little girl, get up!)

마가복음 5:21-24, 35-43

예수께서 배를 타시고 다시 맞은편으로 건너가시니 큰 무리가 그에게로 모이거늘 이에 바닷가에 계시더니 회당장 중의 하나인 야이로라 하는 이가 와서 예수를 보고 발 아래 엎드리어 간곡히 구하여 이르되 내 어린 딸이 죽게 되었사오니 오셔서 그 위에 손을 얹으사 그로 구원을 받아 살게 하소서 하거늘 이에 그와 함께 가실새 큰 무리가 따라가며 에워싸 밀더라

아직 예수께서 말씀하실 때에 회당장의 집에서 사람들이 와서 회당장에게 이르되 당신의 딸이 죽었나이다 어찌하여 선생을 더 괴롭게 하나이까 예수께서 그 하는 말을 곁에서 들으시고 회당장에게 이르시되 두려워하지 말고 믿기만 하라 하시고 베드로와 야고보와 야고보의 형제 요한 외에 아무도 따라옴을 허락하지 아니하시고 회당장의 집에 함께 가사 떠드는 것과 사람들이 울며 심히 통곡함을 보시고 들어가서 그들에게 이르시되 너희가 어찌하여 떠들며 우느냐 이 아이가 죽은 것이 아니라 잔다 하시니 그들이 비웃더라 예수께서 그들을 다 내보내신 후에 아이의 부모와 또 자기와 함께 한 자들을 데리시고 아이 있는 곳에 들어가사 그 아이의 손을 잡고 이르시되 달리다굼 하시니 번역하면 곧 내가 네게 말하노니 소녀야 일어나라 하심이라 소녀가 곧 일어나서 걸으니 나이가 열두 살이라 사람들이 곧 크게 놀라고 놀라거늘 예수께서 이 일을 아무도 알지 못하게 하라고 그들을 많이 경계하시고 이에 소녀에게 먹을 것을 주라 하시니라

캄캄한 인생길을 홀로 걸어가다
지치고 곤하여 내 영혼 깊은 잠이 들었었네
어두운 죄악의 길을 걸어가다
상하고 찢기어 내 영혼 깊은 잠이 들었었네
내 영혼 어둠 속에 방황할 때
어디선가 들려오는 주님 음성
깨어라 일어나라 달리다굼 일어나라
일어나라 죄악에 잠자던 영혼아
달리다굼 깨어라 일어나 걸으라
어둠은 물러가고 새날이 다가오네
주님 오실 날 멀 잖았네
어둠 속에 잠자던 영혼 일어나라
일어나 걸으라 달리다굼 일어나라
주님을 떠나서 세상을 향해
맘대로 고집하며 내 영혼 먼 곳으로 나갔었네
인생의 어려움 절망가운데
눈물과 한숨과 내 영혼 슬픔 속에 잠이드네
주님을 떠나서 방황할 때
어디선가 들려오는 주님 음성
깨어라 일어나라 달리다굼 일어나라
일어나라 죄악에 잠자던 영혼아
달리다굼 깨어라 일어나 걸으라
어둠은 물러가고 새날이 다가오네
주님 오실 날 멀잖았네
어둠 속에 잠자던 영혼 일어나라
일어나 걸으라 달리다굼 일어나라

우리는 앞길이 암담하고 답답하고 전혀 해결의 기미가 보이지 않을 때 이런 노래를 부르곤 합니다. 저는 개인적으로 찬송 543장을 좋아하고 어려움이 닥칠 때 입으로 흥얼거리며 즐겨 부르곤 합니다. **"어려운 일 당할 때 나의 믿음 적으나 의지하는 내 주를 더욱 의지합니다. 세월 지나가도록 의지할 것뿐일세 무슨 일을 당해도 예수 의지합니다."** 오늘의 시대를 우리가 한 마디로 요약하라면 '자살왕국' 이라고 할 수 있습니다. 생명보다 생을 포기하고 죽음을 더 사랑하는 시대인 것 같습니다. 이 때 우리 주님께서는 우리를 향하여 일어나라고 하십니다. 주의 음성을 듣고 일어나는 자만이 살아날 수 있습니다. 오늘 읽은 본문과 읽지 아니한 삽입구는 두 개의 사건이 뒤엉켜 분리시킬 수 없는 이야기로 연결되어 있습니다. 바로 회당장 야이로의 딸을 고치는 사건과 12년 동안 혈루증으로 고생하던 여인이 와서 고침을 받는 사건이 연결되어 있는 것입니다.

회당장 야이로

오늘 우리는 연결된 본문을 다 읽지 않고 야이로에 관련된 말씀만 생각하고자 합니다. 첫 사건은 '야이로' 라고 하는 회당장이 예수님의 발아래 엎드려 자신의 딸을 살려달라는 간청을 하는 이야기입니다. 그는 "내 어린 딸이 죽게 되었으니 오셔서 그 아이에게 손을 얹어 고쳐 주시고, 살려 주십시오"라고 말합니다. 회당장은 그 당시 높은 신분에 속합니다. 이스라엘 백성을 다른 나라에 끌려간 후로 더 이상 성전에서 희생 제사를 드릴 수가 없었습니다. 그 대신에 이스라엘 백성은 회당에 모여 율법을 낭독하며 예배를 드렸습니다. 그렇다면 회당장이란 신분은 그 당시에 존경 받는 종교 지도자라고 할 수 있습니다. 유대 사회에서 이처럼 높은 신분에 속한 사람이 갈릴리에서 온 무식해 보이고 수상쩍은 젊은이에게 달려와 무릎을 꿇고 "딸을 살려 달라"고 간청한 것은 상당히 이례적인 일입니다. 물론 그는 예수님께 나아오기 전에 온갖 방법을 다 써 보았을 겁니다. 온갖 노력을 다해도 안 되니, 물에 빠진 사람이 지푸라기라도 붙잡는 심정으로 예수님에게 달려왔는지도 모릅니다. 이 모든 상황을 고려하더라도 유대 사회의 종교 지도자인 그가 유대인이 미워하는 예수님에게 달려온 것은 보통 일이 아닙니다. 예수님은 바로 이와 같은 적극적인 태도를 높이 사셨습니다.

먼저, 그는 모든 기득권과 세상적인 명예를 포기한 용감한 사람입니다. 그는 회당에서 다른 사람들을 지도하고 질서를 유지할 책임을 가진 사람입니다. 그런데 이미 유대 지도층 인사들은 예수님을 정죄해 회당에서 설교하지 못하도록 지시를 하달해 놓은 상태였습니다. 이러한 분위기에서 예수님을 찾아온 것은 유대 사회에서 쌓아왔던 모든 명성을 잃을 각오를 한 것입니다. 즉 유대 사회가 예수님에 대해 적대적인 결의를 내린 것을 알고서도 예수님께 나아가서 딸의 병을 고쳐 달라고 간청한 것은 모든 것을 포기하고 어떤 불이익까지도 감수하겠다는 용기를 가진 것입니다. 그는 자신의 명성과 지위 그리고 위신까지도 딸을 위해 포기한 훌륭한 아버지였습니다. 가정을 책임질 수 있는 사람은 사회에서도 인정을 받습니다. 그러나 자신의 명성을 위해서 가족을 희생시킨다면 이후에는 두 가지를 모두 잃어버리게 될 것입니다.

또한 그는 믿음의 사람임을 알 수 있습니다. 회당장 야이로는 병자를 고치신 하나님의 아들 예수님의 능력을 신뢰한 믿음의 사람입니다. 병을 고치시는 예수님의 능력을 믿지 않았다면, 죽어가는 사람도 살리시는 예수님의 권능을 믿지 않았다면, 예수님께 달려오지 않았을 것입니다. 예수님께서는 병을 고치시고 죽은 자를 살리실만큼 능력이 많으신 하나님의 아들이심을 의심 없이 믿었습니다. 지상 사역 가운데 주님은 많은 치유사역을 하셨는데, 환자를 고치실 때마다 "내 능력이 병을 고쳤다"라고 말씀하시지 않고, **"네 믿음이 너를 구원하였다"**(마 9:22, 막 5:34, 눅 7:50, 8:48, 17:19, 18:42)고 말씀하셨습니다. "내 능력이 크도다"라고 말씀하시지 않고, **"네 믿음이 크도다. 네 소원대로 되리라"**(마 9:22)라고 말씀하셨습니다. 그리고 예수님은 믿음이 없는 고향 사람들에게는 능력을 행할 수 없었습니다(마 13:58). 병은 의사와 약을 통해 치유되는 것이지, 병자가 스스로 고치는 것이 아닙니다. 하지만 '낫는다'는 믿음이 없으면, 병도 잘 낫지 않습니다. 의사를 믿지 않으면 병을 고칠 수 없습니다. 병은 예수님께서 고치시는 것이지, 믿음이 고치는 것은 아닙니다. 하지만 예수님을 믿지 않으면 예수님의 능력이 전달되지 않습니다. 깜깜한 밤을 밝히는 것은 전기입니다. 하지만 전기가 아무리 집안 구석구석까지 들어와도 콘센트를 꽂지 않으면 아무 소용이 없습니다. 물에 빠진 사람을 건지려면 줄을 던져 주어야 합니다. 그러나 그것만으로 충분치 않습니다. 물에 빠진 사람이 살아나려면 줄을 믿고 잡아야만 합니다. 이처럼 믿음은 능력의 근원은 아니지만 능력의 통로가 됩니다. 그러므로 믿음을 가지는 자가 치유의 경험을 하게 되는 줄로 믿습니다.

여러분, "나는 할 수 없다. 너도 할 수 없다. 우리 교회도 할 수 없다." 이런 신세타령과 같은 말은 앞으로 하지 말아야 합니다. 하나님의 일은 하나님이 하십니다. 우리 교회의 주인은 예수 그리스도이십니다. 우리 교회를 능력 있게 하시는 분은 우리가 아니라 성령이십니다. 그러므로 우리 자신을 과신하지도 말고, 미리 체념하지도 맙시다. "할 수 있다" 하신 이는 우리 주님이시니, 오직 주님을 믿기만 합시다. 우리가 할 수 없는 것은 주님이 무능해서가 아니라 우리의 믿음이 약하기 때문입니다. 우리가 믿고 용감하게 행동하지 않기 때문입니다. 예수님의 말씀처럼 제발 두려워하지 맙시다. 실패한 일, 낭패한 일만 생각하지 말고, '잘 될까?'를 미리 두려워하지 마시고, 우리를 도우시는 주님을 믿고 일어납시다. 믿음만 있다면 기적도 일어날 수 있습니다. **"너희가 만일 믿음이 한 겨자씨만큼만 있으면, 이 산을 명하여 여기서 저기로 옮기라 하여도 옮길 것이요, 또 너희가 못할 것이 없으리라"**(마 17:20)고 주님은 말씀하시지 않았습니까? 여러분도 할 수 있습니다. 위기가 왔을 때 믿음으로 반응하면 위기를 극복할 수 있을 뿐 아니라 신앙이 더욱 성숙하게 되는 은혜를 누리게 됩니다.

또한 야이로는 **기도의 사람**입니다. 기적과 요행을 바라고 하늘만 쳐다본 사람이 아니라, 능력이 있는 분에게 사정을 아뢰고 도움을 청한 기도의 사람입니다. 예수님은 다음과 같이 말씀하시지 않았습니까? **"구하라, 그러면 너희에게 주실 것이요, 찾으라, 그러면 찾을 것이요, 문을 두드리라, 그러면 너희에게 열릴 것이다"**(마 7:7). **"너희가 내 안에 거하고 내 말이 너희 안에 거하면, 무엇이든지 원하는 대로 구하라, 그리하면 이루리라"**(요 15:7). **"지금까지는 너희가 내 이름으로 아무 것도 구하지 아니하였으나, 구하라. 그리하면 받으리니, 너희 기쁨이 충만하리라"**(요 16:24). 야고보도 말했습니다. **"너희 중에 누구든지 지혜가 부족하거든, 모든 사람에게 후히 주시고 꾸짖지 아니하시는 하나님께 구하라, 그리하면 주시리라"**(약 1:5). **"너희가 얻지 못함은 구하지 아니함이다"**(약 4:2-3) 여러분, 낙담할 시간이 있으면 그 시간에 기도하십시오. 한숨을 쉴 숨이 있으면 그 숨으로 기도하십시오. 울고 불평할 힘이 있으면 그 힘으로 기도하십시오. 은밀한 곳에 계신 하나님이 반드시 기도를 들으시고 만약 그 기도가 합당하다면, 그리고 때가 되면 반드시 들어주십니다. 여러분이 처한 상황이 아무리 어려워도, 형편이 아무리 암담해도, 다 죽어 가는, 아니 완전히 죽은 야이로의 딸만큼 그렇게 암담하지는 않을 겁니다. 주님과의 관계를 회복함으로 올해는 여러분의 가정과 사업이, 우리 교회와 국가가 다시 일어날 수 있게 되기를 진심으로 바랍니다. 믿음의 용기를 가지고 믿고 기도합시다.

딸의 죽음

고신대학교에서 교수로 봉직하다가 고인이 된 한 모 교수에게는 예쁜 딸아이가 있었습니다. 그 딸이 불치병에 걸려서 병원에 치료를 받았지만 효과가 없었는데 할렐루야 기도원에 가서 원장님께 치료를 받고 나아 기뻐하였습니다. 그런데 그 기도원이 이단시비가 붙었는데 그가 그 기도원을 두둔하여 문제가 된 적이 있습니다. 딸이 얼마나 사랑스럽고 귀했으면 주위의 눈총에도 불구하고 그 기도원 원장을 두둔하고 변호하였겠습니까? 오늘 본문에 나오는 회당장도 그 딸아이 때문에 얼마나 고뇌가 많았겠습니까? 딸의 죽음은 자신이 죽는 것보다 더 고통스러운 것임이 분명합니다. 그래서 우리네 어른들은 자식이 죽으면 '마음에 묻는다' 라는 표현을 썼습니다. 자식뿐만 아니라 부모나 조부모나 형제나 친척이 세상을 떠나는 일은 가정사에서 가장 비통하고 비극적인 일입니다. 가족 중에 그 누구도 덜 소중한 구성원은 없습니다. 그렇기 때문에 가족 중 한 일원이 세상을 떠나면 그 가정은 많은 고통을 안게 됩니다. 그리고 절망과 낙심 가운데 빠지게 됩니다. 죽은 사람이 가족들로부터 더 많은 사랑을 받은 존재였다면 더더욱 그렇습니다. 우리가 사는 세상에 그러한 일이 일어나지 않았으면 참 좋겠지만 기대하지 않았고, 예상 못했던 일은 반드시 일어나게 마련입니다. 꼭 죽음의 문제뿐 아니라 죽음과 흡사한 어려운 일, 이별과 단절, 그리고 낙심하는 일들이 비일비재하게 일어납니다. 그럴 때 우리는 주님의 음성을 들어야 합니다. 주님을 믿는 자는 그 어떤 경우에도 다시 일어날 수 있습니다. 지금 여러분은 어떤 어려운 형편, 슬픔 가운데 있습니까? 여러분들의 마음을 낙심케 하는 중대 사안이 무엇입니까? 어려움을 당하면 우리는 주님께 나아와 부르짖음으로 주의 음성을 듣고 다시 회복의 복을 누리게 됩니다. 어려움이 없으면 하나님께 잘 매달리지 않습니다. 그러나 어떤 종류의 어려움이라도 우리 앞에 놓이게 되면 기본적인 신앙만으로도 하나님께 더 가까이 갈 수 있습니다. 얕은 신앙이 엎드려 간구함으로 깊은 바다와 같은 신앙으로 자라게 됩니다. 여러분들이 현재 당하고 있는 어려움과 위기가 전화위복(轉禍爲福)의 기회가 되기를 주의 이름으로 축복합니다.

달리다굼

야이로의 간청을 들으시고 예수님께서 그의 집으로 가셔서 그 아이의 손을 잡고 "일어나라"고 말씀하셨습니다. 이미 죽은 아이였기에 손을 내밀지는 못했지만, 예수님께서는 그 아버지의 간청하는 손을 보시고 딸의 손을 잡으셨습니다. 하나님 혹은 예수님의 편에서 '손'은 도움과 구원을 의미합니다. 하나님의 손은 자기를 찾는 자에게 선을 베푸십니다(슥 8:22,31, 눅 11:20). 하나님께서는 당신의 의로우시고 능력이 있는 손으로 기도하는 사람을 구덩이에서 건져내시고, 팔로 안아 주십니다. 예수님은 당신의 손으로 죽은 딸의 손을 잡고 일으켜 세워 주셨습니다. 사람의 편에서 '손' 은 기도를 의미합니다. 하나님께서는 기도하는 손을 당신의 손으로 잡아 주십니다. 그러므로 기도하는 손은 결코 외롭지 않습니다. 결코 나약하지 않습니다. 하나님의 한 손을 붙잡고 있기 때문입니다. 아니 하나님께서 그의 손을 붙잡고 계시기 때문입니다. 예수님께서는 이미 죽어 있는 딸의 시체가 있는 방으로 들어가 아이의 손을 잡고 달리다굼 하시면서 "소녀야! 일어나라"하셨습니다. 그 음성을 듣고 죽었던 아이가 살아났습니다. 할렐루야! 주님이 아이에게 선포한 '달리다굼' 은 오늘 우리에게도 동일하게 들려주시는 음성인줄 믿습니다. 사 35:3-5에서 **"너희는 약한 손을 강하게 하여주며 떨리는 무릎을 굳게 하여주며, 겁내는 자에게 이르기를 너는 굳세게 하라, 두려워 말라, 보라 너희 하나님이 오사 보수하시며 보복하여 주실 것이라 그가 오사 너희를 구하시리라 하라. 그 때에 소경의 눈이 밝을 것이며 귀머거리의 귀가 열릴 것이며"**라고 하면서 그리스도께서 통치하시는 날에 회복의 은혜를 온 백성들이 누리게 될 것이라고 했습니다. 시 147:2-5에서는 **"여호와께서 예루살렘을 세우시며 이스라엘의 흩어진 자를 모으시며, 상심한 자를 고치시며 저희 상처를 싸매시는도다. 저가 별의 수효를 계수하시고 저희를 다 이름대로 부르시는도다. 우리 주는 광대하시며 능력이 많으시며 그 지혜가 무궁하시도다"** 라고 했습니다. 치유와 회복을 통하여 하나님의 나라를 이루시는 권능의 우리 주님의 외침인 '달리다굼' 은,

1) 병자들을 향하여 들려주시는 권능의 주님 음성입니다.

하나님은 천지를 창조하셨고, 전능하신 분이시며, 치료의 하나님입니다. 복음서에 보면 주님께서 죽은 자를 살리신 기사가 3번 나옵니다. 나인성 과부의 아들을 살리시고, 베다니의 마리아와 마르다의 오라비를 살리시고, 회당장 야이로의 딸을 살리신 사건입니다. 이때 예수께서 공통적으로 사용한 말씀이 '일어나라' 는 말씀입니다. 그 말씀 한마디는 죽은 자를 일으키는 권능의 음성이었습니다. 우리는 때로 심적으로 괴롭고 고달플 때가 있습니다. 주님께서는 지금도 권능의 말씀을 하십니다. 예루살렘 성전 미문 앞에 한 앉은뱅이가 있었습니다. 매일 9시에 기도하러 갔던 베드로는 그곳에서 앉은뱅이를 향해서 "금과 은 내게 없으나 내게 있는 것 네게 주노니 곧 나사렛 예수의 이름으로 일어나 걸으라"라고 말했을 때 앉은뱅이가 치유함을 받았습니다. 결국 달리다굼은 병든 자를 향하여 신유의 능력을 보여 주시는 하나님의 말씀입니다.

여러분 육체적으로, 정신적으로 지쳐있고 병들어 있습니까? 오늘 이 시간에 하나님의 음성인 '달리다굼' 의 깨우시는 소리를 들음으로 말미암아 여러분들이 그 앉은 자리에서 일어나는 역사가 일어나고 아픈 부분이 다 소생되어서 깨끗하게 되는 치유와 회복의 시간이 되기를 주님의 이름으로 간절히 바랍니다.

2) 잠자는 자의 영혼을 깨우는 주님의 음성입니다.

마귀는 지금도 우는 사자와 같이 두루 삼킬 자를 찾고 있고 성도들을 유혹하고 있습니다. 주님께서는 우리를 향하여 항상 깨어있으며, 성령 충만함을 받으라고 말씀하고 있습니다. 여러분은 혹시 영적인 잠을 자고 있지는 않습니까? 오늘 주님께서 우리에게 주시는 음성을 듣고 항상 깨어 있는 성도들이 되시기를 주님의 이름으로 축원합니다. 예수님은 사데 교회를 향해서 살아 있으나 죽은 자들이라고 책망하셨으며, 에베소 교회를 향해서 처음 사랑을 잃어버렸다고 책망하셨습니다. 사람에게는 겉사람과 속사람이 있습니다. 그런데 육체는 건강하게 살아서 움직이면서 영혼이 죽어있는 사람이 많이 있습니다. 우리의 영혼이 죽어 있다면 하나님 앞에 회개하고 기도하는 성도들이 되기를 바랍니다. 또한 첫 사랑을 잃어버리지는 않았습니까? 예수님을 처음 만났을 때 그 감격과 기쁨, 그 뜨거움과 열정을 잃어버렸다면 다시 한 번 회복되고 새롭게 되어서 일어나야 합니다.

원수 마귀는 우리가 잠을 잘 때 가라지를 뿌린다고 마13:25에 말씀하고 있습니다. 휘황찬란한 네온사인의 불빛아래 세상의 밤거리를 헤메는 인간들은 자꾸만 타락하고 있습니다. 가정이 붕괴되고, 학교의 교육이 무너지고, 물질 만능주의가 팽배해졌습니다. 세상의 술에 취하여 영적으로 둔감한 상태에서 잠자는 영혼들이 많이 있습니다. 성경은 계속해서 자지 말고 깨어 일어나 근신하라고 말씀하십니다. 살전 5:6에 **"그러므로 우리는 다른 이들과 같이 자지 말고 오직 깨어 근신할지라"** 라고 경고하고 있습니다. 영적인 잠자리에서 일어나 낮의 아들들과 같이 열심히 주의 복음과 교회를 위해서 헌신하는 주의 백성들이 됩시다.

3) 절망을 소망으로 전환시키는 주님의 음성입니다.

딸자식이 죽었다는 소식을 들은 아버지는 정신을 잃어버리고 큰 슬픔에 빠졌습니다. 키에르케고르가 말했듯이 '죽음에 이르는 병'은 다른 것이 아니라 절망입니다. 주님을 잃어버린 인간은 절망 상태에 있습니다. 딸 자식을 바라보며 산 아버지에게 절망은 곧 딸자식의 죽음이었습니다. 희망과 소망의 싹이 잘려 나간 것입니다. 이때 주님께서 **"두려워 말고 믿기만 하라"**고 말씀하십니다. 야이로는 오직 소망의 근원되시는 주님을 믿었습니다. 주님을 통해서만 잘려 나간 희망의 싹을 다시 틔울 수 있다고 생각했습니다. 오늘 우리 주변을 볼 때 아무런 희망이 보이지 않습니까? 비전이 없습니까? 우리가 소망이 없고, 절망스러울 때 주님은 찾아오십니다. 우리의 소망이 되시며 희망이 되시는 예수 그리스도를 바라보십시오. 그 분을 믿고 바라볼 때에 여러분의 삶에 의욕이 솟고, 용기가 생기며, 소생하는 역사가 일어나게 될 줄 믿습니다. 이스라엘 백성들이 애굽 땅에서 나와 홍해 앞에 섰을 때 주님께서 찾아오셔서 홍해를 갈라주심으로 홍해를 건넜던 역사를 우리는 잘 알고 있습니다. 여리고 성이 앞을 가로 막고 있을 때 믿음으로 행하여 소리를 지름으로 견고한 성이 무너지는 역사가 일어났습니다. 여러분 앞길이 캄캄하십니까? 절벽과 성곽이 놓여 있습니까? 우리 주님이 찾아오셔서 저와 여러분들에게 '달리다굼' – "일어나라"고 말씀하시는 그 음성을 듣고 소망과 희망을 가지며 내일을 향하여 전진해 나가는 아름다운 성도들이 다 되기를 주님의 이름으로 축복합니다. 달리다굼 음성을 듣고 살아났던 나인성 과부의 아들과 마리아의 오라비 나사로 까닭에 구원받은 백성이 많아졌다고 성경은 이야기 하고 있습니다. 하나님과 멀어져 있으며 죽어 있는 시체와 방불한 사람들을 향하여 주님은 '달리다굼' 하시면서 신앙을 재촉하고 계십니다. 여러분, 하나님의 음성을 듣는 자는 다시 회복되고 생명의 사람들로 거듭나게 됩니다. 그리스도로 인하여 그 음성을 듣고 회복된 자의 삶은 그렇지 않는 사람들과 차이가 있습니다. 힘이 있습니다. 생동감이 있습니다. 다른 사람들에게 간증하며 삽니다. 하늘의 소망을 가집니다. 세상의 유행을 따라 살지 않습니다. 여러분들의 삶을 통해서 믿지 않는 많은 사람들이 소망을 갖고 꿈과 희망을 갖고, 구원받는 사람이 더 많아지는 역사가 일어나기를 주님의 이름으로 소망합니다.

Chapter 8

여인의 혈루증을 치유하신 예수님

(Healing of a sick woman)

마가복음 5:25-34

열두 해를 혈루증으로 앓아 온 한 여자가 있어 많은 의사에게 많은 괴로움을 받았고 가진 것도 다 허비하였으되 아무 효험이 없고 도리어 더 중하여졌던 차에 예수의 소문을 듣고 무리 가운데 끼어 뒤로 와서 그의 옷에 손을 대니 이는 내가 그의 옷에만 손을 대어도 구원을 받으리라 생각함일러라 이에 그의 혈루 근원이 곧 마르매 병이 나은 줄을 몸에 깨달으니라 예수께서 그 능력이 자기에게서 나간 줄을 곧 스스로 아시고 무리 가운데서 돌이켜 말씀하시되 누가 내 옷에 손을 대었느냐 하시니 제자들이 여짜오되 무리가 에워싸 미는 것을 보시며 누가 내게 손을 대었느냐 물으시나이까 하되 예수께서 이 일 행한 여자를 보려고 둘러 보시니 여자가 자기에게 이루어진 일을 알고 두려워하여 떨며 와서 그 앞에 엎드려 모든 사실을 여쭈니 예수께서 이르시되 딸아 네 믿음이 너를 구원하였으니 평안히 가라 네 병에서 놓여 건강할지어다

에덴동산에서 타락 이후 생겨난 질병은 인류에게 끔찍한 현실이었습니다. 수 천 년 동안 아담 이후 인류는 질병과 고통을 치료하기 위한 방법을 찾아왔으며, 어느 누구도 질병과 죽음의 고통을 피하지 못했습니다. 에녹과 엘리야만이 죽음을 면했고(창 5:24; 왕하 2:11), 오직 예수님만이 죽음을 이기고 영광중에 부활하셨습니다.

이들을 제외한 모든 사람들은 다 일정한 수명 동안만 살았고 살 뿐입니다. 수 백 만의 사람들이 태어나고 죽었습니다. 지금도 많은 사람들이 질병과 싸우면서 생사의 갈림에서 고군분투하고 있습니다. 어떤 이는 병으로, 어떤 이는 다쳐서, 또 어떤 이는 노쇠하여 죽어가고 있습니다. 이러한 생로병사(生老病死)의 문제를 해결하기 위해서 노력하고 있지만 지금까지는 그 누구도 해결책을 내어놓지 못하고 있고, 앞으로도 못할 것입니다. 현실적으로 우리가 알지 못하는 여러 종류의 질병들이 여전히 많이 있습니다. 가벼운 병도 있지만(감기나 몸살 그리고 간단 통증 등) 의학이 고도로 발달이 되어도 병명조차 알지 못하고 죽음에 이르게 되는 희귀병들도 있습니다. 다른 사람들에게 알려서 도움의 손길을 얻을 수 있는 일반적인 병도 있지만 부끄러워서 숨기고 싶은 병도 있습니다. 치료를 해서 낫는 병도 있지만 아무리 노력을 해도 고칠 수 없는 고질적인 병도 있습니다. 선천적인 질병도 있지만 후천적인 질병이 더 많습니다. 또한 안전사고나 교통사고로 아파하고 고통당하는 사람들이 많습니다. 오늘 본문에 등장하는 한 여인도 12년을 질병으로 고통당하면서 살아 온 불쌍한 여인입니다.

여인의 믿음

예수님께서 가버나움에 오셨을 때에 많은 무리가 예수님께 모여

들었습니다. 예수님께서 야이로의 집으로 갈 때 큰 무리가 예수님을 따랐습니다. 그 중에는 열 두 해 동안 혈루증으로 고통 받은 한 여인도 있었습니다(25). 혈루증(ρυσει αιματος)이란 피의 유출이라는 뜻입니다. 보통 여인은 월경 때에만 피가 나오게 되는데, 이 병은 월경과 무관하게 불규칙하게 출혈된다는 것이 특징입니다. 이 병에는 기능성 자궁 출혈과 기질적 자궁 출혈이 있습니다. 여성은 뇌하수체의 지령에 따라 난포 호르몬과 황체 호르몬을 분비합니다. 이 2가지 호르몬의 분비과정에 균형이 깨지면 자궁강(子宮腔) 안에서 출혈이 생기는데, 이것을 기능성출혈(機能性出血)이라고 합니다. 기능성 자궁 출혈은 염증이나 종양, 외상이 없으면서 월경이나 임신도 아닌 때 생기는 출혈을 말합니다. 대개는 자연치유가 되나 출혈이 지속적으로 진행되면 난포 호르몬과 황체 호르몬을 사용하여 출혈을 멎게 하기도 하며, 낫는데 시간이 많이 걸릴 수 있으므로 꾸준한 치료가 있어야 합니다. 기질적 자궁 출혈은 질병에 의한 출혈입니다. 이는 질염이나 자궁암 등이 원인이 되어 생기는 출혈로 임신 중의 출혈도 이에 속합니다. 염증이나 패혈증, 종양, 백혈병 등이 있으며, 기질적 자궁 출혈중에서 악성은 암입니다. 이러한 질병으로 고생하는 여인의 상태는 어떠했습니까? 26절을 보십시오. **"많은 의원에게 많은 괴로움을 받았고 있던 것도 다 허비하였으되 아무 효험이 없고 도리어 더 중하여졌던 차에"** 그 여인은 불치의 병으로 열 두 해 동안이나 고통을 받고 있었습니다. 유명하다는 병원은 다 찾아봤으나 돈만 다 낭비하고 아무 효력이 없이 퇴원을 했습니다. 결국 물질을 다 탕진하고 병만 더 악화되었으며 삶에 대한 소망을 잃고 절망적인 상태에 있었습니다. 이제는 회복의 희망을 상실한 채 죽음만을 기다릴 수밖에 없는 상태였습니다. 그런데 그 혈루증 여인이 그런 가운데서 예수님에 관한 소식을 듣게 되었습니다. 누군가에 의해 구원의 복된 소식을 듣게 된 것입니다. 죄인을 부르러 오신 예수님에 대한 소식을 듣게 되었고, 어떤 병자도 다 고치신다는 주님이 오신다는 소문에 그에게 도움을 얻기 위해 길을 나선 것입니다. 주님은 모든 사람들에게 희망입니다.

(1) 비참한 자리에서 일어났다는 것은 그의 믿음의 첫걸음이었습니다. 만약 이 여인이 소문만 들었을 뿐 자리에 그대로 누워 있었다면 그에게는 아무런 기적도 일어나지 않았을 것입니다. 그는 12년간이나 누워있었던 그 비참한 자리에서 주님을 만나기 위해 일어난 것입니다. 예수의 소문을 듣고도 그 자리에 그대로 머물러 있는 사람은 주님께 아무 것도 바랄 수 없습니다. 좌절된 자기 인생의 자리에서 주님을 만나기 위해 일어나야 하는 것입니다.

(2) 이 여인은 뚜렷한 목표를 가지고 움직였습니다. 이 여인은 믿음으로 주님을 바라본 것입니다. 이 여인은 거리로 뛰쳐나갔지만 예수를 만날 것을 확실한 목표로 삼지 않았다면 다른 사람에게 이끌리어 다른 의원을 찾아갔을는지 모릅니다. **"믿음의 주요 또 온전케 하시는 이인 예수를 바라보자"**(히12:1)는 말씀처럼 예수님이 주된 목표여야 하는 것입니다.

(3) 이 여인은 목표점을 향하여 일사불란하게 달려갔습니다. "생명으로 인도하는 문은 좁고 길이 협착하여 찾는 이가 적다"(마7:14)고 하셨습니다. 이 여인이 자리에서 일어났을 때 집안 식구들은 놀라 아무 쓸데없으니 그런 짓은 하지 말라고 만류했을 것입니다. 이 여인은 자신의 허약한 몸으로 인파를 헤치고 예수께로 가는 길에서 몇 번인가 발걸음을 멈추었을 것입니다. 우리는 신앙의 경주장에서 여러 가지 장애물이 있다 해도 두려움이 없이 모든 장애물을 헤치며 오직 주님만을 바라보면서 앞으로 나아가야 할 것입니다.

(4) 이 여인은 주님의 겉옷을 만졌습니다. 예수님의 소문을 듣는 순간 **"내가 그 옷에만 손을 대어도 구원을 얻으리라**(28)"는 확신을 갖게 되었습니다. 그는 예수님을 능히 죄인을 구원하실 구주로 믿었습니다. 또한 예수님의 자비와 긍휼을 믿었습니다. 주님이 "네 믿음대로 되라"고 하신 말씀은 믿음대로 행하는 열매가 있을 때 가능한 것입니다. 이 여인이 열매를 맺을 수 있었던 것은 믿음대로 행했기 때문입니다. **"우리 조상 아브라함이 그 아들 이삭을 제단에 드릴 때에 행함으로 의롭다 하심을 받은 것이 아니냐 네가 보거니와 믿음이 그의 행함과 함께 일하고 행함으로 믿음이 온전케 되었느니라**"고 했습니다(약2:21-22). 많은 사람들은 자리에 누운 채 '믿습니다'를 외칩니다. 그러나 이 여인은 자리에서 일어나 주님을 만나 그의 옷가를 만짐으로 그의 믿음을 나타낸 것입니다. 이것이 바로 행동하는 믿음입니다. 이 여인은 '예수님이 나를 낫게 할 것이다. 나를 구원케 할 것이다. 나를 자유케 할 것이다. 나를 새롭게 할 것이다. 나를 깨끗케 할 것이

다. 나를 위로해 줄 것이다. 나를 도울 것이다. 나를 붙들어 줄 것이다. 나의 눈물을 닦아 줄 것이다. 나를 치료해 줄 것이다. 나와 함께 할 것이다. 주님은 나의 모든 것이다' 라는 믿음으로 예수님의 옷자락을 만졌습니다. 이와 같이 간절히 사모하고 더욱 더 구하고 찾을 때, 온전한 믿음의 역사가 나타나는 것입니다. 주님을 갈망하고 사모하고, 주님을 영적으로 만지고자 간절히 원하는 것은 믿음의 시작이요, 출발입니다. 우리들의 기도와 말씀, 묵상, 삶 속에서 간절한 사모함과 원함으로 예수님을 만나야 합니다. 혈루병을 앓는 여인이 예수님의 옷자락을 만질 때, 예수님의 능력이 그 여인에게 흘러 나갔다고 본문은 말하고 있습니다. 그리고 예수님은 뒤를 돌아보며, "누가 내 옷을 만졌느냐?"라고 묻습니다. 제자들은 어리둥절해 합니다. 주변에 사람들이 많아 누가 만졌는지 도대체 알 수 없는 상황입니다. 물론 여러 사람들이 만졌을 것입니다. 그러나 혈루병 앓은 여인에게 예수님의 능력이 나갔습니다. 하나님의 능력은 충만하기 때문에 그릇에 물이 가득 차서 흘러넘치는 것과 같이 예수님의 은혜와 능력으로 새로워지는 것입니다. 포기하지 않고 주님의 충만한 능력을 바라며 믿음으로 나아가는 결단과 액션이 필요합니다. 여인의 믿음은 부끄러움을 개의치 않고 주님께 나아가는 믿음입니다. 머리로만 믿는 믿음이 아니라 행동으로 옮기는 믿음입니다. 진실하며 참된 믿음에는 반드시 지성과 함께 의지적인 결단이 있게 됩니다. 복음을 진정으로 들은 사람은 반드시 예수님께로 나아오게 되는 것입니다. 그를 만나면 반드시 변하게 됩니다. 또한 자신의 삶을 포기하지 않고 끝까지 주님께 자신의 문제를 넘기는 믿음입니다. 오늘 우리의 현실이 불가능해 보여도 좌절하거나 포기하지 않는 믿음이 현실을 뛰어 넘는 기적을 만들어 냅니다. 우리 주님의 능력을 믿읍시다. 그리고 사모합시다. 그리고 절대 포기 하지 맙시다. 주님께서는 자신을 가까이 하는 자에게 자비와 긍휼을 베푸시고, 자신이 구세주이심과 온 우주의 주인 되심을 드러내십니다.

예수님의 치유

성경의 치유 기적들을 보면 대부분 예수님께서 손을 얹으시거나 무엇인가를 발라서 또는 손을 잡아 일으킴으로 낫게 하셨는데, 오늘 본문에서 예수님은 수동적인 입장에 서 있고, 오히려 여인이 적극적으로 예수님께 나아가는 모습을 보게 됩니다. 예수님께 터치될 때 역사가 일어날 것을 믿는 그 믿음을 통해서 병의 근원이 다 낫게 된 것입니다.

전기는 아무리 강한 전류가 플러스그과 마이너스극에 흘러도 그것이 합쳐지지 않으면 파워가 생기지 않습니다. 오직 둘이 합쳐지는 순간 엄청난 힘과 에너지를 생산하게 됩니다. 남자와 여자가 결혼을 하고 하나가 될 때 생명의 기적이 탄생하는 것입니다. 아무리 건강한 남자와 남자가, 여자와 여자가 있어도 생명의 탄생은 이루어지지 않습니다. 남녀가 함께 결합을 할 때 새 생명이 태어나는 것입니다. 마찬가지로 주님과 합쳐지는 순간에 기적의 역사는 일어납니다. 심지어 손수건을 얹고 터치만 해도 병이 낫는 역사가 사도들에게 나타났습니다. 바울이 에베소에서 복음을 전할 때 실제로 그러한 일이 일어났습니다. 행 19:12에 **"심지어 사람들이 바울의 몸에서 손수건이나 앞치마를 가져다가 병든 사람에게 얹으면 그 병이 떠나고 악귀도 나가더라"**고 했습니다. 주님과의 만남과 터치는 놀라운 능력을 가져오게 되고 그 어떤 문제와 질병도 깨끗하게 치유함을 받게 됩니다. 예수님께서 이 여인을 고치신 목적도 한 가지인데 하나님께 영광을 돌려 드리기 위해서입니다. 그 영광은 하나님을 믿지 아니하는 사람들이 구세주 예수님을 믿고 하나님께 예배하게 되는 것을 의미합니다.

가장 위대한 기적을 행하신 분은 바로 우리 주 예수 그리스도이십니다. 예수께서는 근본적으로 세 가지 형태의 기적을 행하셨는데, 병 고치심(최고의 신유 기적이라 할 수 있는 죽은 자를 살리시는 것을 포함하여), 귀신을 쫓아내심(그 결과 병이 나음), 그리고 자연의 기적(오병이어, 바다를 잠잠케 하심, 물 위를 걸으심)입니다. 복음서에는 이와 같은 예수님의 기적들이 가득합니다. 요한은 **"예수의 행하신 일이 이외에도 많으니 만일 낱낱이 기록된다면 이 세상이라도 이 기록된 책을 두기에 부족할 줄 아노라"**라고 했습니다(요 21:25). 이 모든 기적들의 공통점은 예수님께서 스스로를 하나님이라고 하신 자기주장이 진실 된 것이었음을 보여주는 표적들입니다(요 2:11; 5:36; 20:30-31; 행 2:22).

마치 포도나무 가지가 나무에 붙어 있어 열매를 많이 맺는 원리와 같이 예수님께 붙어 있으면 일상에서 놀라운 기적이 일어나고 우리가 새 진액을 받게 되며, 우리의 모든 문제와 질병이 깨끗하게 회복될 줄 믿습니다. 삶의 새로운 활력은 바로 그리스도와의 접촉에서 비롯됨을 믿고 행동함으로 그러한 은혜를 누리시는 성도들이 되시기를 주의 이름으로 축복합니다.

치유와 회복

혈루증에서 나음을 받은 여인은 조용히 자기 집으로 가고자 했습니다. 이는 그가 부정한 혈루병 여인으로서 예수님의 옷에 손을 대었고 많은 사람들과 접촉을 했기 때문이었습니다. 레 15:2에 **"이스라엘 자손에게 고하여 이르라 누구든지 몸에 유출병이 있으면 그 유출병을 인하여 부정한자라"**라고 기록하고 있습니다. 바로 그때 예수님께서는 가던 길을 중단하셨습니다. 그리고 자기에게서 능력이 나간 것을 몸으로 느끼시고 무리를 향하여 **"누가 내 옷에 손을 대었느냐(30b)"**하고 물었습니다. 아마 혈루증에서 나음을 받은 그 여인은 얼굴이 홍당무가 되어 두려움으로 온몸을 부들부들 떨었을 것입니다. 그 당시 혈루병은 나병과 같이 부정한 병으로 간주되었습니다. 그 여인과 접촉한 사람들은 일주일 동안이나 부정케 했다는 불의한 생각으로(레15:12) 수치심과 두려움에 떨었을 것입니다. 그러나 그 여인은 바로 예수님 앞에 나가지 않았습니다. 그때 예수님의 불꽃 같은 눈이 그 여인의 눈을 향하자 더 이상 그 여인은 숨길 수가 없었습니다. **"그 여자는 자기에게 일어난 일을 앎으로 두려워하며 떨면서 예수님께 나아와 엎드려서 사실대로 다 말했습니다(33)."** 그 때 예수님은 그 여인에게 무슨 말씀을 하셨습니까?

34절을 보십시오. **"예수께서 가라사대 딸아 네 믿음이 너를 구원하였으니 평안히 가라 네 병에서 놓여 건강할지어다"**. 주님은 그 여인에게 믿음으로 구원 받았으니 평안히 가라고 축복하였습니다. 그러면 예수님은 왜 이 여인이 수치스러운 과거의 병력을 고백하도록 했을까요? 예수님은 그녀가 가진 육신의 병뿐만 아니라 영혼의 병도 고쳐 주시길 원했습니다. 주님은 그 여인을 사랑하는 자녀로 영접하셨습니다. 예수님은 혈루병으로 죽은 자와 방불하게 된 그 여인을 통해 제자들과 많은 사람들에게 새 생명을 얻는 하나님의 부활의 능력을 입증하고자 했습니다. 그리하여 하나님의 영광을 나타내도록 하셨습니다. 이를 통해 그 여인뿐만 아니라 회당장 야이로와 제자들에게 부활 신앙을 심고자 하셨습니다. 우리는 이 여인과 같이 과거 부정한 자기의 모든 부끄러운 죄를 주님 앞에 진실 되게 고백해야겠습니다. 그리하여 주님의 구원의 은혜와 능력을 증거 해야겠습니다. 그러면 그리스도인들이 무조건 기도하고 병 낫기만을 기다려야만 하는 것일까요? 그것이 대단한 믿음일까요? 성경은 믿음과 기도뿐 아니라 의사의 도움을 받아야 할 것을 말씀하고 있습니다. 두 가지 중 어느 것이든지 치우치는 것은 옳지 않습니다. 병을 고치는 것은 하나님의 성품이며, 약속이며, 그리고 사랑의 표현입니다. 예수님께서는 **"선지자 이사야로 하신 말씀에 우리 연약한 것을 친히 담당하시고 병을 짊어지셨도다 함을 이루려 하시기 위해"**(마 8:17) 고통과 괴로움을 면하게 하는 자비의 길을 택하셨습니다. 그렇지만 벧전 2:24에서 말씀하는 대로 이 시대의 모든 병을 치료하는 것이 속죄 사역의 일부라는 의미는 아닙니다. 다만 이것은 우리를 위한 그리스도의 사역을 확증하는 데 있어서 치유를 본보기로 한 것이며, 이것은 또한 우리가 장차 이 세상의 질병과 불구로부터 영원히, 완전하게 해방될 것을 보증하는 것입니다. 우리의 영원한 집에는 질병이나 죽음이 없습니다. 이사야 38장은 히스기야 왕이 죽을 병에 걸렸을 때 어떻게 했는가를 기록하고 있습니다. 왕은 슬피 울면서 낫게 해 달라고 하나님께 간절히 구했습니다. 하나님께서는 그의 간구를 들어주기로 하셨습니다. 그런데 어떻게 해서 그가 낫게 되었습니까? **"이사야는 이르기를 한 뭉치 무화과를 취하여 종처에 붙이면 왕이 나으리라"**(사 38:21)고 했습니다. 만약 하나님께서 치료하기로 하셨다면 왜 찜질이 필요했겠습니까? 하나님께서는 여기에 한 가지 원리를 제공하신 것입니다. 만약 우리가 아프게 되면 우리는 두 가지 일을 해야 합니다. 낫기를 위해 기도하고, 더불어 의사의 치료를 받는 것입니다. 마 9:21에서 예수님께서도 같은 견해를 보이셨습니다. 예수님께서는 **"건강한 자에게는 의원이 쓸데없고 병든 자에게 라야 쓸데 있느니라"**라고 하셨습니다. 예수께서 지금 죄의 문제를 말씀하시고 있기는 하지만, 그는 모든 사람이 납득할 수 있는 비유를 사용하셨습니다. 아픈 사람에게는 의사가 필요합니다. 이 말씀을 통해서 주님은 의사의 치료가 하나님의 뜻에 일치됨을 확실하게 하셨습니다. 사도행전 28장에 보면 바울이 보블리오의 부친을 기적같이 고쳤더니 많은 사람이 병 낫기를 바라고 그에게 왔습니다. 9절에서 다른 병든 사람들이 사용한 '고침'에 해당하는 단어는 의학 전문용어이지만, 8절에서 바울이 보블리오의 부친을 낫게 하는 데 사용된 헬라어는 치료에 대해 일반적으로 쓰이는 용어입니다. 치유(therapeutic)란 단어는 바로 여기에서 유래된 것이다. 어쩌면 바울이 기적적으로 낫게 한 후 그의 동역자이며 의사였던 누가는(골 4:14) 의학적인 처치를 했을 것입니다. 얼마나 멋진 협력 선교입니까? 원리는 분명합니다. 아플 때 우리는 기도해야 합니다. 또 훌륭한 의사의 도움노 받아야 합니다. 그러면서도 우리는 하나님의 완전하신 뜻을 신뢰해야 합니다. 결국 고난은 우리에게 현재의 유익을 이루고(약 1:2-4; 벧전 5:10), 장래에는 영광이 되게 합니다.(롬 8:18. 벧전 1:6-7)

결론적으로, 한 여인은 겨자씨만한 믿음을 통해서 치유함을 받아 새로운 삶을 사는 자로 거듭나게 된 것입니다. 육신의 질병뿐 아니라 마음에 부끄러움과 두려움이 사라지고 이제는 당당하게 한 가정의 멤버로, 사회인으로 사는 복을 받게 되었습니다. 오늘 우리에게도 이 여인이 가진 복음과 말씀에 대한 분명한 약속을 붙잡는 신앙이 필요합니다. 왜냐하면 믿음은 이러한 큰 역사를 일으키고 삶을 새롭게 하는 에너지원이 되기 때문입니다. 여러분들도 믿음으로 승리하고, 모든 질병으로부터 치유와 회복의 은혜를 누릴 수 있기를 주의 이름으로 축복합니다.

Chapter 9

불신앙의 위험

(The risk of non-faith)

마가복음 6:1-6

예수께서 거기를 떠나사 고향으로 가시니 제자들도 따르니라 안식일이 되어 회당에서 가르치시니 많은 사람이 듣고 놀라 이르되 이 사람이 어디서 이런 것을 얻었느냐 이 사람이 받은 지혜와 그 손으로 이루어지는 이런 권능이 어찌됨이냐 이 사람이 마리아의 아들 목수가 아니냐 야고보와 요셉과 유다와 시몬의 형제가 아니냐 그 누이들이 우리와 함께 여기 있지 아니하냐 하고 예수를 배척한지라 예수께서 그들에게 이르시되 선지자가 자기 고향과 자기 친척과 자기 집 외에서는 존경을 받지 못함이 없느니라 하시며 거기서는 아무 권능도 행하실 수 없어 다만 소수의 병자에게 안수하여 고치실 뿐이었고 그들이 믿지 않음을 이상히 여기셨더라 이에 모든 촌에 두루 다니시며 가르치시더라

어떤 사건이나 사물을 어느 관점으로 보느냐에 따라서 그 결과는 사뭇 다르게 나타나는 것을 알 수 있습니다. 동일한 사건이라도 자신의 관점이라는 안경을 가지고 보기 때문에 다른 사람과 차이가 납니다. 이는 대부분 자기의 욕심과 자기의 이기심을 가지고 보기 때문에 다르게 나타나는 것입니다. 사람에 대해서도 평가가 다르게 나타납니다. 그 사람과 어떤 이해관계를 가지고 있느냐에 따라서 다릅니다. 나와 동향이라든지, 동창이라든지 친인척이라든지, 같은

공동체나 조직 속에 있다든지, 철학이나 사상 심지어는 종교에 따라서도 다 다르게 나타납니다. 특히 신앙이 있느냐 없느냐에 따라서 그 결과는 확연하게 다르게 나타납니다.

오늘 본문에 보면 예수님께서 자신이 자란 나사렛에 갔을 때에 동네 사람들의 반응은 너무나 의외로 불신앙적이었습니다. 많은 기적과 표적을 행하시고 죽은 자를 살리시고 병자들을 고치시고, 하늘의 메시지를 전하신 사건을 알고 있음에도 불구하고 그들은 세상적인 관점에서 예수님을 보았기 때문에 너무나 엉뚱한 태도를 보였습니다. 그들이 불신앙적으로 예수님을 보게 된 원인과 태도와 결과를 함께 생각해 보고자 합니다.

불신앙의 원인

예수님께서는 가버나움에서 회당장 야이로의 딸을 살려 주시고, 가시는 길에 혈루증으로 고통 받았던 한 여인도 치료하여 주셨습니다(5:25). 이제 제자들과 함께 고향 나사렛으로 오셔서 안식일을 맞이하여 회당에서 가르치시기 시작했습니다. 많은 사람들이 말씀을 듣고 놀랐습니다. 그러나 그 동네 사람들은 예수님의 말씀을 듣고 긍정적으로 받아들이고 예수님의 사역을 이해 한 것이 아니라 오히려 부정적으로 반응하고 불신앙적으로 대응했습니다. 본문 2절에 보면 1) 이 사람이 어디서 이런 것을 얻었느냐? 2) 이 사람의 지혜와 손으로 이루어지는 이런 권능이 어찌됨이냐? 라고 반문하고 있습니다. 유진 피터슨은 '메시지' 에서 이 두 가지 질문을 쉽게 풀어서 말하고 있는데, 곧"이 사람이 이렇게 훌륭한 사람인지 미처 몰랐다! 어떻게 이렇게 갑자기 지혜로워지고 이런 능력을 갖게 되었을까?" 라고 표현하고 있습니다.

보통, 사람들이 고향을 떠나 성공해서 돌아오는 것을 '금의환향한다' 라고 말합니다. 어려운 시절에 외국에 나가서 공부를 하여 박사학위를 받아 돌아오면, '금의환향 한다' 라고 했습니다. 예수님께서 예루살렘에서 위대한 일을 행하시고 고향으로 돌아 오셔서 지혜와 능력의 말씀을 전하시면 기뻐하며 현수막이라도 하나 걸만 하련만 사람들은 전혀 그렇지 않은 반응을 보입니다.

왜 그들은 그렇게 반응했을까요? 종교형식주의에 빠져서 새롭고 신령한 것을 받아들이지 못했기 때문입니다. 그들은 안식일에 회당에 나와서 하나님을 예배하고 섬기는 일은 했지만 하나님의 말씀을 받아들이지 못하는 부분이 있었습니다. 다시 말하면 종교 생활은 했지만 하나님의 말씀에는 별 관심이 없었습니다. 말씀을 들으러 오지만 하나님의 능력에 대해서는 기대조차도 하지 않았습니다. 진실된 그리스도인들은 형식보다 내용에 더 치중하면서 형식(form)과 내용(contents)의 조화를 이루어 하나님을 경외하고 섬기게 됩니다. 그러나 종교형식주의에 빠지면 겉으로는 믿음이 좋은 것 같아 보여도 결국 말씀과 멀어지면서 영적인 생기를 잃어버리고 영적인 침체에 빠져서 하나님과의 관계가 소원해지고 맙니다.

그들은 예수님을 그리스도로 받아들이는 일에 의심을 가졌습니다. 예수님의 사역과 말씀에 대한 능력과 권세를 소문을 통해서 들었고, 직접적으로 보았지만 그들은 마음에 의심을 가지고 예수님께 접근했습니다. 마음에 가지는 의심은 우리를 깊은 신앙의 길로 이끌지 못합니다. 하나님을 믿어도 말씀과 초자연적인 신령한 것에 의심을 가지는 순간 아무것도 믿을 수 없게 됩니다. 예수님께서 행하신 일들을 하나의 이야기와 신화로 받아들일 뿐, 그것이 하나님의 사역이며, 우리를 향한 사랑의 손길임을 받아들이지 않습니다. 때문에 그리스도를 나의 주로 받아들일 수 없고 결국 불신앙의 구렁텅이로 빠지게 됩니다. 주님은 자신이 물 위로 걸어오는 장면을 보고 베드로가 "주여 만일 주님이시거든 나를 명하여 물 위로 오라 하소서" 요청할 때 "오라"고 하시니 그가 물위로 걸어가다가 바람을 보고 무서워 물에 빠질 때에 주님께서 손을 내밀면서 **"믿음이 적은 자여 왜 의심하였느냐"**라고 하시며 배에 올리신 사건을 우리는 기억합니다(마 14:22-33). 의심은 우리의 신앙생활에 큰 적임을 우리는 잘 압니다. 그럼에도 불구하고 사람들이 마음에 의심을 떨쳐 버리지 못하므로 깊은 신앙의 세계로 들어오지 못하고 물가 얕은 곳에서만 머무르게 됩니다. 깊은 바다에 들어가 영적인 수영을 하기 위해서는 마음에 의심을 떨쳐 버려야 합니다. 제가 어린 시절 부흥회나 사경회에 참석했을 때 기뻐 뛰면서 찬송하던 어르신들의 모습을 많이 보았습니다. 그 때 제일 많이 듣고 함께 불렀던 찬송이 257장입니다. 1절 **'마음에 가득한 의심을 깨치고 지극히 화평한 맘으로 찬송을 부름은 어린양 예수의 그 피로 속죄함 얻었네. (후렴) 속죄함 속죄함 주 예수 내 죄를 속했네 할렐루야 소리를 합하여 함께 찬송하세 그 피로 속죄함 얻었네.'** 기도하는 일에도 의심을 하면 우리가 응답을 받을 수 없습니다. 믿음으로 구할 때 그 어떤 것도 하나님께로부터 응답 받을 수 있습니다. 약1:6에 **"오직 믿음으로 구하고 조금도 의심하지 말라 의심하는 자는 마치 바람에 밀려 요동하는 바다 물결 같으니"**라고 했습니다. 의심은 대인관계나 교회 공동체 안에서도 큰 해악입니다. 사람과 하나님을 신뢰하며 나아갈 때 믿는 자는 손해 보지 않는다는 생각을 가지고 믿음 안으로 더 깊숙이 들어오는 복된 성도들 되시기를 소망합니다.

예수님을 믿지 못함의 세 번째 원인은 바로 시기심에서 비롯됩니다. 시기심은 인간 마음 깊숙이 자라잡고 있는 고질병입니다. 예수님은 고향 사람들의 태도에 대해서 **"선지자가 자기 고향과 자기 친척과 자기 집 외에서는 존경을 받지 않음이 없느니라"**(4)고 하셨습니다. 예수님을 너무나 피상적으로 아는 사람들이 예수님 자신을 존경하지 않는 것에 대한 섭섭함이 여기에 묻어 있습니다. 누구든지 좀 잘되고 잘 나가면 시기심이 은근히 발동하게 됩니다. 무디 선생이 런

던에 와서 부흥 집회를 여러 차례 했는데, 그 때마다 불신앙적인 사람들은 그 분이 전하는 영적인 말씀 보다 미국식 발음과 문법이 틀린 것을 트집 잡아 은혜를 받지 못했다는 일화가 있습니다. 그 분이 전하는 메시지에는 심령에 뜨거움이 있고 부흥이 있었으나 사소한 발음이나 학벌 가지고 시비를 거는 사람들은 이러한 은혜의 자리, 믿음의 자리에 들 수 없었습니다. 시기심은 불신앙을 키우는 퇴비가 됩니다.

불신앙의 태도

먼저, 불신앙은 경멸의 태도에서 드러납니다. 예수님에 대한 시기심이 발동하여 경멸의 태도로 나타났습니다. 시기심은 언제나 현재의 것에 대한 평가보다 과거의 것으로 현재의 것을 경멸하는 태도로 이어집니다. 예수님에 대해서 고향 사람들은 마리아의 아들 목수가 아니냐, 그의 형제들을 잘 알고 있지 않느냐고 하면서 예수님의 존재를 비하했습니다. 목수는 그 당시에 가장 천한 직업 중에 하나였습니다. 요셉이 세상을 일찍 떠난 관계로 장남으로써 아버지의 뒤를 이어 목수로 온갖 궂은일을 다한 천한 청년으로만 알고 있었고, 정식교육의 혜택을 받지 못했기에 그를 더 천시했던 것입니다. 목사님들 가운데에서도 전도사 시절이나 강도사나 부목사 시절에 별 두각을 드러내지 못한 분이었는데 어느 날 갑작스럽게 스타가 되고 유명해 진 분을 보게되면 '아이고, 저 사람이 전에는 어떠했는데...' 하면서 마음 깊은 곳에 시기심을 가지면서 과거의 모습을 반추하며 경멸하는 것을 볼 수 있습니다. 우리는 교회가 잘 되고 어느 가정이 영적으로 성숙해 지고 믿음의 진보를 보일 때 축하하고 도전을 받아야지, 시기하거나 경멸하는 태도를 보여서는 안 됩니다. 현재의 모습을 그대로 보고 존경하고 사랑해야지, 절대 비하하거나 경멸하면 안 됩니다. 자기가 높아지려는 잘못된 동기에서 잘 된 사람을 비하하는 어리석음을 범하지 맙시다.

또한 불신앙은 합리적인 태도만 고집합니다. 그들은 분명 예수님의 하시는 사역에 대한 소문과 지금 회당에서 가르치는 말씀에 지혜와 권능을 보았지만 과거의 예수님과 현재의 예수님의 모습을 수용하지 못했습니다. 과거에 목수였던 사람이 어떻게 저런 지혜로운 말씀과 권능을 현재 행할 수 있느냐는 것입니다. 배우지 못한 사람이 어떻게 저렇게 사람들을 감동시키고 능력을 행할 수 있느냐는 것입니다. 혹 귀신들려서 저렇게 된 것이 아니냐고 생각한 것입니다. 실제 막 3:22에 **"예루살렘에서 내려온 서기관들은 저가 바알세불을 지폈다하며 또 귀신의 왕을 힘입어 귀신을 쫓아낸다"**라고 예수님에 대해서 악평한 실례가 있습니다. 성도들 가운데 이러한 비합리적으로 보이는 신앙의 요소 때문에 믿음의 삶을 못 사는 분들이 많이 있습니다. 현실과 영적인 삶은 분명히 다른데 어떻게 이성적으로 이해해야 할 것인가를 고민하다가 그냥 현실주의자가 되어 버리는 경향이 있습니다. 성경은 극히 현실적이면서도 비현실적인 것입니다. 그래서 이성으로 접근하면 풀리지 않습니다. 영적으로 이해하고 받아들일 때 이 모든 것이 나의 것이 되고 믿음이 성숙하게 될 줄 믿습니다.

마지막으로 불신앙은 말씀을 받아들이지 않고 거부합니다. 나사렛 사람들은 예수님으로 인하여 실족하고 그 분의 말씀 때문에 동향인인 예수님을 배척하게 되었습니다(3). 말씀을 거부하면 자동적으로 예수님을 배척하게 되어 있습니다. 왜냐하면 하나님의 뜻을 행하는 것보다 자기의 유익을 추구하기 때문입니다. 말씀도 내 생각과 마음에 들면 은혜가 되고 그렇지 않은 것은 거부해 버리기 때문에 그렇습니다. 결국 예수님을 배척하면서 신앙생활에서 떠나 버리게 됩니다. 그들은 예수님의 교훈이 지혜가 있고 권세가 있음을 머리로만 알았을 뿐 그분의 말씀을 가슴으로 수용하지 못했습니다. 믿음이 있어야 말씀을 말씀으로 받아들일 수 있으며, 불신앙으로는 말씀을 받을 수 없습니다. 불신앙은 온갖 의심과 합리적인 사고를 가지고 평가하고 비판하는 태도로 나타납니다. 믿음의 성숙은 말씀을 바로 배우고 먹고 실천하는 가운데 이루어지는 결과입니다. 오늘날도 영적인 사람들은 말씀을 잘 경청하고 사모하며, 자기의 삶의 지표로, 가치관으로, 양식으로 삼고 말씀이 주는 에너지로 살아갑니다. 말씀을 듣는 태도가 다르게 나타납니다. 자기 자신을 누구보다 잘 압니다. 말씀을 바르게 받아 순종하기 위해서는 무엇보다 하나님에 대한 신뢰와 그의 말씀에 대한 전적인 믿음이 있어야 합니다.

불신앙의 결과

첫째, 아무 권능도 경험할 수 없게 됩니다(5). 예수님은 고향 마을에서 더 이상 말씀의 권능과 치유 그리고 이적을 통한 권능을 행하시지 않았습니다. 그 결과 오아시스 없는 사막, 황량한 광야처럼 되고 말았습니다. 하나님의 말씀을 통해 지혜와 능력을 얻을 수 있어야 고단한 나그네 길을 걸어가는 우리가 오아시스에서 생수를 마실 수 있는데, 말씀과 권능이 정지됨으로 메마른 땅이 되고 만 것입니다. 주님의 말씀이 없고 능력이 없는 세상은 살아 갈 수 없는 지옥이 됩니다. 아모스 선지자는 참된 기근과 기갈은 말씀이 없기 때문이라고 탄식했고, 암 8:11절에서는 **"주 여호와께서 가라사대 보라 날이 이를지라 내가 기근을 땅에 보내리니 양식이 없어 주림이 아니며 물이 없어 갈함이 아니요 여호와의 말씀을 듣지 못한 기갈이라"**라고 말씀하고 있습니다. 예수님은 사람이 떡으로만 사는 것이 아니라 하나님의 입으로 나오는 말씀으로 산다고 했습니다(마4:4). 오늘 한국교회와 우리의 현실을 살펴보면, 말씀이 능력으로 나타나지 않고 있으며, 그리스도의 권능이 우리 삶과 사회에 강력하게 나타나지 않고 있다는 것입니다. 주님의 능력이 떠나면 가정과 교회 그리고 국가는 메마른 사막이 되고 맙니다. 불신앙을 불식시키고, 믿음으로 그리스도의 능력을 드러내는 살아 있는 그리스도인들이 되어야 할 것입니다.

둘째, 불신앙이 초래한 결과는 주께서 그들을 떠나 다시 돌아오지 못하게 했습니다. 이번 예수님의 방문은 두 번째 방문이었는데 그 뒤로 주님은 고향을 방문한 기록이 없습니다. 너무나 큰 불행입니다. 하지만 주의 은혜가 소수의 사람들에게 임하는 것을 보게 됩니다. 소수의 병자들을 안수하여 고쳐 주셨습니다. 주님께서는 고향 마을에서 전체적으로, 공개적으로 권능을 행하시지 않았지만 소수의 사람들에게는 무한한 자비와 은혜를 공급하셨습니다. 아무리 메마른 곳이라도 주의 은혜를 받는 신앙인들은 있다는 것입니다.

셋째, 주님께서는 불신앙인들을 이상히 여기셨습니다(6). 불신앙은 오늘날 독버섯처럼 번져가고 있습니다. 믿는 가정에서 한 사람이 낙담하여 다른 종교로 개종하니 가족들이 덩달아 교회를 등지는 경향이 있습니다. 이러한 일을 주님께서 이상이 여기시는 것입니다. "이상히 여기더라" 는 말이 헬라어로 '에다우마젠' (ϵδαυμαζϵν)입니다. 즉 주님은 불신앙을 이상히 여기고 궁금해 하시고 의아해 하신 것입니다. 당연히 받아들이고 믿어야 할 사람들이 믿지 않으니 이상한 것입니다. 예레미야 선지자도 그 당시 백성들을 이상히 여기면서 이렇게 이야기 했습니다. 렘 2:11-13에 **"어느 나라가 그 신을 신 아닌 것과 바꾼 일이 있느냐 그러나 나의 백성은 그 영광을 무익한 것**

과 바꾸었도다. 너 하늘아 이 일을 인하여 놀랄지어다 심히 떨지어다. 두려워할지어다. 여호와의 말이니라. 백성이 두 가지 악을 행하였나니 곧 생수의 근원되는 나를 버린 것과 스스로 웅덩이를 판 것인데 그것은 물을 저축치 못할 터진 웅덩이니라."라고 기록하고 있습니다.

불신앙은 정원의 잡초와 같습니다. 말씀을 거부하게 하고 결국 그리스도를 영접하지 못하게 하여 하나님의 뜻보다는 자신의 생각을 더 중요하게 여기는 종교형식주의에 빠진 그리스도인이 되게 합니다. 하나님의 초자연적인 역사를 거부하게 하여 합리주의에 빠지는 지성제일주의자가 됩니다. 우리는 하나님의 권능과 능력이 지배하는 삶, 말씀이 중시되는 삶을 살고 그러한 교회가 되도록 함께 노력하면서 은혜를 구해야 할 것입니다.

Chapter 10

파송과 사역

(The sending & Ministries)

마가복음 6:7-13

열두 제자를 부르사 둘씩 둘씩 보내시며 더러운 귀신을 제어하는 권능을 주시고 명하시되 여행을 위하여 지팡이 외에는 양식이나 배낭이나 전대의 돈이나 아무 것도 가지지 말며 신만 신고 두 벌 옷도 입지 말라 하시고 또 이르시되 어디서든지 누구의 집에 들어가거든 그 곳을 떠나기까지 거기 유하라 어느 곳에서든지 너희를 영접하지 아니하고 너희 말을 듣지도 아니하거든 거기서 나갈 때에 발 아래 먼지를 떨어버려 그들에게 증거를 삼으라 하시니 제자들이 나가서 회개하라 전파하고 많은 귀신을 쫓아내며 많은 병자에게 기름을 발라 고치더라

초등학생 시절 주일 학교 애창곡 중에 참 많이 불렀던 찬양이 있습니다.

"가라 가라 세상을 향해 가라 가라 말씀 가지고
가라 가라 세상을 향해 가라 가라 주님의 말씀
우리 모두 모두 가겠어요 온 세상 모든 사람들에게
예수님의 사랑을 전하겠어요

우리 모두 주님 명령 따라서 온 땅의 모든 아이들에게
예수님의 사랑을 전하겠어요."

어린 시절에 이 찬송을 부르면서 세상에 나가 친구들에게 복음을 전해야 되겠다는 마음을 가지게 되었지만 막상 나가서 친구들에게 전하려고 하면 망설여지고 부끄러웠던 기억이 있습니다. 아무튼 이런 찬양은 우리로 하여금 복음에 대한 부담감을 가지게 하는 찬양임에는 분명합니다. 그리스도인들은 세상으로 나가서 복음을 나누는 사람들입니다. 본문에서는 주님께서 제자들을 세상 속으로 파송하는 장면을 접하게 됩니다. 너희는 세상의 빛이라고 소금이라고 가르치신 주님은 제자들이 안에만 머물러 있기만을 원하지 않고, 밖으로 나가기를 바랐습니다. 오늘도 마찬가지일 것입니다. 교회는 모여야 하는 곳이기도 하지만 흩어지는 공동체가 되어야 합니다. 목적을 가지고 세상을 향해 나아가는 것은 아버지 하나님의 마음이요 바람입니다. 성도들이 교회 안에만 머물지 않고 아직도 복음을 듣지 못하고 방황하는 사람에게 하늘 복음, 즉 '예수 믿으면 구원받는다' 라는 기쁨의 소식을 전해야 하는 것이 사명입니다. 순종하는 사람들에게 복을 주시고 열매와 보람을 주시는 줄 믿습니다. 남아공에서 공부할 때 두 여선교사님이 계셨습니다. 한 분은 한국에서 교사생활을 하던 분이었고, 다른 한 분은 평범한 주부였습니다. 교사 출신의 선교사님은 혼자 사셨던 분이셨고, 주부였던 선교사님은 가족이 있었는데 남편이 세상을 일찍 떠났습니다. 이 두 분이 함께 그루터기 선교회에 소속이 되어 검은 땅 아프리카 보츠와나로 파송을 받아 오셔서 사역하는 중에 남아공 포체프스트룸으로 오셔서 농장에 있는 흑인 농부들을 섬기는 일을 하셨습니다. 저희들도 공부하는 동안 주일 오전에 현장에 가서 설교를 하곤 했습니다. 하나님께서는 이처럼 여러 모양으로 훈련을 시켜 주의 제자가 되게 하시고 때가 되니 먼 곳으로 파송하여 복음을 전하는 일을 하게 하시고 교회를 세우시면서 하나님의 나라를 확장해 가십니다.

본문에서는 예수님께서 제자들을 불러 전도하도록 파송하시는 것을 볼 수 있습니다. 주님의 훈련 목적은 제자들이 세상을 향해 나아가도록 하기 위함에 있습니다. 전도를 통해 사탄에 매여 있는 자를 풀어 하나님의 복된 자녀가 되게 하는 것이 우리가 이 땅에서 해야 할 중요한 사명입니다.

파송하시는 예수님(7-11)

예수님은 먼저 제자들을 부릅니다. 둘씩 짝을 지어 보내는 것은 혼자 하는 것보다 훨씬 효과적이기 때문입니다. 그리고 사명을 주어 복음이 필요한 곳에 보내시는 것입니다. 주님께서는 그들을 아무 대책 없이 보내시는 것이 아니라 먼저 사탄과의 전투에서 승리하도록 능력을 덧입혀 주십니다.

1) 권능을 주십니다. 권능은 바로 능력입니다. 원문에는 엑수시안(ἐξουσιαν)으로 '능력', '권세' 등으로 번역될 수 있기 때문에 우리말 성경에는 두 단어를 합쳐서 '권능'으로 기록하고 있습니다. 능력이든지 권세든지 우리 주님께서 복음 전도자들에게 강력한 힘(power)을 주시는 것을 알 수 있습니다. 특히 복음 전하는 일은 마귀와의 전투이기 때문에 먼저 권능을 주셔서 승리하게 하시는 예수님의 중심을 우리는 보게 됩니다. 실제로 사탄에 마음이 빼앗겨 있는 분들을 돌이켜 그리스도에게로 돌아오게 하기 위해서는 무엇보다 마귀를 그 마음 속에서 축출해 내어야 하는 것입니다. 우리 마음은 중간이 없습니다. 예수님을 믿어 성령에 의해 지배를 받든지 아니면 하나님을 믿지 아니하므로 마귀에 의해서 지배를 받든지 둘 중에 하나입니다. 마귀는 우리의 마음 속에 강하게 자리잡고 있으면서 온갖 죄를 짓도록 충동질하고 복음과 하나님에 대해서 거부감을 가지도록 하며 더 나아가서는 적대시 하도록 합니다. 주님께서도 말씀하신 것처럼 마음 속에 자리잡고 있는 사탄은 더 강력한 힘을 가진 존재가 들어오지 않으면 절대 제압하여 내어 쫓을 수 없습니다. 마 12:29에 **"사람이 먼저 강한 자를 결박하지 않고야 어떻게 그 강한 자의 집에 들어가 그 세간을 늑탈하겠느냐 결박한 후에야 그 집을 늑탈하리라"**고 비유적으로 말씀하셨습니다.

일단 복음을 접하게 되면 마음에 갈등이 일어나기 시작하면서 성령께서 함께 하시어 그의 능력으로 승리하게 하는 것입니다. 복음을 전해보면 그러한 현상이 나타나는 것을 경험하게 됩니다. 복음을 전할 때에 권능이 임하여 대상자가 회심을 하고 주께로 돌아오는 것을 봅니다. 우리 주님은 지금도 복음에 대한 열정을 가지고 나아가고자 하는 자들에게는 주님께서 가지고 계시는 능력을 부여 하셔서 놀라운 복음의 역사가 일어나도록 하십니다. 능력 없이는 아무것도 할 수 없습니다. 귀신을 내어 쫓고 불가능한 일을 가능케 하시는 등, 자기에게 주어진 곳에서 무한한 능력을 드러내어 결국 그리스도를 존귀하게 하시는 하나님의 손길을 우리는 늘 사모하며 능력을 덧입도록 기도하며 간구해야 할 것입니다. 하나님께서는 구하는 자에게 무한한 능력을 주시는 줄 믿습니다.

2) 준비물이 필요 없다고 하십니다. 양식도 배낭도 전대 안에 돈도 필요없다고 하십니다. 그것이 있으면 안주하게 되고, 하나님을 신뢰하거나 의지하지 않게 되기 때문입니다. 우리 주님께서는 제자들에게 말씀만 소유하고 나갈 것을 주문하십니다. 왜냐하면 전도자가 말씀을 가지고 가면 반드시 믿는 자가 생기게 되어 있고, 또 하나님이 먹고 살 길도 책임져 주시기 때문입니다. 이처럼 말씀을 믿고 나아가야지 자신이 많이 준비하고 나가면 나중에 가서는 나약하게 되고 맙니다. 하나님보다는 물질이나 가진 것을 더 의지하게 되어 능력이 메마르게 됩니다. 전도자가 말씀으로부터 능력을 공급 받기 위해서는 목숨을 걸어야 합니다. 하나님의 말씀은 세상에 아무것도 부족한 것이 없는 상태에서 여유를 가지고 대할 때 능력으로 나타나는 것이 아닙니다. 아무것도 없이 하나님만 의지하고 죽을 각오

를 하면 그 때부터 하나님께서 일하시기 시작하면서 능력이 나타나기 시작하는 것입니다. 그러므로 전도자나 복음에 헌신하는 사람들은 세상 사람들이 가지고 있는 것을 추구하면서 살면 안 됩니다. 저는 지금까지 살아오면서 준비해서 한 일이 없습니다. 결혼도 아무것도 없는 상태에서 했습니다. SFC 간사 사역을 시작할 때도 방 한 칸 얻을 수 있는 돈이 없었습니다. 이처럼 아무 것도 없는 상태에서 사역했던 교회에서 퇴직금이라도 좀 줄줄 알았는데 전도사로 봉사했다고 한 푼 받지 못한 상태에서 시작하기로 결심하고 사역을 했더니 아파트를 세 낼 수 있게 되었습니다. 사례도 책정이 안 된 상태에서 6개월을 그냥 사역만 했습니다. 무식하면 용감하다고 유학을 떠날 때도 돈 한 푼 없이 아브라함처럼 훌쩍 떠났습니다. 그럼에도 저는 7년 반, 아이들은 8년 반을 한 끼도 굶지 않고 공부를 마치고 학위 받아 돌아올 수 있었습니다. 수지에 와서 개척할 때도 돈 한 푼 없이 시작했는데 하나님께서 건물을 임대할만한 재정을 마련할 수 있도록 해 주셨고, 아이들 셋이 공부할 수 있도록 해 주셨으며, 아내까지 공부하도록 해 주셨습니다. 내 통장에 돈이 있었던 것이 아닙니다. 때마다 시마다 하나님께서 사람들의 손길을 통해서 공급해 주셨습니다. 새 성전 공사도 돈 한 푼 없이 시작되었지만 기적 같은 은혜로 지금까지 달려 왔습니다.

우리가 아무 준비 없이 무대포로 나가야 된다는 극단적인 말씀이 아닙니다. 하나님의 일은 믿음으로 해야지 너무 준비를 많이 하는 것은 인간적일 수 있다는 것을 말씀하신 것입니다. 옷도 두벌 가질 필요가 없다고 했습니다. 어쩌면 외모를 꾸밈으로 속사람을 다듬지 않을 수 있고, 무거운 옷이나 장식구를 가지고 다니면 도둑맞을 수도 있고 짐이 될 수 있기 때문에 한 벌만 입고 다닐 것을 말씀하신 것입니다. 중세시대 프란시스코는 수도회를 만들면서 규칙을 세우기를 입은 옷 한 벌만 가지고 들어오게 했습니다. 물론 지금은 단 한 벌만 가지면 사회생활 하기 힘들 것입니다. 주님께서 말씀하신 의도는 필요 없는 것을 많이 가지지 말라는 뜻일 것입니다. 다 입지도 못할 많은 옷을 준비하는데 돈을 낭비하거나 비싼 옷 걸치고 다니면서 겉치레에 너무 신경 쓰지 말라는 것을 의도하신 것입니다.

3) **영접하는 곳에 머물도록 하십니다.** 준비시켜 놓은 집에서 먼저 복음을 나누어 복을 받게 하라고 하십니다. 다른 것은 필요 없지만 사람과의 관계 속에서 복음을 나누는 접촉점과 기회를 가질 것을 말씀하십니다. 영접하는 자의 집에서 며칠 머물 수는 있지만 이집 저집 옮겨 다니면서 대접받지 말라고 하신 것입니다. 전도하는 것은 대접받기 위함이 아닙니다. 반대로 어떤 사람의 집에서 전도를 했는데 박대하면 먼지까지 털어버리고 그 집을 나오라고 하셨습니다. 이것은 그 집이 믿지 않는 책임이 전도자에게 있는 것이 아니라 그 집 사람에게 있음을 알려 주고 전도자도 너무 실망하지 않도록 하기 위함이었습니다. 그 사람과 실랑이를 할 필요가 없고, 다투거나 싸울 필요도 없습니다. 복음을 듣기 위해 기다리는 또 다른 사람에게로 속히 움직일 것을 주문하신 것입니다. 복음을 전하는 것이

목적이므로 사람들과 옳고 그름을 따지거나 다툴 필요가 없습니다. 복음을 받을 준비가 덜 된 사람들과 시간을 낭비할 필요가 없습니다. 택한 백성일 때 언젠가 복음을 받아들일 수 있는 기회가 주어질 것이고, 그 때 영접하고 하나님께로 돌아오게 될 것입니다. 선교사나 풀타임 교역자뿐 아니라 오늘 우리 한국교회의 평신도들은 절제하는 삶을 통해 이웃에게 좋은 영향을 미쳐 그리스도의 복음을 확대할 필요가 있습니다. 너무 화려하게 사는 것보다 검소한 생활을 실천해야 하며, 나눔을 통해 이웃과 좋은 관계를 맺고 전도해야 합니다. 말보다 실천하는 행동일 때, 훨씬 영향력이 크고 놀랍습니다.

제자들의 사역(12-13)

1) 회개의 복음을 전했습니다. '회개'는 메타노이아(μετανοια)로 장소나 어떤 환경 조건을 바꾼다는 의미입니다. 그러니까 회개를 선포하는 것은 지금까지 잘못 믿고 있던 것을 버리고 하나님께로 돌이키도록 사람의 마음과 태도를 바꾸는 작업이며 사역입니다. 전도자의 사명은 죄를 돌이키게 하고, 우상을 버리고, 음란한 것을 버리도록 개종시키는 것입니다. 잘못된 것을 잘못으로 알지 못하고, 진리를 바르게 알지 못하는 사람들을 가르쳐서 바르게 믿고 살도록 하는 것이 목적입니다.

2) 많은 귀신을 축출했습니다. 전도할 때 두드러진 현상 가운데 하나는 전도를 받는 사람의 마음속에 자리 잡고 있던 악귀가 떠나간다는 것입니다. 말씀이 들어가고 복음이 전해져 그리스도의 영이 들어가면 그 속에 있는 마귀는 나갈 수밖에 없습니다. 마치 어둠이 가득 찬 공간에 빛이 들어오면 어둠이 순식간에 물러나는 것과 같은 이치입니다. 빛이 없어서 어두움이 자리 잡고 있는 것이지 빛만 들어오면 언제나 어두움은 물러가도록 되어 있습니다. 어둠은 빛을 이길 수 없습니다. 빛이 어두움을 이기는 것이 원리이고 법칙입니다. 마찬가지로 인간의 마음속에 어두움과 같은 불신과 죄악을 조성하는 마귀가 자리 잡고 있다가 빛 되신 그리스도가 들어오면 말끔히 사라지고 마는 것입니다.

3) 병자들을 고쳤습니다. 예수님께서 하신 사역 그대로제자들도 나아가서 각색 병으로 고생하는 사람들을 고쳐주었습니다. 많은 병자들이 있었고, 수많은 사람들이 그것 때문에 고통하며 신음하고 있었습니다. 질병은 이 땅에서 없어지지 않습니다. 인류가 죄를 짓고 타락한 이후부터 땅 위에는 알 수 없는 수많은 병들이 창궐하기 시작했습니다. 많은 명의들이 나와서 병을 치료하기 위해서 노력하고, 수많은 약들이 개발되어 병을 퇴치하기 위해 노력했지만 병은 없어지지 않고 많은 사람을 힘들게 하고 있습니다. 여러 노고에도 불구하고 오늘도 수많은 사람들이 질병으로 고통 받고 있습니다. 제자들은 그들에게 다가가 질병을 치유함으로 그리스도의 능력을

보여 주었고, 하나님의 사랑과 자비를 드러내었습니다. 병 고침은 영원한 것이 아니라 일시적이지만 그것으로 인하여 하나님의 능력을 경험하게 되고 주께로 돌아오는 방편이 되기도 합니다. 우리도 마찬가지입니다. 기도할 때 병이 낫고 말씀을 들을 때 치유를 경험하게 되고, 집회를 통해서 신유의 은사를 경험하기도 하지만 이것은 영구적인 것이 아니라 우리의 신앙을 더 북돋아 주기 위한 수단임을 기억해야 합니다.

제자들은 환자들의 환부나 머리에 '기름'(에라이오-ϵλαιω)을 바르고 치료를 했습니다. 그 당시 오일은 대부분 감람유였습니다. 이 기름은 식용으로도 사용했지만 치료의 보조 수단으로 사용 하기도 했습니다. 의약품은 아니지만 자연요법에 사용하는 중요한 도구였습니다. 믿음으로 병을 낫게 한다고 병원도 안 가고, 약도 안 먹는 것은 성경적인 것이 아닙니다. 일단 일반 은총의 수단으로 주신 병원에 가서 먼저 진찰을 받고 약도 복용하여야 합니다. 그 가운데 기도하면서 낫도록 해야지 일방적으로 기도만 하는 것은 좋은 신앙의 태도가 아닙니다. 그렇다고 조금 아프면 약만 사다 먹는 비신앙적인 태도도 위험합니다. 믿음으로 기도하면서 처방된 적절한 약을 복용하는 것이 바람직한 그리스도인의 태도입니다. 전남에서 일어난 박모 목사의 세 자녀의 죽음은 교회 뿐 아니라 한국 사회에 큰 충격을 주었습니다. 아이들을 폭행하고 굶어 죽도록 한 것은 성경의 잘못 해석한 결과이며, 그들의 잘못된 신앙관에서 비롯된 비극적인 사건입니다. 이 '전남 세 자녀 사망' 사건에서 등장한 2개의 성경구절이 있는데, 신구약 구절 하나씩을 각각 사용했습니다. 하나는 **"유대인들에게 사십에서 하나 감한 매를 다섯 번 맞았으며"**(고후 11:24)라는 신약 구절이며, 그리고 또 다른 하나는 **"아이를 훈육하지 아니하려고 하지 말라 채찍으로 그를 때릴지라도 그가 죽지 아니하리라 네가 그를 채찍으로 때리면 그의 영혼을 스올에서 구원하리라"**(잠 23:13-14)는 구약의 구절입니다. 이 말씀에 근거하여 박씨 부부는 '이틀에 걸쳐 허리띠와 파리채로 자녀들을 각각 39대씩 (40에 하나 감한) 모두 4번을 폭행했다' 고 경찰에서 진술했고 그들을 방치함으로써 죽음에 이르게 한 것입니다. 이러한 극단적인 잘못된 신앙관은 자신 뿐만 아니라 가정과 사회에 큰 해악을 가져옵니다. 신유도 마찬가지입니다. 믿음으로 기도하면서 의원의 도움을 받는 것이 건강한 그리스도인의 태도요 바른 신앙입니다.

예수님은 지금도 교회 사역자를 세워 주님의 제자로 훈련하는 일을 위탁하시고 훈련된 제자들을 필요로 하는 곳에 보내시는 사역을 쉬지 않고 하고 계십니다. 보냄을 받는 것도 복이지만 나를 파송하시는 주님의 중심을 이해할 때 나 자신이 얼마나 소중한 존재인가를 다시 한 번 기억하면서 감사하게 됩니다. 나를 어느 곳에 보내시든지 능력을 주셔서 힘 있게 섬기고 봉사하게 하시며, 필요한 것을 공급해 주시는 하나님을 신뢰해야 합니다. 하나님께서는 반드시 우리가 하는 일에 위로를 주시고 안식을 주실 것입니다. 우리는 가서 섬기고 봉사하기만 하면 됩니다. 믿게 하거나 영접하도록 하는 사역은 성령님의 몫입니다. 우리가 가서 해야 할 사역은 바로 예수님께서 하신 것과 같이 회개의 복음을 전파하는 것입니다. 잘못된 것으로부터 돌이켜 하나님을 믿고 섬기도록 하는 일이며 마귀를 쫓아내고 병자들을 치료하는 일입니다. 하나님께서 주시는 말씀을 믿고 나아 갈 때 하늘의 능력을 주시고 모든 일을 잘 감당하게 하실 것입니다.

Chapter 11

인간의 이중성

(Human's duplicity)

마가복음 6:14-16

이에 예수의 이름이 드러난지라 헤롯 왕이 듣고 이르되 이는 세례 요한이 죽은 자 가운데서 살아났도다 그러므로 이런 능력이 그 속에서 일어나느니라 하고 어떤 이는 그가 엘리야라 하고 또 어떤 이는 그가 선지자니 옛 선지자 중의 하나와 같다 하되 헤롯은 듣고 이르되 내가 목 벤 요한 그가 살아났다 하더라 전에 헤롯이 자기가 동생 빌립의 아내 헤로디아에게 장가 든 고로 이 여자를 위하여 사람을 보내어 요한을 잡아 옥에 가두었으니 이는 요한이 헤롯에게 말하되 동생의 아내를 취한 것이 옳지 않다 하였음이라

유명한 책인 '지킬박사와 하이드'는 우리 인간의 이중성 혹은 양면성을 심리적으로 잘 그려낸 작품으로 알려져 있습니다. 인간의 내면 안에는 두 마음이 있고 그것이 서로 갈등을 일으키면서 우리의 행동과 태도를 주관하게 된다는 것입니다. 여러 가지 양면성이 있지만 결국은 사회, 도덕적 관념과 자기 욕망과의 싸움으로 압축할 수 있을 것입니다. 존 스토트는 '그리스도의 십자가'라는 책에서 지킬박사와 하이드의 마음을 다음과 같이 기록하고 있습니다. "우리 자신을 이해하는데는 대단한 분별력이 필요합니다. 나는 누

구인가? 나의 '자아'란 무엇인가? 그 답은 바로 내가 지킬과 하이드라는 것입니다. 하나님의 형상으로 지음을 받았고 재창조 받음으로 지니게 된 존엄성과 여전히 타락하고 반항적인 성품의 부패함을 동시에 가지고 있는 혼합된 나라는 녀석이라는 것입니다. 나는 고상하기도 하고 천하기도 하고, 아름답기도 하고 추하기도 하고, 선하기도 하고 악하기도 하고, 의롭기도 하고 비뚤어져 있기도 하고 하나님의 형상과 하나님의 자녀 됨이 있는가 하면 아직도 때때로 그리스도께서 그 마수에서 구원해 주신 악마에게 아부하며 충성을 바칠 때도 있습니다. 진정한 나의 자아는 창조에 의해 존재하게 된 것으로서 그리스도께서 회복케 하시기 위해서 오셨고 그의 부르심에 의해서 존재하게 된 것입니다. 나의 잘못된 자아는 인간의 타락으로 인한 것으로 그리스도께서 멸하시기 위해서 오신 것입니다. 우리 안에 있는 것이 무엇인지 우리가 분별할 때만 우리는 각자에 대해 어떤 태도를 취해야 하는지를 알게 됩니다. 우리의 진정한 자아에 대해서는 충실해야 하고 잘못된 자아에 대해서는 배반해야 합니다."

오늘 본문은 인간의 이중성을 드러내고 있는 비극적 이야기의 서론 부분입니다. 우리는 이 이야기 속에서 한 인간의 양면성을 발견하게 되고 잘못된 자아에 의해서 어떤 삶의 태도를 보였는지를 알 수 있습니다. 이를 통해 우리는 모든 행동의 출발점이 바로 마음이라는 것을 알 수 있게 될 것입니다.

분봉왕 헤롯

오늘 본문에 등장하는 인물은 예수님께서 활동하시던 당시 분봉왕으로 한 지역을 통치하던 헤롯입니다. 헤롯가의 통치는 BC 37년에 예루살렘을 함락시킴으로 시작이 되었고, 초대 유대의 왕이 바로 예수님 탄생 때에 어린 아기들을 살해한 헤롯대왕입니다. 본문에 등장하는 헤롯은 그의 뒤를 이어서 분봉왕이 되어 갈릴리와 사마리아를 통치한 헤롯 안디바입니다. 헤롯 안디바는 성격이 포악하고 미신에 빠져 있었습니다. 우리 주님께서는 그를 여우라고 표현할 정도로 교활하였으며, 그의 동생 빌립의 아내 헤로디아를 빼앗아 자기의 아내로 삼을 정도로 쾌락에 탐닉하고 있었습니다.

그는 예수님의 소문을 들으면서, 경계심과 더불어 미신적인 생각으로 굉장한 두려움을 가지고 있었습니다. 왜냐하면 예수님의 사역에 대한 소문이 자신이 통치하고 있던 갈릴리 온 지방을 발칵 뒤집어 놓았기 때문입니다. 안철수 열풍보다 천 배나 더한 것이었습니다. 그 지역의 사람들은 모이기만 하면 예수님에 관하여 이야기하였을 것입니다. 병자를 고치신 사건, 오병이어의 기적과 죽은 자를 살리신 사건 등 초자연적이고 신비로운 사역을 너무 많이 행하셨기 때문에 그 지역에 센세이션을 가져 온 것입니다. 그래서 헤롯은 예수님에 관한 소문을 듣고 자신이 처형한 세례요한이 부활한 것으로 착각했습니다. 14절에 **"… 헤롯이 듣고 가로되 이는 세례요한이 죽은**

자 가운데서 살아났도다 그러므로 이런 능력이 그 속에서 일어나느니라" 고 기록하고 있습니다.

세상을 호령할 정도의 권세를 가지고 있었지만 그는 하나님에 대한 신앙이 없었기 때문에 극히 인간적인 삶, 하나님의 뜻과는 정반대의 삶을 살았던 것입니다. 하나님 없이 가지는 권력이나 지위는 결국 다른 사람을 이롭게 하는 것이 아니라 피해를 가져오고 해악이 된다는 것을 기억해야 합니다. 정치권력뿐만 아니라 물질에 관한 것도 마찬가지입니다. 물질이 모두 하나님으로부터 왔다는 물질관을 가지고 살면 이웃과 사회 그리고 하나님 나라에 유익한 것이 되지만 자기의 탐욕에 의해서 그것에 마음을 빼앗기면 결과적으로 물질의 노예가 되고 맙니다.

그의 이중성

헤롯이 예수님을 죽은 세례 요한이 다시 살아난 것으로 생각했던 것은 자기가 세례 요한을 처형했기 때문입니다. 그는 세례 요한이 다시 살아나 자기에게 복수할 것이라는 두려움에 빠졌습니다. 사람들이 하나님의 말씀을 듣지 않으면 너무나도 미신적인 생각에 사로잡히게 됩니다. 이것은 배운 사람이나 그렇지 못한 사람이나 돈이 있는 부자나 가난한 자나 별 차이가 없습니다. 부산에 있는 한 백화점이 개점을 했는데 하루 동안에 빨간색 내의가 십억 원어치 팔렸다고 합니다. 그 이유를 들어 보니 가관이었습니다. 백화점이 개점할 때 빨간색 내의를 사면 재수가 좋다는 것입니다. 헤롯이 아는 최고의 선지자는 세례 요한이었습니다. 그런데 자기가 그를 처형했는데 또 누가 나타나 더 큰 능력을 나타낸다고 하니 세례 요한이 다시 살아났다고 생각하게 된 것입니다. 그는 자신이 한 행동이 나쁜 것인 줄 알았고 그것으로 인하여 벌이 온다는 것을 알고 있었지만 행동은 더 나쁜 쪽으로 향합니다.

우리는 여기서 헤롯이 가진 내면의 이중성을 발견하게 됩니다. 하나는 자기의 탐욕을 채우기 위한 나쁜 마음이며 다른 하나는 그렇게 하면 벌 받는다는 미신적인 윤리의식입니다. 사람들은 지킬과 하이드 같은 마음을 다 가지고 있습니다. 마음속에 상존하는 두 마음을 함께 가지고 있습니다. 사람마다 정도의 차이는 있을 수 있지만 모두가 다 함께 공유하고 있는 마음입니다. 우리는 욕심을 따라 살면 안 됩니다. 헤롯은 자기의 욕구와 욕망을 채우고자 하는 마음이 더 컸기 때문에 마음 속에 있는 사회윤리적인 마음을 팽개치고 만 것입니다. 우리는 그리스도가 죽으신 십자가 사건과 그의 부르심으로 하나님의 자녀가 되었고, 그 순간 의와 진리와 거룩함의 새사람이 되었습니다. 새사람의 마음은 바르게 살고자 하는 의지와 하나님의 형상을 닮아가려는 욕구로 나타납니다. 한편에는 타락함으로 생긴 온갖 탐욕이 내면에 함께 상존하고 있습니다. 이 두 가지 마음을 통제하고 바르게 살기 위해서는 말씀 앞에 서 있어야 하고 성령의 통치에 열려 있어야 합니다. 어떻게 하면 열려 있을 수 있을까요? 말씀으로 무장되고 성령을 사모함으로 충만함을 입을 때 가능한 것입니다. 이중적인 성품과 양면성이 하나님의 형상을 덧입어 가는 과정을 통해서 성화에 이르게 될 줄 믿습니다. 사도 바울은 이렇게 말씀하고 있습니다. 골 3:5-11에 **"그러므로 땅에 있는 지체를 죽이라 곧 음란과 부정과 사욕과 악한 정욕과 탐심이니 탐심은 우상 숭배니라. 이것들을 인하여 하나님의 진노가 임하느니라. 너희도 전에 그 가운데 살 때에는 그 가운데서 행하였으나 이제는 너희가 이 모든 것을 벗어 버리라 곧 분과 악의와 훼방과 너희 입의 부끄러운 말이라. 너희가 서로 거짓말을 말라 옛사람과 그 행위를 벗어버리고, 새 사람을 입었으니 이는 자기를 창조하신 자의 형상을 좇아 지식에까지 새롭게 하심을 받는 자니라. 거기는 헬라인과 유대인이나 할례당과 무할례당이나 야인이나 스구디아인이나 종이나 자유인이 분별이 있을 수 없나니 오직 그리스도는 만유시요 만유 안에 계시니라"**라고 말씀하고 있습니다. 그러므로 성도는 새 사람을 입은 자로 날마다 하나님의 형상을 좇아 지식에까지 새롭게 되는 은혜를 누릴 수 있도록 부지런히 기도하고 말씀 가운데 거해야 합니다.

그의 행동

사람의 행동은 철저하게 마음으로부터 비롯됩니다. 헤롯은 결국 자기 마음속에 있는 탐욕을 좇아서 동생의 아내를 빼앗아 왔고, 그것에 대해서 부당성을 제기 했던 세례요한을 투옥하고 잔칫날 하였던 잘못된 맹세와 약속 때문에 그를 무참히 살해하는 실수를 범하게 되었습니다. 좋은 밭에는 많은 수확이 있고, 좋은 나무에 좋은 과실이 맺히는 것이 자연의 원리라면 인간의 마음 밭에도 무엇이 심기어 있느냐에 따라서 그의 행동이 나타나게 되는 것입니다.

우리가 그리스도의 자녀들로서 말씀을 배우고 듣고 새겨야 하는 이유는 우리 마음을 옥토로 만들기 위함입니다. 옥토에 뿌려진 씨앗은 30배, 60배, 100배의 결실을 얻습니다. 예수님도 씨 뿌리는 비유를 통해서 사람의 마음의 밭을 진단하고 좋은 밭에서 풍성한 수확을 얻을 수 있다고 하셨습니다. 우리의 마음 밭에는 지금 무엇이 뿌려져 있고 무엇이 우리를 지배하고 있습니까? 성경에서 말씀하고 있는 좋은 성품입니까? 아니면 나쁜 성품입니까? 바울은 갈 5:19-23에서 **"육체의 일은 현저하니 곧 음행과 더러운 것과 호색과 우상 숭배와 술수와 원수를 맺는 것과 분쟁과 시기와 분냄과 당 짓는 것과 분리함과 이단과 투기와 술 취함과 방탕함과 또 그와 같은 것들이라 전에 너희에게 경계한 것같이 경계하노니 이런 일을 하는 자들은 하나님의 나라를 유업으로 받지 못할 것이요. 오직 성령의 열매는 사랑과 희락과 화평과 오래 참음과 자비와 양선과 충성과 온유와 절제니 이같은 것을 금지할 법이 없느니라"**라고 했습니다. 옛사람과 새사람이 추구하고 맺어가는 열매는 이렇게 확연하게 다릅니다. 우리의 행동방향을 결정하는 키가 바로 마음에 형성된 체계라는 것을 알 때 마음이 얼마나 중요한지를 알 수 있습니다. 우리는 그리스도로 회복된 새 마음의 질서, 의와 진리 거룩함을 이루도록 부단히 노력해야 할 것입니다.

그러므로 우리 자아 속에 있는 양면성을 살펴보면서 그리스도의 형상을 본받아 살기 위해 힘써 노력하여 나의 행동과 태도가 하나님과 사람 앞에서 흠과 티와 주름 잡힘이 없는 삶이 되시길 간절히 소망합니다. 예수님께서 마 7:17,18에 **"이와 같이 좋은 나무마다 아름다운 열매를 맺고 못된 나무가 나쁜 열매를 맺나니, 좋은 나무가 나쁜 열매를 맺을 수 없고 못된 나무가 아름다운 열매를 맺을 수 없느니라"**고 하셨고, 사도바울은 딛 3:15에서 **"또 우리 사람들도 열매 없는 자가 되지 않게 하기 위하여 필요한 것을 예비하는 좋은 일에 힘 쓰기를 배우게 하라"**고 권면하고 있습니다. 너무 나이가 들면 자아의 형성됨과 교정이 어렵기 때문에 어려서부터 끊임없는 훈련이 필요합니다.

Chapter 12

헤롯과 세례요한

(King Herot and Baptist John)

마가복음 6:17-29

전에 헤롯이 자기가 동생 빌립의 아내 헤로디아에게 장가 든 고로 이 여자를 위하여 사람을 보내어 요한을 잡아 옥에 가두었으니 이는 요한이 헤롯에게 말하되 동생의 아내를 취한 것이 옳지 않다 하였음이라 헤로디아가 요한을 원수로 여겨 죽이고자 하였으되 하지 못한 것은 헤롯이 요한을 의롭고 거룩한 사람으로 알고 두려워하여 보호하며 또 그의 말을 들을 때에 크게 번민을 하면서도 달갑게 들음이러라 마침 기회가 좋은 날이 왔으니 곧 헤롯이 자기 생일에 대신들과 천부장들과 갈릴리의 귀인들로 더불어 잔치할새 헤로디아의 딸이 친히 들어와 춤을 추어 헤롯과 그와 함께 앉은 자들을 기쁘게 한지라 왕이 그 소녀에게 이르되 무엇이든지 네가 원하는 것을 내게 구하라 내가 주리라 하고 또 맹세하기를 무엇이든지 네가 내게 구하면 내 나라의 절반까지라도 주리라 하거늘 그가 나가서 그 어머니에게 말하되 내가 무엇을 구하리이까 그 어머니가 이르되 세례 요한의 머리를 구하라 하니 그가 곧 왕에게 급히 들어가 구하여 이르되 세례 요한의 머리를 소반에 얹어 곧 내게 주기를 원하옵나이다 하니 왕이 심히 근심하나 자기가 맹세한 것과 그 앉은 자들로 인하여 그를 거절할 수 없는지라 왕이 곧 시위병 하나를 보내어 요한의 머리를 가져오라 명하니 그 사람이 나가 옥에서 요한을 목 베어 그 머리를 소반에 얹어다가 소녀에게 주니 소녀가 이것을 그 어머니에게 주니라 요한의 제자들이 듣고 와서 시체를 가져다가 장사하니라

악한 지도자의 이중성으로 인하여 의롭고 거룩한 사람이 희생양이 되는 경우를 종종 보게 되는데 그 대표적인 예가 바로 예수 그리스도입니다. 총독 빌라도는 자기의 자리를 지키고 유지하기 위해

무죄한 예수 그리스도를 십자가에 못 박도록 내어 놓았습니다. 그리고 오늘 본문에 등장하는 세례요한도 마찬가지입니다. 그는 헤롯의 부도덕한 삶을 지적하였다는 이유로 계집아이의 춤 값으로 희생되고 맙니다. 역사적으로 보면 히틀러의 총칼 앞에 당당히 자신의 목숨을 던진 독일의 양심 본 훼퍼(Dietrich Bonhoeffer)목사도 마찬가지입니다. 그는 국가 사회주의에 대한 저항과 혁명에 가담하며 평화를 위해 투쟁했고, 그의 저항은 교회를 바로잡는 것뿐만 아니라 시련에 처한 인류를 구하고 억압받은 사람들을 구조하는 행위였습니다. 그는 나치 체제를 전복시켜서 하나의 바람직한 국제 질서를 확립하기 위해 투쟁한 것이었습니다. 결국 그는 체포되어 옥살이를 하다가 세례요한처럼 1945년 플로센부르크 포로수용소에서 교수형에 처해져 결국 순교하는 종국을 맞이합니다. 오늘도 악한 지도자 밑에서 정직하고 의롭고 거룩한 사람들이 소리 없이 희생되는 경우가 많은 것을 보면서 본문에 등장하는 주인공 세례요한은 그들 보다 앞서 죽음으로 양심을 외치고 있고, 하나님의 공의와 도덕을 대변하고 있다는 사실을 알 수 있습니다. 이 시대는 이러한 믿음의 용기, 정의를 실천하는 사람들을 찾기가 참 어렵습니다.

세례 요한의 투옥(17-20)

오늘 본문 17절에 **"헤롯이 자기가 동생 빌립의 아내 헤로디아에게 장**

가 든 고로 이 여자를 위하여 사람을 보내어 요한을 잡아 옥에 가두었으니" 라고 기록하고 있습니다. 분봉왕 헤롯은 본시 아레다(Aretas IV) 왕의 딸과 결혼했습니다. 아레다 왕은 사해 남쪽에 위치한 나라이면서, 아랍 족속으로 이루어진 나바테야(Nabatea) 왕국을 다스리고 있었습니다. 말하자면 분봉왕 헤롯과 아레다 왕의 딸은 정략결혼을 한 셈이었습니다. 그러던 중 한번은 헤롯이 그의 이복동생 빌립의 집을 방문하게 되었습니다. 헤로디아의 남편인 빌립왕은 분봉왕 빌립과는 다른 인물입니다. 분봉왕 헤롯과 분봉왕 빌립, 그리고 오늘 본문의 빌립은 모두 헤롯 대왕의 아들들로서 서로 배다른 형제들이었습니다. 오늘 본문에 등장하는 빌립은 분봉왕이 아니었기 때문에 그에게는 다스릴 영토가 없었습니다. 따라서 그는 헤롯 대왕의 아들이기는 했지만 어쩔 수 없이 평민으로 살아가고 있었습니다. 빌립의 아내인 헤로디아는 헤롯대왕의 손녀였습니다. 그러니까 헤로디아는 자신의 이복 삼촌인 빌립과 결혼을 한 셈이었습니다. 그 두 사람 사이에 딸이 있었습니다. 역사가 요세푸스는 그녀의 이름을 살로메라고 밝히고 있습니다. 그가 바로 오늘 본문에 나오는 헤로디아의 딸입니다. 아무튼 빌립의 집에서 분봉왕 헤롯과 헤로디아가 서로 만나게 되었습니다. 그 즉시 두 사람 사이에 정이 통했습니다. 분봉왕 헤롯은 헤로디아의 외모에 끌렸습니다. 반면에 헤로디아는 분봉왕 헤롯이 가진 권력에 마음을 빼앗겼습니다. 결국 분봉왕 헤롯은 아레다 왕의 딸과 이혼했습니다. 그리고 헤로디아도 그의 남편 빌립과 이혼을 했습니다. 그리고 두 사람은 결혼했습니다. 그러니까 헤롯은 자기의 이복 조카와 재혼한 셈이고, 또한 헤로디아는 자기의 또 다른 이복 삼촌과 재혼한 셈이었습니다. 오늘 본문 17절 하반부를 보면, **"이 여자를 위하여"**라는 말씀이 나옵니다. 헤롯이 세례 요한을 감옥에 가둔 것은 헤로디아를 위한 것이었습니다. 그러면 왜 헤로디아는 그의 새 남편 헤롯에게 세례 요한을 잡아서 옥에 가두라고 요구했습니까?

본문 18절에 **"이는 요한이 헤롯에게 말하되 동생의 아내를 취한 것이 옳지 않다 하였음이라"**라고 말씀하고 있습니다. 여기에 헤로디아가 세례요한을 미워했던 이유가 설명되고 있습니다. 바로 세례요한이 헤롯을 책망하는 말을 했기 때문이었습니다. 여기서 '말하다' 라는 동사의 시제는 미완료형입니다. 이를 통해 세례 요한이 계속해서 반복적으로 헤롯을 책망했음을 알 수 있습니다. 곧 이어 세례요한이 분봉왕 헤롯을 책망한 내용이 나옵니다. "동생의 아내를 취한 것이 옳지 않다." 분봉 왕 헤롯은 해서는 안 될 일을 했습니다. 그는 자신의 이복 동생 빌립의 아내 헤로디아를 자기의 아내로 취한 것이었습니다. 출20:14을 보면 간음하지 말라고 말씀하시고, 출20:17을 보면 이웃의 아내를 탐내지 말라고 말씀합니다. 십계명에 나오는 말씀들입니다. 아울러 레18:16이나 레20:21을 보면 형제의 아내를 데리고 사는 것을 금하고 있고 그런 행위는 더러운 것이라고 했습니다. 이러한 성경 말씀들에 근거해서, 세례요한은 헤롯이 헤로디아에게 장가 든 것이 옳지 않다고 꾸짖은 것입니다. 이러한 충고 때문에 헤로디아는 그것을 두려워하면서 세례 요한이 떠들지 못하도록 감옥에 가두었습니다. 본문 19, 20절에서 **"헤로디아가 요한을 원수로 여겨 죽이고자 하였으되 하지 못한 것은 헤롯이 요한을 의롭고 거룩한 사람으로 알고 두려워하여 보호하며 또 그의 말을 들을 때에 크게 번민을 하면서도 달갑게 들음이러라"**라고 했습니다. 19절에 사용된 동사들 "원수로 여기다," "죽이고자 하되"도 미완료형입니다. 그러니까 헤로디아의 마음에는 세례 요한에 대한 원한이 깊이 뿌리를 박고 있었던 것입니다. 그래서 그는 세례요한을 계속해서 죽이려고 들었습니다. 그러나 그 뜻을 이루지 못했습니다. 그 이유가 20절에 나옵니다. 분봉왕 헤롯은 세례요한을 의롭고 거룩한 사람으로 알았습니다. 사실 세례요한은 의로운 사람으로서 아무런 잘못이 없었습니다. 또한 그는 거룩한 사람으로 하나님을 위하여 온전히 쓰임 받는 사람이었습니다. 그래서 헤롯은 세례요한을 두려워했습니다. 세례요한은 헤롯을 두려워하지 않았지만, 헤롯은 세례요한을 두려워했습니다. 하나님을 두려워하면 사람을 두려워하지 않습니다. 그러나 하나님을 두려워하지 않으면 사람을 두려워하게 마련입니다. 또한 헤롯은 세례요한을 보호했습니다. "두려워하다", "보호하다"도 모두 미완료형입니다. 그러니까 헤로디아가 세례요한을 해치려고 할 때마다 헤롯이 번번이 그를 두려워하면서 헤로디아의 손에서 그를 보호했던 것입니다. 물론 세례 요한의 외침은 사람들의 가려운 귀를 긁어주는 소리가 아니었습니다. 마3:7을 보면, 그는 자기에게 나아오는 바리새인들과 사두개인들을 향하여 이와 같이 외쳤습니다. **"독사의 자식들아 누가 너희를 가르쳐 임박한 진노를 피하라 하더냐?"** 세례요한이 헤롯에게 말할 때도 마찬가지였을 것입니다. 그는 헤롯이 헤로디아에게 장가 든 것이 옳지 못함을 지적하면서 회개에 합당한 열매를 맺으라고 촉구했을 것입니다. 그러하지 않을 경우에는 하나님의 진노가 임할 것임을 가차없이 선포했을 것입니다. 따라서 헤롯은 세례요한의 말을 들을 때에 크게 번민을 하면서도 인정할 수밖에 없었습니다. 헤롯이 그의 아내를 버린 것도 잘못이었으며, 헤로디아에게 장가 든 것도 잘못이었으며, 세례요한을 감옥에 가둔 것도 잘못이었기 때문입니다.

하나님 없는 사람은 하나님을 믿는 사람들의 옳은 행동에 대해서 두려움을 가지면서도 한편으로는 미워하고 죽이기까지 합니다. 그러나 우리는 그들을 두려워할 필요가 없습니다. 세례요한처럼 의롭고 거룩한 사람으로 살아가면 그 결과는 하나님께서 책임져 주십니다. 오직 하나님께 초점을 맞추고 살아갑시다. 그리하면 우리가 두려워할 사람은 이 세상에 아무도 없습니다. 오히려 세상 사람들이 우리를 두려워할 것입니다. 영과 육을 함께 멸하는 하나님을 두려워해야지 육만 죽이는 세상 권력자나 권세자들을 두려워해서는 안 됩니다. 그 이유는 세상 권력을 두려워하면 하나님께서 요구하시는 의롭고 거룩한 삶을 살 수 없기 때문입니다. 사도바울은 이렇게 우리에게 권면하고 있습니다. 고후 7:1에 **"그런즉 사랑하는 자들아 이 약속을 가진 우리가 하나님을 두려워하는 가운데서 거룩함을 온전히 이루**

어 육과 영의 온갖 더러운 것에서 자신을 깨끗케 하자." 그리고 사도요한은 계 14:7에 "그가 큰 음성으로 가로되 하나님을 두려워하며 그에게 영광을 돌리라 이는 그의 심판하실 시간이 이르렀음이니 하늘과 땅과 바다와 물들의 근원을 만드신 이를 경배하라 하더라." 라고 기록하고 있습니다.

헤롯 안디바의 생일잔치(21-26)

본문 21절에 "마침 기회가 좋은 날이 왔으니 곧 헤롯이 자기 생일에 대신들과 천부장들과 갈릴리의 귀인들로 더불어 잔치할새" 라고 기록하고 있습니다. 헤로디아는 세례요한을 죽이기 위해서, 호시탐탐 기회를 엿보며 칼을 갈고 있었습니다. 때마침 그에게 좋은 기회가 찾아왔습니다. 헤롯이 자기 생일을 맞이하여 큰 잔치를 배설한 것이었습니다. 헤롯은 그의 생일잔치에 많은 손님들을 초대했습니다. 그 때의 손님들은 세 부류였습니다. 첫째, 대신들입니다. 행정이나 세금 징수를 담당하는 자들입니다. 둘째, 천부장들입니다. 로마의 고급 군인들입니다. 셋째, 갈릴리의 귀인들입니다. 갈릴리에 사는 유대인들로서 막3:6에 나오는 헤롯당에 속하는 자들입니다. 헤롯의 왕궁은 갈릴리의 디베랴에 있었습니다. 그 곳은 공동묘지 위에 세워졌기 때문에 유대인들은 그 곳을 부정하게 여기고 그 곳으로 가기를 꺼려했습니다. 역사가 요세푸스는 이런 까닭에 그 때의 생일잔치가 베레아의 마케루스에서 열렸음을 밝히고 있습니다.

오늘 본문 22, 23절에 **"헤로디아의 딸이 친히 들어와 춤을 추어 헤롯과 그와 함께 앉은 자들을 기쁘게 한지라 왕이 그 소녀에게 이르되 무엇이든지 네가 원하는 것을 내게 구하라 내가 주리라 하고, 또 맹세하기를 무엇이든지 네가 내게 구하면 내 나라의 절반까지라도 주리라 하거늘"**이라고 기록하고 있습니다. 헤롯의 생일잔치는 부부동반의 건전한 모임이 아니었습니다. 오늘 본문에서 보는 바와 같이, 헤로디아도 그 자리에 없었습니다. 그러니까 헤롯의 생일잔치는 남자들만 모여서 한 번 진탕 즐겨보겠다는 식의 방탕한 술잔치였습니다. 어느 정도 주흥이 일어나면 으레 직업적인 무희들이 등장합니다. 그들은 관능적인 춤을 추어서 그 춤을 보는 이들을 기쁘게 합니다. 말하자면 성적 욕망을 자극시키는 것입니다. 그런데 뜻밖에도 그 때 헤로디아의 딸 살로메가 친히 들어왔습니다. 살로메는 그의 춤으로 헤롯과 그 자리에 함께 있는 자들을 기쁘게 했습니다. 왕의 딸이 그런 자리에서 외설적인 춤을 춘다는 것은 수치스러운 일이었습니다. 또한 헤로디아가 자기 딸을 그런 자리에 내보내서 춤을 추게 한 것도 수치스러운 일이었습니다. 아울러 비록 의붓딸이기는 했지만 헤롯이 살로메의 관능적인 춤을 보면서 기뻐했다는 것도 수치스러운 일이었습니다. 그러나 헤롯 일가의 사전에는 수치라는 단어가 없었습니다. 그들의 삶은 막장 드라마 그 자체였습니다. 살로메는 춤을 추면서 계속해서 헤롯에게 추파를 던졌을 것입니다. 헤롯은 기분이 좋아서 살로메에게 약속했습니다. "네가 원하는 것을 내게 구하라 내가 주리라." 곧 이어 헤롯은 맹세까지 했습니다. "무엇이든지 네가 내게 구하면 내 나라의 절반까지라도 주리라." 사실 헤롯은 분봉왕에 지나지 않았습니다. 나라의 절반이 아니라 그 십분의 일이라도 마음대로 할 수 있는 권한이 헤롯에게는 없었습니다. 모든 권한은 로마에 있었습니다. 그런데도 그는 자신을 한번 과시해보고 싶어서 허풍을 떨었던 것입니다.

본문 24,25절에 **"그가 나가서 그 어머니에게 말하되 내가 무엇을 구하리이까 그 어머니가 이르되 세례 요한의 머리를 구하라 하니, 그가 곧 왕에게 급히 들어가 구하여 이르되 세례 요한의 머리를 소반에 얹어 곧 내게 주기를 원하옵나이다 하니"**에서 살로메는 절호의 찬스를 잡게 됨을 살 수 있습니다. 살로메는 그의 어머니 헤로디아의 조종을 받고 있었습니다. 그래서 살로메는 나가서 헤로디아에게 자기가 무엇을 구해야 할지를 물었습니다. 헤로디아는 조금도 주저하지 않고 세례 요한의 머리를 구하라고 말했습니다. 살로메는 '곧' 왕에게 '급히' 들어갔습니다. 같은 의미를 나타내는 단어가 이중적으로 사용되어 일이 신속하게 이루어졌음을 강조하고 있습니다. 그러니까 술잔치의 흥겨운 분위기가 식어지기 전에 얼른 그 자리로 되돌아간 것입니다. 살로메는 헤롯에게 세례 요한의 머리를 소반에 얹어서 "곧" 자기에게 달라고 요구했습니다. 소반은 큰 쟁반을 가리킵니다. 더군다나 마14:8을 보면, "여기서" 그러니까 바로 그 자리에서 자기에게 달라고 요구했습니다.

본문 26절에 **"왕이 심히 근심하나 자기가 맹세한 것과 그 앉은 자들로 인하여 그를 거절할 수 없는지라"** 라고 기록하고 있습니다. 헤롯은 세례요한을 의롭고 거룩한 사람으로 알았습니다. 그래서 그동안 헤롯은 그를 두려워하여 그를 죽이려 하는 헤로디아로부터 줄곧 보호해 왔습니다. 그러던 중에 살로메가 너무도 끔찍한 요구를 하자 헤롯은 심히 근심할 수밖에 없었습니다. 헤롯은"살로메야! 네가 나에게 보석이나, 예쁜 옷이나, 값비싼 향유를 구하였다면, 나는 기꺼이 그것들을 네게 주었으리라. 그러나 너는 지금 내게 큰 악을 행하도록 요구하고 있다. 그런 요구는 내가 결코 들어줄 수 없다."하면서 살로메의 요구를 단호히 거절해야 했습니다. 그러나 헤롯은 두 가지 이유 때문에 살로메를 거절하지 못했습니다. 첫째, 그의 맹세 때문이었습니다. 원문에 맹세라는 단어가 복수형으로 쓰이고 있습니다. 그러니까 그는 여러 번 반복해서 맹세했던 것입니다. 둘째, 함께 앉은 자들 때문이었습니다. 그는 많은 사람들 앞에서 여러 번 공개적으로 맹세했습니다. 그런데 그 맹세를 어기면 그의 체통은 말이 아닐 것입니다. 그래서 그는 심히 근심을 하면서도 살로메의 요구를 들어주고 말았습니다. 다윗이 우리야의 아내를 빼앗았을 때 선지자 나단이 그를 찾아갔습니다. 그리고 다윗이 우리야의 아내, 밧세바를 취한 것이 옳지 않다고 책망했습니다. 그러자 다윗은 회개하고서 죄 사함을 받았습니다. 그러나 헤롯은 회개하지 않고 오히려 세례요한을 죽게 했습니다. 헤롯과 비슷한 사람이 있었습니다. 본디오 빌라도였습니다. 빌라도는 예수님에게서 아무런 죄를 찾지 못했습니다. 그러나 막15:15 말씀처럼, 빌라도는 무리에게 만족을 주고자 예수님을 넘겨주었습니다. 헤롯도 마찬가지였습니다. 그는 세례요한이 의롭고 거룩한 사람임을 알았습니다. 그럼에도 불구하고 그는 헤로디아와 살로메, 그리고 그 곳에 있는 모든 사람들에게 만족을 주고자 세례요한의 목을 베도록 명하고 말았습니다. 헤롯은 사람을 기쁘게 하고 사람에게 만족을 주고자 하다가 큰 악을 행하고 말았습니다. 사람에게 초점을 맞추지 맙시다. 세례요한처럼 언제나 하나님에게 초점을 맞추고, 하나님을 기쁘시게 하며, 하나님께 영광을 돌리면서 살기를 바랍니다. 신앙생활 하는 가운데서도 사람들의 비위를 맞추려고 하나님의 뜻을 어기는 어리석음을 범해서는 안 됩니다. 그러므로 그러한 일들이 일어나지 않도록 동기와 근원부터 차단해야 합니다. 자기의 쾌락과 부 그리고 권세를 위해서 믿음을 저버리는 어리석은 자들이 되어서는 안 됩니다.

세례요한의 처형(27-29)

오늘 본문 27,28절에 **"왕이 곧 시위병 하나를 보내어 요한의 머리를 가져오라 명하니 그 사람이 나가 옥에서 요한을 목 베어, 그 머리를 소반에 얹어다가 소녀에게 주니 소녀가 이것을 그 어머니에게 주니라"**라고 세례 요한의 최후 순간을 진술하고 있습니다. 살로메가 요구하는 대로, 헤롯은 "곧" 시위병 하나를 보냈습니다. 시위병은 왕을 경호하는 병사를 가리킵니다. 그 때 대신들도 천부장들도 갈릴리의 귀인들도, 아무도 만류하지 않았습니다. 그들 모두 세례요한을 죽이는 일에 가담한 셈이 되고 말았습니다. 막3:6 말씀대로, 헤롯당은 예수님을 죽이고자 했습니다. 따라서 예수님을 증거하는 세례요한은 그들에게 하나의 가시였을 것입니다. 그들은 먼저 헤롯의 손을 빌어서 세례요한의 목을 벴습니다. 그리고는 뒤이어 빌라도의 손을 빌어서 예수님을 십자가에 못 박았습니다. 아무튼 왕이 명하는 대로 시위병은 옥으로 가서 세례요한의 목을 베었습니다. 그는 세례요한의 머리를 소반에 얹어서 모든 사람들이 보는 앞에서 살로메에게 주었을 것입니다. 살로메는 그것을 들고 나가서 그의 어머니 헤로디아에게 주었습니다. 드디어 헤로디아는 자기의 원수를 갚았다고 생각하면서 한동안 의기양양했을 것입니다. 그러나 그것은 잠시뿐이었습니다. 얼마 뒤 나바테야 왕국의 아레다 왕이 쳐들어왔습니다. 자기 딸이 헤롯에게서 버림을 받은 것을 문책하기 위해서였습니다. 헤롯은 싸움에서 크게 패했습니다. 헤롯은 로마군에 의해서 가까스로 목숨을 건질 수 있었습니다. 그 후 로마의 황제 칼리굴라는 헤롯을 분봉왕의 자리에서 내쫓고, 멀리 귀양을 보냈습니다. 그래서 헤롯과 헤로디아는 귀양살이를 하다가 쓸쓸하게 죽었습니다. 물론 그것으로 끝나지 않았습니다. 헤롯과 헤로디아 그리고 살로메는 의롭고 거룩한 사람 세례요한을 죽였습니다. 그들은 큰 악을 행하여 하나님께 죄를 지었습니다. 따라서 그들의 영혼은 지옥에 떨어져서 영원토록 벌을 받아야만 할 것입니다.

오늘 마지막절 29절에 **"요한의 제자들이 듣고 와서 시체를 가져다가 장사하니라"**라고 기록하고 있습니다. 마11:2에서 보듯이, 세례요한은 옥에 갇혔어도 그의 제자들과 연락하고 있었습니다. 따라서 세례요한의 제자들은 세례요한이 목 베임을 당했다는 사실을 곧 알게 되었을 것입니다. 그들은 분명 세례요한이 갇혀있던 마케루스로 달려왔을 것입니다. 예수님이 십자가에 달려 돌아가셨을 때입니다. 아리마대의 부자 요셉이 빌라도에게 와서 예수님의 시체를 달라고 했습니다. 세례요한이 목 베임을 당했을 때도 마찬가지였을 것입니다. 세례요한의 제자들은 헤롯에게 와서 그의 시체를 달라고 했을 것입니다. 그들은 헤롯의 허락을 받아 목이 잘린 세례 요한의 시체를 가져다가 무덤에 장사했습니다. 그리고 난 후 마14:12 말씀대로, 그들은 예수님에게 가서 그 모든 사실을 아뢰었습니다. 그리고는 분명 그 길로 그들은 예수님의 뒤를 따랐을 것입니다. 세례요한은 목 베임을 당했습니다. 그러나 그의 목을 벤 헤롯까지도 그가 의롭고 거룩한 사람인 줄 알았습니다. 눅7:28을 보면 예수님도 그를 인정하시면서 **"여자가 낳은 자 중에 요한보다 큰 자가 없도다"**라고 말씀하셨습니다. 세례요한은 오직 하나님만 바라보면서 선한 싸움을 싸우고 달려갈 길을 마쳤습니다. 그러므로 그는 주 곧 의로우신 재판장이신 그리스도께서 주시는 의의 면류관을 받고, 영원토록 하늘

나라에서 하나님과 함께 있게 되었습니다. 세상 사람들은 헤롯처럼, 헤로디아처럼, 살로메처럼 살아갑니다. 그러다가 그들은 영원한 불 못에 던져질 것입니다. 우리는 세례요한처럼 하나님 앞에서 늘 의롭고 거룩하게 삽시다. 그리해서 우리 모두 하나님께로부터 칭찬을 받으며 크고도 영원한 상을 받기 바랍니다.

성경을 통해 우리는 옳은 삶을 추구할 뿐만 아니라 다른 사람들과 조직체에 대해서도 잘못된 것은 책망하고 시정해 주어야 한다는 것을 알 수 있습니다. 방관하면 동조죄를 짓는 결과를 가져오게 됩니다. 특히 지도자들은 더 높은 윤리의식과 도덕 그리고 성숙한 신앙의 모습으로 노블리스 오블리제(Noblesse Oblige)의 정신을 실천해야 합니다. 그리고 인간적인 자기 욕망을 채우기 위해 바르고 정직하게 사는 사람을 권력이나 돈이나 쾌락으로 매수하거나 희생시켜서는 안 됩니다. 그리고 마지막 순간에도 깨끗하게 죽을 수 있어야 합니다. 아부하거나 타협하다가 비열하게 죽는 것보다 깨끗하게 죽을 때 그 이름이 길이 천국에서 해같이 빛나게 될 것입니다. 오늘의 세례요한으로서 정의와 용기를 가지고 사는 그리스도인들이 되시기를 간절히 소망합니다.

Chapter 13

쉼과 바른 안내

(Rest and guidance)

마가복음 6:30-34

사도들이 예수께 모여 자기들이 행한 것과 가르친 것을 낱낱이 고하니 이르시되 너희는 따로 한적한 곳에 가서 잠깐 쉬어라 하시니 이는 오고 가는 사람이 많아 음식 먹을 겨를도 없음이라 이에 배를 타고 따로 한적한 곳에 갈새 그들이 가는 것을 보고 많은 사람이 그들인 줄 안지라 모든 고을로부터 도보로 그 곳에 달려와 그들보다 먼저 갔더라 예수께서 나오사 큰 무리를 보시고 그 목자 없는 양 같음으로 인하여 불쌍히 여기사 이에 여러 가지로 가르치시더라

부지런히 일한 사람에게는 절대적으로 쉼이 필요합니다. 쉼은 새로운 도약을 위한 일보후퇴와 같습니다. 힘찬 전진을 위해서 후퇴가 필요하다는 것은 어린 아이들이 타는 그네를 보면 알 수 있습니다. 그네는 두 줄이 기둥에 묶여져 뒤로 앞으로 가는 놀이 기구인데 앞으로 많이 가기 위해서는 뒤로 더 가야 중심축에서 위로 더 올라갈 수 있습니다. 우리가 사는 현실은 참 피곤하기도 합니다. 여유가 없을 정도로 정신없이 움직입니다. 실제 하루를 25시간처럼 사는 사람들은 뒤로 물러나 한적한 곳에 가서 쉴 필요가 있습니다. 재충

전을 통해서 새로운 에너지로 세상을 살면 더 효율적일 수 있습니다. 하나님께서는 6일 동안 세상을 창조하시고 일곱째 날에는 자신도 쉬시면서 인류에게 안식을 주셨습니다. 주일은 우리가 영육 간에 쉼을 통해 충전하는 기회입니다. 충분한 충전이 이루어질 때 6일 동안 힘 있게 일할 수 있습니다.

오늘 본문의 내용은 우리 주님께서 쉼과 더불어 방황하는 백성들에게 올바른 목적과 방향을 지시해 주시면서 그들을 충족시켰던 사실을 보여 주고 있습니다.

현실과 쉼

지난번에 우리가 살펴본 바대로 6:7-14에 예수님께서 12제자들을 두 명씩 짝지어 여러 마을과 동네로 파송했습니다. 파송 받은 제자들은 나름대로 부르심에 충실하게 사역을 감당했습니다. 그들은 돌아와서 그 결과를 예수님께 보고했습니다. 오늘 본문 30절에 보니 **"사도들이 예수께 모여 자기들이 행한 것과 가르친 것을 낱낱이 고하니"**라고 기록하고 있습니다. 그들은 가서 복음을 전하며, 병 고치는 사역과 귀신을 내어 쫓는 능력을 행했습니다. 잘 되는 마을도 있었지만 배척하는 곳도 있었을 것입니다. 그러나 사람들이 모이는 곳에는 어디서나 하늘 메시지를 가지고 가르치는 사역을 했습니다.

부지런히 시간을 아껴가며 아직 천국과 예수님에 대한 소문만 듣고 내용을 잘 모르는 사람들에게 상세하게 가르치는 사역을 했습니다. 제자들의 태도는 파송한 분에 대한 기본적인 예의였습니다. 그들이 가서 순종하여 사역을 행했지만 그 결과를 주님께 보고 드린 것은 너무나 상식적인 것입니다. 물론 그들의 사역 현장에서 일어난 일에 대해 자랑하고 싶은 마음도 없지 않았지만 부르시고 보내신 주님께 대한 최소한의 예의를 지켜야 한다는 생각으로 상세하게 보고 했던 것입니다.

오늘 성도들은 세상으로 보냄을 받은 제자들입니다. 사역과 교육에 충실해야 합니다. 가정에서, 직장에서, 사회에서, 우리가 해야 할 사역이 분명 정해져 있습니다. 먼저 아직 듣지 못한 자들에게 복음을 전해야 합니다. 피 묻은 복음이 가슴마다 전해지도록 전파자로 우리를 불러 주셨습니다. 기쁜 소식을 가슴에 품은 자, 감격한 자는 전하지 않고는 견딜 수 없습니다. 그리고 우리를 부르시고 훈련시켜 주신 아버지 하나님의 뜻을 바로 파악한 사람은 반드시 전하고자 하는 열망으로 가득 차게 됩니다. 열심히 전할 때 귀신이 떠나가고 하나님의 초자연적인 능력이 나타나게 됩니다. 그리고 가정에서, 교회의 그룹(주일학교와 목장)에서 하나님의 말씀을 잘 가르쳐야 합니다. 또한 여러분들이 속한 직장에서 시간을 할애하여 하나님의 말씀을 배우고 싶은 분들에게 가르치는 일을 할 수 있어야 합니다. 그렇게 하기 위해서는 먼저 배워야 합니다. 세상 사람들은

'배워서 남 주나' 하면서 열심히 자기 자신을 위해서 배우지만, 성도들은 '배워서 남 주기' 위해 부지런히 배워야 합니다. 배우지 않으면 가르칠 수 없습니다. 제자들은 주님 곁에서 보고 배웠습니다. 그렇기 때문에 나가서 두 명이 한 조가 되어 열심히 가르칠 수 있었습니다. 실제로 우리는 배우고 가르치는 사역을 언제 어디서나 감당할 수 있어야 합니다.

이렇게 열심히 일한 사람에게는 쉼이 필요합니다. 왜냐하면 일을 하다 보면 지치고 피곤하기 때문입니다. 보고를 받은 주님은 31절에서 **"너희는 따로 한적한 곳에 가서 잠깐 쉬어라"**고 하시면서 식사할 겨를도 없이 바쁜 사랑하는 제자들에게 쉴 것을 주문하십니다. 이것은 우리 주님의 큰 사랑이며 배려였습니다. 주의 일로 분주하고 힘겨운 제자들에게 쉼을 주신 것입니다. 일반적으로 우리는 일을 많이, 그리고 쉬지 않고 하면 더 많은 것을, 더 좋은 것을 얻을 수 있을 것이라고 생각합니다. 그러나 분주함은 실수를 낳을 수 있고, 쉼 없이 일하는 것은 일의 능률을 떨어뜨릴 수 있습니다. 쉼도 일의 한 부분입니다. 지혜로운 사람은 쉴 때 잘 쉼으로써 일을 더 매끄럽게 할 수 있습니다. 수능을 앞둔 고 3학생이 일주일 내내 잠도 자지 않고 공부한다고 해서 시험을 잘 볼 수 있겠습니까? 오히려 졸음이 오고 정신이 몽롱해져서 시험을 망칠 수 있습니다. 그러므로 적절히 쉬는 것이 일하는 것보다 더 중요하다고 할 수도 있습니다. 서론에서 말씀 드린바 대로 열심히 일하여 지친 사람에게는 반드시 쉼이 필요합니다. 쉼은 게으름이 아니고, 낭비도 아닙니다. 일 중독자들은 일에 미쳐서 도무지 쉬지 않고 나중에 가서 탈진하고 맙니다. 그러나 시간을 잘 안배해서 쉼과 노동의 조화를 잘 이루면 일에 능률도 오르고 육체적으로 안정과 건강을 유지할 수 있습니다. 오늘 우리는 양극단의 사람들을 보게 되는데 한쪽은 너무나 게으른 사람들이고 다른 한쪽 부류는 쉼도 없이 일하는 일 중독자들입니다. 제가 아는 한 교수님은 일에 미친 사람입니다. 가정도 잘 돌보지 않고 일하면서 언제 어디서나 일에 도취되어 있습니다. 가족들의 원성과 불평불만이 말이 아닌 것을 들은 적이 있습니다. 시간과 자기 에너지를 조화롭게 분배하여야 하며, 쉼이 필요한 것입니다. 우리 주님은 우리의 육체와 영혼의 상태를 너무나 잘 아시기 때문에 쉬도록 명령하고 계시는 것입니다. 많은 사람들이 찾아오다 보니 일할 것이 많고 식사할 시간도 없이 분주했으니 주님께서는 배를 타고 벳세다로 가서 안식을 취할 것을 부탁하신 것입니다.

오늘날도 우리 주님은 말씀을 통해서 성도들이 7일 중에 하루인 주일을 쉬도록 하시고 일 년에 한 두 차례 휴가를 통해서 재충전하시기를 원하십니다. 늘 노는 사람에게는 안식이 별 의미가 없지만 부지런히 최선을 다해서 일한 사람에게 안식은 꿀맛과 같은 것입니다. 주일날 교회당에 와서 말씀을 듣고 예배하면 우리의 지친 영육간의 피로와 상처가 치료되고 활기와 새 힘을 얻어 충전이 되는 것입니다. 주일에 와서 예배하는 것을 부담스럽게 여기면 여러분의 영혼이 고갈되어 탈진 상태에 빠지고 육체도 힘을 잃고 게으른 상태에서 허약하게 됩니다. 운동하는 사람들의 한결 같은 목소리는 피곤할수록, 일이 힘들수록 운동을 해야 에너지가 생긴다는 것입니다. 옳은 말씀이며, 성도들의 삶도 마찬가지입니다. 6일 동안의 일이 너무 힘들고 지칠수록 주일에 와서 하나님께 예배해야 새 힘을 얻고 육체적인 건강을 회복할 수 있습니다. 그리고 가족들과 함께 한 주간씩 시간을 내어 휴가를 보내면 육체적, 정신적 건강에 보이지 않는 유익을 얻게 됩니다. 성경의 핵심인 십계명의 제 4계명은 **"엿새 동안은 힘써 네 모든 일을 행 할 것이나"**(출20:9) 라고 말함으로 노동을 명하였고, 그것은 안식일의 쉼과 직결되어 있음을 알 수 있습니다. 노동은 하나님의 명령이고 개인의 삶의 수단으로써의 가치인 동시에 하나님과의 관계성을 회복하는 일에 직결되어 있습니다. 안식일은 6일간의 노동의 완성에 바탕을 두고 있어야만 진정한 휴식으로써의 가치를 찾을 수 있습니다. 그리고 그 휴식을 통하여 인간은 하나님 앞으로 나아가야만 하는 것입니다. 6일간의 노동을 충실히 수행함으로 사회가 건전하여지고, 경제적인 부를 누리는 축복을 성취할 수 있습니다. 뿐만 아니라 안식은 영원한 하나님의 나라의 안식과 직결된다는 것을 잊어서는 안 됩니다. 우리는 하나님의 나라에서 영원한 안식을 누릴 것을 이 땅에서 일하면서 쉬는 쉼에서 경험하며 그 나라에서 지속될 것을 소망하는 것입니다.

주님은 오늘 저와 여러분들에게 **'한적한 곳으로 가서 잠깐 쉬어라'**

고 말씀하십니다. 제자들은 배를 타고 한적한 곳으로 가서 쉬게 되는데 사람들이 그들이 가는 것을 알고 미리 와서 대기하고 있었습니다(32,33). 그러나 설레는 마음으로 배를 타고 가는 제자들의 휴가 길이 편안한 것만은 아니었습니다. 이미 사람들은 제자들이 행한 것을 보았고 열광했습니다. 그래서 본문은 **"그들이 가는 것을 보고 많은 사람이 그들인 줄 안지라 모든 고을로부터 도보로 그 곳에 달려와 그들보다 먼저 갔더라"**고 말합니다. 사람들은 무언가 더 많은 것을 요구합니다. 더 특별한 것을 원합니다. 그래서 줄줄이 몰려갔습니다. 제자들의 뱃길여행보다 더 빨리 달려 제자들의 휴가지로 몰려든 것입니다. 이제 좀 쉬면서 피로를 풀고 새로운 일을 위해 힘을 충전하려 했지만 정작 기다리고 있는 것은 '쉼' 이 아니라 사람들로 장사진이 된 혼란이었습니다. 사람들은 지도자들을 쉬지 못하게 합니다. 그럴수록 우리는 쉼을 찾아야 합니다. 만일 일 중독자가 되면 일에 파묻혀 스스로 무너지며 망가지고 맙니다. 주일에 와서 한 번 재충전하는 것도 우리의 삶에 엄청난 활력이 될 줄 믿습니다. 오늘도 삶에 지쳐있는 여러분들에게 주님이 쉼을 주십니다. 수고하고 무거운 짐 진 자가 주님께 나아오면 주님이 쉼을 주십니다. 물론 이 쉼은 최선을 다한 후에 얻는 것이어야 합니다. 주님이 "한적한 곳에 가서 쉬어라" 말씀하신 것은 제자들이 온 힘을 기울여 사역을 마친 후였습니다. 쉼은 힘써 일한 사람에게야 진정으로 달콤하고 가치가 있습니다. 그런 점에서 보면 오늘 본문의 제자들은 참으로 귀한 쉼을 얻었습니다. 우리가 주님께 나아오기만 한다면 진정한 영육간의 쉼을 얻게 될 줄 믿습니다.

목자 없는 양

제자들에게 천국 복음을 듣고 또한 능력을 행하는 기적들을 보면서 군중들은 주인공 되신 그리스도에게 몰려 왔습니다. 그 동안 한 번도 경험해 보지 못한 신기한 일들을 경험한 사람들은 예수님에 대한 소식을 제자들로 인하여 듣고 몰려 왔습니다. 오늘 본문 34절을 보면 예수님께서 그 많은 사람들을 보시고 그들을 **"목자 없는 양 같음으로 인하여 불쌍히 여기셨다"** 기록합니다. 주님께서 보시기에 그에게 몰려 온 사람들은 목자 없는 양 같았습니다. 그 이유가 무엇이었을까요?

목자 없는 양은 길을 잃고 굶주려 죽거나 맹수의 밥이 됩니다. 양은 특성상 자기 스스로 적들을 물리치거나 자생할 수 없습니다. 철저히 의존적이기 때문에 목자가 없이는 살아남을 수가 없습니다. 예수님 당시 사람들이 바로 그런 상태였습니다. 그들에게 하나님의 말씀을 선포하고 그들로 하여금 대적을 물리치도록 선지자와 사사들을 일으키셨던 것은 오래 전 일이었습니다. 이때는 백성들을 바르게 인도하고 지도하던 선지자가 끊어진 지 400년이나 지난 때였습니다. 사람들은 로마의 식민 통치 아래서 각종 세금으로 수탈당하였고 세리들에게 착취당했습니다. 왕은 로마와 고위 관료들의 눈치만을 보았으며 백성들의 삶에는 무관심했습니다. 바리새인들과 서기관들, 그리고 성전의 제사장들은 율법과 장로들의 유전을 내세우며 백성들을 진리로 자유케 하기보다는 오히려 갈수록 옭아맸습니다. 잠시 마지막 선지자로서 그들의 주목과 추앙을 받았던 세례 요한마저 왕궁의 파티에서 맥없이 목 베임을 당하였습니다. 사람들은 희망을 잃었습니다. 어느 곳을 둘러보아도 도와주는 이는 없고 착취와 압제뿐이었고 혼란과 피폐함만 있었습니다. 종교적 압박과 사회의 속임수가 사람들의 삶을 힘겹게 했습니다. 그런데 그들 앞에 새로운 일이 벌어진 것입니다. 주님의 말씀과 제자들의 사역이 바로 그것입니다. 그들에게 희망이 생겼습니다. 물에 빠진 사람이 지푸라기라도 잡듯이 그들은 필사적으로 주님과 제자들을 좇았습니다. 주님께서는 그들을 보시고 불쌍히 여기셨습니다. 목자 없는 양같이 애타며 갈급한 그들의 모습을 불쌍히 여기셨습니다. 여기 '불쌍히 여기심' 은 헬라어로 에스프랑크니스(ἐσπλαγχνίσ)인데 '깊이 동정하다' 라는 의미입니다. 목자가 없어 무엇이 참이고 무엇이 거짓인지, 무엇이 생명의 길이고 무엇이 죽음의 길인지 분별치 못하여 우왕좌왕함을 안타깝게 여기시며 그들의 처지를 깊이 동정하신 것입니다. 어쩌면 진리이신 주님 자신보다는 그저 기적에 흥분하여 몰려드는 것을 측은히 여기셨는지도 모릅니다. 주님께서 목자 없는 양 같음을 불쌍히 여기신 것은 구약의 말씀 렘23:3-4을 성취하신 것입니다. **"내가 내 양 떼의 남은 것을 그 몰려갔던 모든 지방에**

서 모아 다시 그 우리로 돌아오게 하리니 그들의 생육이 번성할 것이며 내가 그들을 기르는 목자들을 그들 위에 세우리니 그들이 다시는 두려워하거나 놀라거나 잃어버리지 아니하리라."

주님께서는 오늘도 자기 백성들의 애타는 것을 아십니다. 갈급함을 불쌍히 여기십니다. 이 땅의 백성들이 목자 없는 양같이 방황하며 이리저리 휩쓸리는 모습을 불쌍히 여기십니다. 오늘 우리 사회의 정치적 혼란, 경제적 어려움, 윤리와 도덕의 기준이 붕괴됨, 기성세대의 지도력 부재, 청년들의 실업으로 인한 미래의 불확실성, 자녀들의 방황 그리고 교회의 바른 신학과 신앙의 기조가 흔들림 등 이러한 혼돈의 때에, 방황의 때에, 먼저 하나님의 자녀가 되어 주님 안에서 쉼을 얻고 있는 우리는 사람들에게 말해야 합니다. '당신의 참 목자가 있습니다. 예수 그리스도, 바로 당신을 위해 십자가에서 죽으시고 부활하신 분, 심판의 주로 오실 주님입니다.' 목자 없는 양 같이 방황하며 우왕좌왕하는 이웃들에게 선한 목자이신 주님을 증거해야 할 것입니다. 방황을 잃어버린 자들에게 절실한 것은 올바른 목표의식입니다. 올바른 길을 선택하도록 인도하는 것이 무엇보다 필요합니다. 우리를 죽음으로 인도하는 것은 절망인데 절망의 근원은 바로 목적의식을 잃어버린 결과에서 비롯됩니다. 목표만 바로 정립이 되면 그 어떤 어려움도 이겨낼 수 있고 극복할 수 있습니다. 우리의 영원한 목자이신 주님은 방황하는 인생의 푯대입니다.

가르치시는 예수님

본문 34절 하반절에 **"이에 여러 가지로 가르치시더라"**라고 마무리하고 있습니다. 목자 없는 양 같은 사람들을 불쌍히 여기신 주님께서 그들의 나아갈 길과 행할 바를 가르치셨습니다. '가르치다'는 동사는 헬라어로 디다스케인(διδασκειν)으로 교육하는 것을 의미합니다. 하늘의 메시지로 청중들을 교육하시고 훈육하신 것을 뜻합니다. 그 내용은 여러 가지였지만 핵심은 천국 복음이었습니다. 오늘의 복음서를 기록한 마가는 주님께서 기적을 행하심으로 그들을 만족시켰다고 기록하지 않았습니다. 그들을 가르치셨다고 말합니다. 방황의 근본 요인이 말씀의 부재에서 비롯되었음을 아시는 주님께서는 말씀을 들어도 깨닫지 못하고 있는 그들, 인간의 몸을 입고 자기 곁에 계신 하나님을 알아보지 못하는 그들을 가르치셨습니다. 주님께서는 먹을 것이 없어 주림보다, 물이 없어 갈함 보다, 육체의 연약함보다, 그들에게 더 긴요한 것이 말씀임을 아셨습니다. 청중들은 예루살렘의 종교지도자들에게서 하나님의 말씀을 듣지 못했습니다. 그들에게서는 도무지 하나님의 사랑을 발견할 수 없었습니다. 하나님께 대한 참된 믿음을 배우지 못했습니다. 암 8:11-13에 **"주 여호와께서 가라사대 보라 날이 이를찌라. 내가 기근을 땅에 보내리니 양식이 없어 주림이 아니며 물이 없어 갈함이 아니요 여호와의 말씀을 듣지 못한 기갈이라. 사람이 이 바다에서 저 바다까지, 북에서 동까지 비틀거리며 여호와의 말씀을 구하려고 달려 왕래하되 얻지 못하리니**

그 날에 아름다운 처녀와 젊은 남자가 다 갈하여 피곤하리라" 라고 기록하고 있습니다. 바로 이 말씀이 오늘 본문 속의 사람들의 모습입니다. 참으로 사람들에게는 하나님의 말씀이, 천지를 지으시고 주관하시는 여호와 하나님의 말씀이 필요했습니다. 말씀이 육신이 되어 오신 주님의 사랑이 필요했습니다. 주님께서는 그것을 가르치셨습니다.

오늘 우리 시대에도 홍수처럼 쏟아지는 말씀 앞에서 방황하며 유리하는 사람들이 참 많습니다. 이 교회, 저 교회 옮겨 다니면서 올바른 말씀을 듣기 위해 방황하는 성도들이 많습니다. 이러한 때에 우리는 주님께서 가르치시는 교훈을 받아야 합니다. 사람들의 말이 아닌 하나님의 말씀을 받아야 합니다. 그렇게 하기 위해서 성경을 많이 읽어야 합니다. 그리고 경건의 시간을 생명처럼 여기고 묵상하고 기도해야 합니다. 한 자매는 성경은 읽지 않고 한 목사님 말씀에만 목을 매고 있었습니다. 이런 까닭에 가르치는 목사의 말이 진리인 줄 알고 잘못된 길로 가는 것을 보았습니다. 그 후로는 바른 말씀을 전해도 바로 알아듣지를 못했습니다. 바른 말씀, 주님의 직접적인 성경 말씀에 목숨을 걸어야 합니다. 우리 주님의 말씀은 진리이며 생명입니다.

그 주님께서 오늘 예배하는 저와 여러분에게도 주님 자신이 쉼을 주시는 분이요, 양식이 되시며, 영원히 목마르지 않을 생수가 되심을 가르쳐 주십니다. 참 안식을 주시는 주님을 기억하고 수고하고 무거운 짐 진 자들이 주님으로 인해 참 평안과 쉼을 누릴 수 있게 되기를 소망합니다. 우리 주님은 여러분과 저의 참된 목자이며 목자장이십니다. 우리는 모두 다 목자의 음성을 들어야 합니다. 한 마리의 잃은 양이라도 포기하지 않고 찾으시는 목자이신 주님의 사랑을 깨달아야 합니다. 다윗의 노래처럼 고백해야 합니다. **"여호와는 나의 목자시니 내게 부족함이 없으리로다. 그가 나를 푸른 풀밭에 누이시며 쉴 만한 물 가로 인도하시는도다. 내 영혼을 소생시키시고 자기 이름을 위하여 의의 길로 인도하시는도다. 내가 사망의 음침한 골짜기로 다닐지라도 해를 두려워하지 않을 것은 주께서 나와 함께 하심이라 주의 지팡이와 막대기가 나를 안위하시나이다"**(시23:1-4). 그러므로 먼저 목자를 알았고 목자를 찾은 우리는 말씀을 따라 목자이신 그리스도 예수를 믿고 따르는 믿음의 터 위에 굳게 서서 더 이상 목자 없는 양같이 방황하거나 흔들리지 말고 계속 성장하여 다른 사람들에게 바른 길을 안내하는 하나님의 자녀들이 되어야 할 것입니다.

Chapter 14

오병이어의 기적

(Jesus feeds the five thousand)

마가복음 6:35-44

때가 저물어가매 제자들이 예수께 나아와 여짜오되 이 곳은 빈 들이요 날도 저물어가니 무리를 보내어 두루 촌과 마을로 가서 무엇을 사 먹게 하옵소서 대답하여 이르시되 너희가 먹을 것을 주라 하시니 여짜오되 우리가 가서 이백 데나리온의 떡을 사다 먹이리이까 이르시되 너희에게 떡 몇 개나 있는지 가서 보라 하시니 알아보고 이르되 떡 다섯 개와 물고기 두 마리가 있더이다 하거늘 제자들에게 명하사 그 모든 사람으로 떼를 지어 푸른 잔디 위에 앉게 하시니 떼로 백 명씩 또는 오십 명씩 앉은지라 예수께서 떡 다섯 개와 물고기 두 마리를 가지사 하늘을 우러러 축사하시고 떡을 떼어 제자들에게 주어 사람들에게 나누어 주게 하시고 또 물고기 두 마리도 모든 사람에게 나누시매 다 배불리 먹고 남은 떡 조각과 물고기를 열두 바구니에 차게 거두었으며 떡을 먹은 남자는 오천 명이었더라

열심히 일한 사람에게 먹을 것과 안식이 필요한 것은 너무나 당연한 것입니다. 그러나 게으른 사람에게는 먹을 것을 주지 말라고 했습니다. 살후 3:10에 **"우리가 너희와 함께 있을 때에도 너희에게 명하기를 누구든지 일하기 싫어하거든 먹지도 말게 하라."** 그러나 열심히 일한 사람에게는 먹을 것이 적고, 놀고 게으른 사람은 풍성하게 먹을 것이 많은 반대현상을 현실에서 보기도 합니다. 그래서 세상은 공

평하지 않다고 말합니다. 불공평한 것 때문에 현실을 부정하고 불만과 불평 속에 세월을 허송하며 사는 사람들도 없지 않습니다. 일할 자리가 없어서 먹을 것이 없는 사람도 있지만, 험한 일(3D)을 하지 않고 편한 일을 하려고 하다 보니 일할 수 있는 기회를 놓치는 경우도 많습니다. 성경은 일하지 않는 사람에게는 먹지도 말라고 경고하고 있지만 근원적으로 먹을 것이 없는 빈자들에게는 부유한 자가 나누어 주어야 할 것을 주문하고 있습니다. 주님께서는 굶주림과 허기에 차 방황하는 군중들을 초자연적인 기적을 통해서 풍성하게 먹이십니다.

오늘 본문의 내용은 굶주린 군중들의 의식주 문제를 우리 주님이 해결해 주시는 기적을 보여 주고 있습니다.

큰 무리

오병이어의 기적은 4개 복음서 모두에 나오는 유일한 사건입니다. 이 사건은 교회에 다니는 사람이라면 다 들어보았을 만한 중요한 기적입니다. 본문에 기록된 보리떡은 헬라어 '크리디노스'(Κριθινους)인데 '보리로 만든 것' 이라는 뜻입니다. 팔레스타인의 대표적인 곡물은 밀과 보리입니다. 그 중에 보리는 주로 가난한 백성의 양식이었습니다. 밀은 비교적 넉넉한 사람이 먹었고, 하나님께 바치는 곡물도 밀가루였습니다. 어린 아이가 내어 놓은 떡이 보리떡이었다는 것은 아 아이의 가정이 가난했다는 것은 짐작하게 하는 대목입니다. 저는 농촌에서 가난한 농부의 여덟 번째 아들로 태어나 고등학교 시절까지 소위 보릿고개의 배고픔을 몸소 체험하며 자랐습니다. 봄부터 가을에 벼를 추수하기 전까지 보릿고개를 겪었는데 그 때의 주식이 바로 꽁보리밥이었습니다. 밀농사도 지었지만 아마 그것은 도시의 좀 넉넉한 사람들이 먹었던 것 같습니다. 그 시대를 지나 지금 우리 민족이 세계 여러 나라들 중에 잘 사는 나라가 된 것과 한국교회가 이제 피선교국에서 벗어나 선교하는 교회로 성장한 것은 바로 오병이어를 드린 아이와 같은 믿음의 선배들의 헌신이 있었기 때문임을 우리는 기억해야 합니다.

막 6:34 말씀에 예수님을 따랐던 군중들을 "큰 무리"라고 기록하고 있습니다. 큰 무리가 예수님을 따르는 이유는 **"이는 병자들에게 행하시는 표적을 보았기"**(요6:2) 때문이었습니다. 다시 말하면 예수님의 기적 행하심을 보고 많은 무리들이 따랐던 것입니다. 이 세상에는 많은 문제들이 산재해 있습니다. 나에게 그 문제가 닥쳐 있는 분들도 있고, 그렇지 않는 분들도 있지만 대부분 문제를 안고 살아갑니다. 문제를 만나면 그 문제를 풀기 위해서 백방으로 노력합니다. 예를 들어 실업자가 되면 수입이 생기는 직장을 구하기 위해 동분서주합니다. 질병에 걸리게 되면 낫기 위해서 유명한 병, 의원을 찾아 치료를 받습니다. 이러한 모습을 볼 때 대부분의 사람들이 문제를 안고 있고 어려움을 겪고 있다는 사실을 알게 됩니다. 실제로 평안하고 안정되게, 그리고 건강하게 사는 사람들은 몇 퍼센트 되지 않습니다. 오늘 우리가 사는 이 지구상의 192개국(유엔가입국, 비가입국 포함하면 243개국) 중에 부국은 손꼽을 정도이고 대부분의 나라는 빈국입니다. 그래서 경제적으로 부강한 선진국들은 계속해서 가난한 나라를 돕도록 유엔이 독려를 하고 있고, 기술자나 봉사자들을 파송하여 경제와 사회 전반의 개발을 돕고 있습니다. 우리나라도 코이카(KOICA)를 통해서 많은 나라에 봉사자들을 파송하여 함께 돕고 있습니다. 우리나라가 경제적으로 잘 살게 된 것은 사실이지만 아직도 집이 없고 직업도 없이 가난하게 살고 있는 사람들이 부지기수입니다. 그들은 빵과 복음이 필요한 사람들입니다. 오늘날 교회는 이러한 사람들에 대한 깊은 관심을 가지고 함께 하는 노력이 필요합니다. 우리 주님은 소수의 부자들이나 건강한 사람을 위해 존재하는 것이 아니라 가난하고 소외된 사람들, 헐벗고 굶주린 사람들의 친구가 되어 주시고 그들의 문제를 해결해 주십니다. 예수님 당시에 세리들과 창기들 그리고 병자들을 돌보시는 주님의 모습을 보고 못마땅하게 여기는 사람들에 대해서 주님은 막 2:17에서 이렇게 말씀하셨습니다. "예수께서 들으시고 저희에게 이르시되 건강한 자에게는 의원이 쓸데 없고 병든 자에게라야 쓸데 있느니라 내가 의인을 부르러 온 것이 아니요 죄인을 부르러 왔노라 하시니라." 그렇습니다. 우리 자신도 교회도 문제를 안고 있는 사람들에게 관심을 가져야 할 것입니다. 혹 나 자신이 문제를 안고 있다면 주님께 나와야 합니다. 우리 스스로는 문제를 해결할 방법이 없습니다. 주님께 나아와 믿음을 갖기 시작하는 그 순간부터 우리의 문제는 풀리기 시작하는 것입니다.

믿음 테스트

예수님께서는 큰 무리를 보시고 **"우리가 어디서 떡을 사서 이 사람들로 먹게 하겠느냐"**고 하시면서 **"여기는 빈들이고 날이 저물었다고"**(35, 요6:5) 불가능한 쪽으로 대답했습니다. 그 때 빌립과 시몬 베드로의 형제 안드레가 대답하는데 그들의 대답은 조금 차이가 있습니다. 빌립은 **"각 사람으로 조금씩 받게 할지라도 이백 데나리온의 떡이 부족하리이다"**(요6:7) 라고 했고, 안드레는 **"여기 한 아이가 있어 보리떡 다섯 개와 물고기 두 마리를 가졌나이다"**(요6:8)라고 했습니다. 빌립은 예수님께서 능력으로 행하시는 표적을 수없이 보았음에도 불구하고 자신의 능력 안에서 이 문제를 해결하려는 생각을 가졌습니다. 그래서 그는 이 많은 무리를 먹이기 위해서는 200데나리온 정도의 큰돈이 있어야만 가능하다고 말합니다. 200 데나리온은 장정이 하루에 벌 수 있는 200일 분이니 약 1년에 해당하는 노동의 대가라고 할 수 있습니다. 그의 말의 본뜻은 무리를 먹이는 것이 불가능하다는 것입니다. 빌립은 수 천 명을 먹이는 주님의 능력을 결코 생각하지 못했습니다. 빌립은 오르지 떡을 살 수 있는 금액에만 관심이 있었습니다. 그는 무에서 유를 창조하신 예수님의 능력을 배제하고 있었습니다. 사리분별이 철저하고 신중한 것이 반드시 좋은 것은 아닙니다. 하나님의 계산법에서는 철저하게 계산하고 따지는 것이 부정적인 결과를 초래하는 경우가 많습니다. 빌립도 무리들이 충분히 먹기를 원하는 따뜻한 마음을 가졌겠지만 이런 부정적인 사고로 부정적 결론을 내렸고, 믿음의 분위기를 흐리게 하는 결과를 가져왔습니다. 이처럼 우리도 하나님의 자녀이며 예수님을 믿으면서도 내 앞에 놓인 문제를 풀 때에는 나의 한계 속에서 계산하는 어리석음을 범하는 경우가 허다합니다. 요한복음에서 안드레 역시 한 아이가 예수님께 드린 물고기 2마리와 보리떡 5개를 들고 예수님에게 가져왔을 때 **"그것이 이 많은 사람에게 얼마나 되겠사옵나이까"**(요6:9)라고 말합니다. 빌립은 처음부터 불가능하다는 불신앙을 가졌고, 안드레는 그래도 아이가 가지고 온 것을 주님께 드리면서 불신앙적인 제안을 하였습니다. 오늘날에도 두 종류의 사람이 있는 것을 볼 수 있습니다. 아예 어떤 문제가 불거져 나올 때 처음부터 불가능하다고 하는 빌립과 같은 사람과 그래도 자신의 적은 것, 아니면 남의 것이라도 빌려 와서 드리면서 기적을 바라보는 사람이 있습니다. 나는 어떤 류의 사람입니까? 여기서 우리가 주목해야 할 부분은 바로 주님께서 제자들을 테스트 하고자 했다는 것입니다. 요한복음에서는 분명히 그것을 지적하고 있는데 **"빌립을 시험하고자 하심이라"**(요6:6)는 말씀입니다. 본문의 이 '시험' 이라는 단어는 정확한 이해가 필요합니다. 한글 성경은 그냥 똑같이 시험이라고 번역을 하고 있지만 그 의미가 'test' 일 때도 있고 'temptation' 즉 '유혹' 을 뜻할 때도 있습니다. 예수님께서 빌립을 '시험' (페이라존-πειραζων) 하셨다는 것은 둘 중 어떤 의미이겠습니까? 전자입니다. 주님께서는 절대 사람을 유혹하지 않으시지만 테스트는 하십니다. 고전 10:13에 **"사람이 감당할 시험 밖에는 너희에게 당한 것이 없나니 오직 하나님은 미쁘사 너희가 감당치 못할 시험당함을 허락지 아니하시고 시험 당할 즈음에 또한 피할 길을 내사 너희로 능히 감당하게 하시느니라"** 라고 했습니다. 유혹의 배후에는 늘 사탄이 있고 그 목적은 사람을 쓰러뜨리기 위해서입니다. 하지만 테스트는 사람을 살펴 약하고 부족한 부분을 보완해 주시기 위한 것입니다. 주님께서 제자들을 테스트 한 것은 부끄럽게 하려는 것이 아니라 자신의 믿음을 깨달을 수 있도록 도전하고 더 성숙하게 하기 위함입니다.

주님께서 문제를 내실 때는 항상 문제를 해결할 해결책을 가지고 계십니다. 상담학에도 보면 문제를 안고 오는 사람은 그 문제를 해결할 능력도 있다고 말합니다. 사람도 그러한 문제 해결 능력을 가지고 있는데 하물며 우리 주님께서 문제를 제기하실 때 해결책을 가지고 계시지 않겠습니까? 때로 우리는 너무 타당하고 합리적인 이론을 가지고 하나님의 축복을 거부하는 경우가 있습니다. 그러나 적은 것이지만 있는 것을 볼 줄 아는 눈, 믿음을 가진 사람은 이런 놀라운 기적을 경험할 수 있습니다. 우리는 불신앙적인 안목을 가지면 안 됩니다. 주님께서 하시고자 하신다면 무엇이라도 불가능한 일이 없다는 사실을 믿는 것이 믿음입니다. 이러한 믿음을 가진 성숙한 그리스도인들이 되도록 우리 앞에 올무처럼 보이는 시험지를 내어 놓기도 하시는 분이 바로 우리 주님이십니다. 주님은 시험지 앞에서 벌벌 떠는 성도가 아니라 당당하게 그것을 통과하여 정상에서는 그리스도인이 되기를 원하시는 것입니다. 그 시험 속에 담겨 있는 문제를 풀어냄으로서 우리를 더 업그레이드 시킬 하나님의 의도와 능력을 볼 수 있어야 합니다. 그러한 믿음과 담대함이 있으면 시험을 패스할 수 있고, 패스하면 우리의 신앙이 강하게 되고 성숙하게 됩니다. 그 어떤 어려운 문제에 봉착해도 당당히 싸워 승리하는 넉넉한 성도가 되는 것입니다.

헌신의 손길

안드레에 의해서 예수님께 인도 된 꼬마는 자기가 점심으로 가져온 도시락 전체를 예수님께 드렸습니다. 그 드린 타이밍이 참 중요합니다. 군중들이 식사 때가 되어 굶주려 있을 때 자기의 것을 드렸습니다. 대다수의 사람들이 굶주려 있지 않은 상태였다면 소년이 드린 도시락이 별 의미가 없었을 것입니다. 필요한 시점, 중요한 때를 놓치지 않을 때 기적을 불러 오는 것입니다. 포도주가 다 떨어지고 없을 때 주님께서 가나 혼인 잔치에서 최고 품질의 포도주를 만드시고 즐거움을 배로 더해 주셨습니다. 이렇게 시점도 중요하지만 사람의 손길을 통해서 역사하시는 하나님의 오묘한 섭리를 우리는 깨달아야 합니다. 어느 날 갑작스럽게 하늘에서 떨어지는 보화로 기적을 일으키시는 것이 아니라 사람이 드린 작은 것을 통해 큰일을 이루시는 하나님의 방법을 이해할 때 우리는 작은 헌신이라도 올려 드릴 수 있습니다. 오늘 우리도 교회와 사회 그리고 국가나 선교지에서 무엇인가 필요로 할 때 물질이나 시간이나 은사와 재능을 드려야 한다는 것을 잊지 마시고 타이밍을 잘 맞추어서 헌신할 수 있기를 소망합니다. 한 아이의 헌신으로 도시락 전체를 주님께 드릴 때 기적도 있었고, 만족함과 기쁨이 있었습니다. 많고 적음의 문제가 아니라 나의 전부를 드릴 때 기적은 반드시 일어나는 것입니다. 우리에게 물질이 있습니까, 재능이 있습니까, 건강이 있습니까? 있는 것 그대로 주님 앞에 드리십시오. 그럴 때 하나님의 축복과 만족함의 역사를 볼 것입니다. 요사이 새롭게 등장한 재능기부가 사회 전반에 상당한 호응을 얻고 있습니다. 이것은 바로 자기가 가진 재능을 가지고 사회에 헌신하는 것입니다. 전에는 대부분 물질로 헌신을 했습니다. 그래서 물질이 없는 사람은 마음은 있는데 함께 할 수 없었지만 지금은 자기의 가진 시간이나 재능으로 얼마든지 봉사에 참여할 수 있고 그 효과도 크게 낼 수 있습니다. 예를 들면 가르침의 재능을 가진 사람은 무지한 환경에 있는 사람들에게 지식을 나눔으로, 의술을 가진 사람은 병들었지만 재정의 어려움과 행정적인 문제로(외국 근로자들, 유학생들) 치료를 받지 못하는 사람들에게 치료의 손길을 폄으로 미용의 기술을 가진 사람들은 노인들과 복지 시설에 있는 분들에게 머리를 손질해 드리는 것으로 나눔을 실천할 수 있습니다. 이러한 손길을 통해서 사회가 밝아지고 따뜻하게 되는 것입니다. 교회도 마찬가지입니다. 여러 성도들이 함께 어린아이처럼 작은 헌신을 주님께 드릴 때 큰일을 이루시는 것입니다. 기적은 작은 것에서부터 시작됩니다. 창 22장에서는 이삭을 바친 아브라함에 대해 말합니다. 우리는 아브라함의 축복을 받기는 원하지만 아들을 바친 믿음과 순종은 보지 않습니다. 선물보다 선물을 주신 이인 하나님께 더 관심을 가지고 감사할 때, 일용할 양식주심을 감사할 때, 내게 있는 작은 것으로 하나님께 드리고 충성할 때, 배부르게 먹고 풍성히 남기는 은혜가 임할 줄 믿습니다. 헌신은 씨앗을 심는 행위와 같습니다. 쓰다 남은 것을 나누는 것은 헌신이 아닙니다. 꼭 필요한 것, 정말 중요한 것을 드려야 헌신입니다. 엘리야 시대에 사르밧 과부 집에서 일어난 기적을 봅시다. 하나님께서 그 과부의 집에 있는 가루 통에 가루가 다하지 않는 기적을 주셨는데 그 기적이 일어나기 전에 먼저 엘리야를 위하여 떡을 구워오는 헌신이 있었던 것입니다. 그것은 양으로 볼 때는 적은 것이었지만 내용으로 볼 때는 엄청난 헌신이었습니다. 왜냐하면 흉년 중에 마지막 남은 가루이기 때문입니다. 과부가 그것을 먹고 죽음을 기다리려고 하는데 하나님의 감동을 받은 것입니다. 하나님께서는 우리가 소유하고 있는 것 중에 남는 것을 드리기를 원하시는 것이 아닙니다. 하나님께서는 마음을 다하는 헌신을 기뻐 받으시고 기적을 베푸시는 것입니다. 오래 전에 인도에서 선교 사역을 하시던 어느 미국 목사님이 어느 날 갠지스 강가로 나갔다고 합니다. 거기에 나가보니 한 여인이 두 아들을 데리고 강둑으로 걸어가고 있었습니다. 인도에서 오랫동안 선교 사역을 하면서 그가 직감적으로 느끼는 것이 있었습니다. '아, 저 여자가 두 아이 중 하나, 아니면 둘 다 갠지스 강에 집어넣어서 신에게 제사를 드리려고 가는구나.' 그래서 그는 부리나케 달려가서 그 부인을 붙들고 "제발 그런 미련한 짓을 하지 말라. 그건 아무 쓸 데 없는 일이다. 왜 아이를 희생시키려느냐?" 하고 간곡히 만류했지만 그 여인은 완강했습니다. 너무 불쌍해서 아이들을 보니 한 아이는 아주 참하게 생긴 남자애입니다. 그리고 또 한 아이는 몸이 불구인데다가 장님입니다. 그 여인에게 아무리 설득을 해도 소용이 없는 줄 알고 선교사는 발길을 돌렸습니다. 한참을 있다가 궁금해서 또 강가로 나갔는데 아까 전의 그 여인이 강둑으로 걸어 나오고 있었습니다. 두 아이 중 하나는 보이지 않았습니다. 그래서 가까이 가서 보았더니 잘 생기고 성한 아이는 없어지고 불구요 장님이 된 아이만 데리고 돌아오고 있었습니다. 그는 너무 놀라서 "아니, 신에게 바치려면 불구에다 눈이 멀어 인생을 살아가기가 어려운 이 아이를 바칠 것이지 왜 성한 아이를 바치셨나요?" 하고 물었다고 합니다. 그랬더니 여인은 정색을 하며 이렇게 대답했다고 합니다. "선생님, 미국에서는 어떤 신을 믿고 있는지 모르지만 여기 인도에서 우리가 섬기는 신은 우리가 그분께 최선의 것을 드리기를 기대하고 있다고 배웠고 또 그렇게 믿고 있습니다. 드리려면 두 아이 중 좋은 아이를 드려야지 어떻게 덜 좋은 아이를 드리겠습니까?" 우리 하나님은 인도의 귀신만큼도 못하신 분이 아닙니다. 최선의 것을 드릴 때 기적이 일어나는 줄 믿습니다. 돈리라는 사람이 추운 겨울, 직업을 잃고 백수가 되어 죽기보다도 싫은 구걸을 나섰습니다. 어느 고급 식당 앞에 서서 한 쌍의 부부에게 동정을 구했습니다. "미안하오. 잔돈이 없소". 남자의 대답이었습니다. 이 때 부인은 남편이 퉁명스럽게 거절한 것을 알고는 "여기 1달러가 있습니다. 음식을 사 잡수시고 용기 잃지 마세요. 직업을 찾도록 기도할게요"하고 말했습니다. 돈리는 너무나 고마워 "고맙습니다. 부인! 부인은 나에게 출발과 새 희망을 주셨습니다. 결코 잊지 않겠습니다"라며 인사했습니다. 그랬더니 부인은 "당신은 예수님의 떡을 먹은 겁니다. 이 떡을 다른 이에게도 주도록 노력하세요"라고 다정히 말하고 식당 안으로 들어갔습니다. 1달러를 받은 돈리가 1/2 달러를 남기고 하프 달러로 요기를 하고 있을 때 바로 앞에서 한 노인이 자기를 한없이 부러운 듯 바라보고 있었습니다. 돈리는 나머지 하프 달러를 꺼내 그 노인에게 빵을 사주었습니다. 그런데 이 노인이 조금 떼어먹던 빵을 종이에 싸고 있었습니다. "내일 드시려고 싸 가세요?"돈리가 묻자 "아니, 저 길가에 꼬마 신문팔이가 있는데 그 놈에게 나눠주려고"라고 대답하였습니다. 두 사람은 빵 조각을 가지고 아이에게 갔습니다. 아이가 미친 듯이 빵을 먹는데 길 잃은 개 한 마리가 다가왔습니다. 그 아이는 나머지 빵 조각을 개에게 주었습니다. 그리고 기쁨으로 신문을 팔러 나가고 노인도 일감을 찾으러 뛰어갔습니다. "나도 이렇게 있을 순 없지". 돈리는 길 잃은 개의 목에서 주소를 발견했습니다. 그래서 그 개를 주인에게 돌려주었습니다. 주인은 너무 고마워 10달러를 주면서 "당신 같은 사람을 내 사무실에 고용하고 싶소. 내일 나를 찾아오시오"라고 하였습니다. 돈리는 비로소 그 작은 빵 속에 임재하는 새로운 생명의 움직임을 느꼈습니다. 이것이 바로 오늘 본문에서 말하는 오병이어의 기적과 같은 것입니다. 드림과 나눔 그리고 섬김이라는 총체적인 헌신이 없이는 기적도 없고 생명의 역사도 없습니다.

예수님의 이적

주님은 제자들로 하여금 군중들을 잔디에 삼삼오오 앉게 하고 그 떡을 가지고 축복하고 나누어 주도록 해서 5000명 정도 되는 장정을 먹이셨습니다. 여성들과 아이들까지 합하면 2만명이 넘었을 것입니다. 우리 주님께서는 "먹을 수 있을 만큼 원대로 주시라"고 하셨고, 군중들은 받아 배불리 먹었습니다.

주님께서 행하신 오병이어 기적은 주님 자신이 어떤 분인가를 드러내는 사건이었습니다. 먼저, 예수님께서 구세주(메시야)이심을 보여 주셨습니다. 오늘 본문 15절 말씀에 보면 오병이어 사건으로 많은 사람들이 예수님을 억지로 임금 삼으려고 했던 것을 볼 수 있습니다. 메시야라는 말은 '기름부음을 받은자' 라는 뜻인데 신약에는 그리스도로 번역이 되었습니다. 구약에 세 종류의 직분을 받을 때 기름부음을 받았는데, 하나는 왕이 임직을 할 때고, 두 번째는 선지자로, 마지막은 제사장으로서 임직 받을 때 입니다. 그러므로 메시야는 왕이요, 선지자요, 제사장의 사명을 가지고 있는 분입니다. 이 세 가지 직분을 동시에 가지고 계시는 분이 바로 예수님이십니다. 예수님께서는 자신이 메시아로서 첫 번째 직분인 왕으로서 백성들을 통치하시며 굶주린 백성들에게 풍성한 양식을 공급하여 의식주 문제를 해결하신다는 것을 이 사건을 통해서 입증하신 것입니다. 백성들은 다른 무엇보다 일차적으로 의식주 문제를 잘 해결해 주는 왕을 최고의 왕으로 여깁니다. 과거뿐만 아니라 현대에도 경제문제를 해결하고 백성들에게 잘 먹고 잘 살게 해 주는 대통령과 왕 그리고 총리를 최고의 지도자로 존경합니다. 주님은 오병이어의 기적을 통해서 자신이 메시야이심을 유감없이 드러내신 것입니다. 백성들이 바라는 세상 임금이 아니라 온 세상을 통치하시는 만왕의 왕으로 그 위치를 확고하게 하셨습니다. 그 분께서 이 땅의 왕으로 군림하시기를 원하셨다면 굳이 대중들을 피하여 산으로 떠나가시지 않았을 것입니다. 예수님은 자신을 만왕의 왕으로 알리기 위해서 왕이 백성들을 위해서 혼인잔치를 배설하고 초대하는 비유를 통해 메시야 잔치를 예조하신 것으로 볼 수 있습니다(눅14:15-24). 다윗의 **"내게 부족함이 없고 내 잔이 넘치나이다"**라는 고백처럼 그리스도 안에 있는 자의 풍요로움을 누리며 살게 되는 것입니다. 백성들에게 풍성한 빵과 고기를 공급하심으로 주권자의 면모와 통치자로서의 왕의 모습, 즉 메시야이심을 드러내신 것입니다. 우리가 천국 잔치에서 맛볼 즐거움을 미리 보는 것입니다.

예수님 자신이 신실한 공급자이심 보여 주셨습니다. 예수님께서는 사탄에게 시험을 받으실 때에 돌들로 떡을 만들어 먹으라는 유혹을 단호히 거절하셨습니다. 그러나 한 아이가 바친 오병이어를 가지고 오천 명을 먹이고 12 광주리가 남게 되는 기적을 행하신 것은 굶주린 무리를 위해서는 자신의 능력을 아낌없이 사용하셔서 부족함이 없이 공급해 주시는 분임을 드러내신 것입니다. 이사야 선지자는 메시야가 오셔서 회복되는 장면을 다양하게 표현하면서 특히 한없이 공급해 주실 분으로 이렇게 묘사하고 있습니다. 사 55:1에 **"너희 목마른 자들아 물로 나아오라 돈 없는 자도 오라 너희는 와서 사 먹되 돈 없이, 값없이 와서 포도주와 젖을 사라. 너희가 어찌하여 양식 아닌 것을 위하여 은을 달아 주며 배부르게 못할 것을 위하여 수고하느냐 나를 청종하라 그리하면 너희가 좋은 것을 먹을 것이며 너희 마음이 기름진 것으로 즐거움을 얻으리라"**고 초청하고 있습니다. 주님께 나오는 자는 풍성함을 누리며 살 수 있는 줄 믿습니다. 사도 바울은 빌 4:19에서 **"나의 하나님이 그리스도 예수 안에서 영광 가운데 그 풍성한 대로 너희 모든 쓸 것을 채우시리라"**고 확신을 가지고 말씀하고 있습니다. 오늘도 주님은 동일하게 굶주리고 배고픈 사람들에게 양식을 공급하심으로 자신이 메시야 되시며, 삶의 주인 되심을 증명하고 계시는 것입니다.

조지 뮬러라는 분을 잘 아실 것입니다. 이 분은 1805년에 태어나 93년 동안 이 땅에 사시다가 하늘나라로 가셨습니다. 90세 이상을 사셨으니 그 시대로는 아주 장수한 분이었으며 독일인이었지만 영국에서 선교사 생활을 했습니다. 10대 때 이 분은 믿는 가정에서 자랐으면서도 도벽이 있었고 술에 빠져 방탕하게 지냈습니다. 그러다가 한 기도회에서 성령의 강한 감동을 받아 새롭게 신앙생활을 시작했고, 할레대학에서 신학공부를 한 후 영국으로 건너갑니다. 런던 남서쪽 브리스톨에서 1834년부터 그러니까 그가 29세 때에 선교사 활동을 시작했습니다. 당시 브리스톨은 콜레라가 한번 크게 지나가고 난 다음이었습니다. 요즘도 콜레라가 무서운 병이지만 그 시절은 그야말로 엄청 난 유행병이었습니다. 많은 사람들이 죽고 고아들이 쏟아졌는데, 하나님께서 조지 뮬러에게 수많은 고아들을 향한 긍휼의 마음을 주셨습니다. 이 분은 돌아가실 때까지 63년 동안 150,000명의 고아들을 양육했습니다. 그리고 63년 동안 50,000번 이상의 기도응답을 받았다고 합니다. 정부나 부자들로부터의 도움을 기대하지 않고 오직 기도로 사역을 감당해 낸 것입니다. 수많은 그리스도인들이 기억하고 있는 그의 일생은 하나님께서 살아계심을 보여주는 증거였고 기적의 연속이었습니다. 정말 기적이 상식이 되는 삶을 살았다고 할 수 있습니다. 어느 날 수 백 명 아이들이 지내는 고아원에 음식이 떨어졌습니다. 저녁까지는 어떻게 해결했지만 다음 날 아침 아이들에게 먹일 빵 한 조각, 우유 한 방울 없는 상황을 맞게 된 것입니다. 그런데도 조지 뮬러 목사님은 일꾼들에게 아이들을 위한 식탁 준비를 다 해놓고 잠자리에 들라고 했습니다. 그리고 그날 밤 조지 뮬러 목사님이 기도했습니다. "하나님, 이 수백 명 아이들을 굶기시렵니까? 먹을 것을 주십시오." 그리고 다음 날 아침에 이들을 전부 식탁에 앉혔습니다. 그 때 아이들이 한 400명쯤 되었답니다. 뒷감당을 어떻게 하려고 그랬는지 모르겠습니다. 그런데 그렇게 앉아 있을 때 고아원 문을 노크하는 소리가 났습니다. 아랫동네에 있는 빵집 주인이 찾아온 것입니다. 이 사장님은 전날 밤에 통 잠을 이룰 수가 없었습니다. 그래서 엎치락뒤치락 하는데 문득 저 위에 있는 고아원 생각이 났습니다. 기도하고 있는 조지 뮬러 때문에 이 양반이 잠을 못 잤습니다. 그러다 그는 '내가 착한 일을 못하고 살았는데 이참에 아이들 먹을 빵이라도 좀 구워다 줄까?' 이런 생각이 들었고 밤새 빵을 구워 아침에 들고 왔습니다. 그렇게 해서 아이들이 그 어느 때보다 신선한 빵을 맛볼 수 있었습니다. 우유는 하나님께서 어떻게 해결하셨을까요? 고아원 너머에 목장이 하나 있었습니다. 이 목장 주인이 우유를 큰 통에 실어 배달을 가는데 하필이면 고아원 앞에서 수레바퀴가 빠져 버렸습니다. 무거운 우유통을 비워야 수레를 어떻게 해 볼 텐데 마침 앞에 고아원이 있어 들고 올라왔습니다. 2000년 전이나 지금이나 우리 주님은 신실하게 어려운 형편에 있는 자들을 도우시는 분입니다. 문제는 그 분을 신뢰하고 전적으로 의지하는 믿음이 있을 때 기적적으로 풍성하게 공급해 주신다는 것입니다.

예수님께서는 생명의 떡 자체이심을 보여 주셨습니다. 오병이어를 경험한 군중들은 분명 구전으로 내려오던 자기 조상들의 만나와 메추라기 사건을 회상하게 되었을 것입니다. 40년 동안 한 번도 거르지 않고 아침마다 내려 먹었던 만나 사건을 예수님의 기적을 통해서 그 사건이 얼마든지 가능했을 것이라는 것을 간접적으로 체험하는 기회가 되었을 것입니다. 만나와 메추라기와 떡과 물고기는 분명 이들이 듣고 있었던 사건을 상기시키기에 충분했습니다. 모세가 그것을 이스라엘 백성에게 먹인 것으로 생각한 그들은 바로 자기들에게 떡과 물고기를 나누어 준 분이 위대한 선지자 즉 모세와 같은 분이라 여기게 되었습니다(14). 모세는 죽었지만 지금 약속하신 선지자가 와서 우리를 먹이고 입히시는 것으로 확신하게 된 것입니다. 그러나 만나와 메추라기를 먹은 사람들은 광야에서 죽었고, 이미 이 세상을 떠났습니다. 그렇지만 주님이 공급해 주시는 하늘 양식은 영원히 먹고 배부르며 죽지 아니하는 생명 양식입니다. 이스라엘 백성들이 광야 40년 동안 만나와 메추라기를 통해서 생명을 유지할 수 있었던 것처럼 주님 자신이 생명의 만나가 되심으로 광야의 길을 걷는 우리에게 영원한 양식이 되심을 분명하게 보여 주신 것입니다. 요 6:33에서 **"하나님의 떡(예수님)은 하늘에서 내려 세상에 생명을 주는 것이니라"**고 설명하고 있습니다. 예수님께서 무리들에게 나누어 주신 떡은 장차 많은 사람을 위한 대속물로 내어 주신 예수님 자신의 몸을 의미하는 것입니다. 요 6:35에 **"예수께서 가라사대 내가 곧 생명의 떡이니 내게 오는 자는 결코 주리지 아니할 터이**

요 나를 믿는 자는 영원히 목마르지 아니하리라" 고 하셨고, 요 6:48에는 **"내가 곧 생명의 떡이로라"** 라고 하셨습니다. 생명의 떡은 사람의 생명을 유지하는 양식이라는 말로써 육신의 생명을 유지하는 것이 아니라 우리의 영혼의 양식이 되는 영생의 구원을 의미하는 것입니다. 우리가 세끼의 밥을 먹는 이유는 살기 위함입니다. 먹지 않으면 처음에는 야위게 되고 점점 허약해져서 나중에는 죽고 맙니다. 마찬가지로 우리의 영혼이 주님께서 공급하시는 은혜와 말씀의 떡을 먹지 않으면 점점 영양실조에 걸려 믿음에서 파선하고 마는 것입니다. 주님께서 이루신 구원에 감격하고 그를 의지하고 신뢰하는 가운데 영혼의 풍성함을 누릴 수 있기를 주의 이름으로 축복합니다.

남은 조각

예수님께서는 "남은 부스러기를 다 모으고, 조금도 버리지 말아라"라고 하셨습니다. 제자들이 보리빵 다섯 덩이에서 먹고 남은 부스러기를 모으니 열두 광주리에 찼습니다. 이와 같은 예수님의 명령에는 하나님께서 사람들에게 베푸신 은혜는 아무리 작은 것이라 할지라도 결코 소홀이 여겨서는 안 된다는 의미가 담겨져 있습니다. 사실 하나님께서 우리들에게 베푸셨고, 또한 베풀고 계시는 은혜는 큰 것, 즉 새 생명을 주신 것으로부터 작은 것 곧 악인과 의인에게 고루 내려 주시는 일반 은총에 이르기까지 이루 헤아릴 수 없을 정도입니다. 그러나 사람들은 이같이 풍성하신 하나님의 은혜에 늘 잠겨 있다 보니 그 은혜를 은혜로 알지 못하고 있는 것이 현실입니다. 따라서 하나님의 은혜로 배불리 먹고 남은 조각을 버리지 말고 다 거두라고 하신 예수님의 분부는 하나님의 은혜에 감사하는 삶을 살아가라는 권고의 말씀으로 받아들여야 할 것입니다. 또한 우리 생활 가운데 여분이 있는 삶을 살아야 하고 그것을 다시 되돌려 주는 삶을 살 때 기적이 배가가 되고 많은 사람들이 수혜를 입게 되는 것입니다. 남는 것을 썩히는 것은 아버지의 뜻이 아닙니다. 분명히 추측컨대 그 남은 조각이 또 다른 배고픈 사람들에게 사용되었을 것입니다. 조금 남는 음식도 아껴서 굶주리고 헐벗는 사람들에게 유용하게 사용되도록 그리스도인들이 솔선수범해야 할 것입니다. 현재, 우리나라는 음식이 풍족한 상태이지만, 식량의 40%는 수입에 의존하고 있으며, 우리의 잘못된 식습관으로 요리된 음식물의 25%가 음식물 쓰레기가 되어 버려지고 있는 것이 현실입니다. 하루에 버려지는 음식물류 폐기물이 1만 3천톤(ton)에 이릅니다. 이것을 처리하는데 연간 5천 억 원 이상이 예산으로 소요되고 있어 우리 사회에 큰 부담이 되고 있고, 한 해 동안 먹고 남은 음식물이 쓰레기로 버려지는 양이 500만 톤(ton)이 넘습니다. 이 수치는 전체 음식물의 4분의 1 이나 되고 버려진 음식물 쓰레기를 처리하기 위한 처리비용, 식자재 값, 인건비를 포함하면 표면적으로 나타난 경제적 손실만으로도 대략 18조원을 넘는다고 합니다. 이것은 중형차 100만대의 값이라고 하니 가히 놀라지 않을 수 없습니다. 선조들의 근검절약의 표어 "티끌모아 태산" 이라는 말을 우리가 깊이 마음에 새기고 적은 것 사소한 것도 서로 바꾸어 쓰고 나누고 아끼는 것이 주님의 실천을 따라 하는 믿음의 반응입니다.

오병이어의 기적은 죠지 뮬러의 기적처럼 우리의 일상적인 삶에서 얼마든지 일어날 수 있는 기적입니다. 중요한 것은 우리가 얼마나 주님을 신뢰하느냐에 달려 있습니다. 믿음을 가지고 주님께 나아갈 때 그 믿음 이전에 이미 준비하시고 믿음이 통과되면 즉시 채우시는 하나님의 손길을 경험하게 되는 것입니다. 또한 믿음의 분량도 중요하지만 그 믿음을 이루기 위한 우리의 작은 헌신이 필요합니다. 주님의 손에 들려진 사소한 것일지라도 주님의 마음에는 이미 채우시고 공급해 주시고자 하는 사랑의 넉넉함과 능력이 있습니다. 주님의 능력을 믿음의 눈으로 바라보며 우리도 적은 것이지만 주님께 마음을 다해 드릴 때 오병이어의 기적을 맛보는 은혜를 누리게 될 것입니다.

Chapter 15

물 위로 걸어오시는 예수님

(Jesus is walking upon the sea)

마가복음 6:45-52

예수께서 즉시 제자들을 재촉하사 자기가 무리를 보내는 동안에 배 타고 앞서 건너편 벳새다로 가게 하시고 무리를 작별하신 후에 기도하러 산으로 가시니라 저물매 배는 바다 가운데 있고 예수께서는 홀로 뭍에 계시다가 바람이 거스르므로 제자들이 힘겹게 노 젓는 것을 보시고 밤 사경쯤에 바다 위로 걸어서 그들에게 오사 지나가려고 하시매 제자들이 그가 바다 위로 걸어오심을 보고 유령인가 하여 소리 지르니 그들이 다 예수를 보고 놀람이라 이에 예수께서 곧 그들에게 말씀하여 이르시되 안심하라 내니 두려워하지 말라 하시고 배에 올라 그들에게 가시니 바람이 그치는지라 제자들이 마음에 심히 놀라니 이는 그들이 그 떡 떼시던 일을 깨닫지 못하고 도리어 그 마음이 둔하여졌음이러라

사람들이 인기와 부를 누리고, 세력을 얻게 되면 자신의 야망을 이루어 보려고 몸부림치는 모습을 종종 보게 됩니다. 그러나 우리 주님께서는 정치지도자나 일반 리더와는 달리 군중 심리를 이용하여 자신의 야망을 채우지 않으시고 대중이나 개인 그리고 제자들에 대한 깊은 배려와 사랑으로 그들 자신과 그들이 속한 공동체에 충실하도록 이끄시는 분임을 알 수 있습니다. 그래서 많은 사람들이

주님의 삶과 사역을 본받아 살려고 노력합니다. 오늘 본문의 내용은 오병이어의 기적 후에 제자들이 배를 타고 벳세다 건너편으로 가는 중에 일어난 극적인 사건을 우리에게 소개하면서 그리스도의 초자연적인 모습을 드러내고 있습니다.

예수님의 기도

본문 전 사건은 한 아이가 드린 보리떡 다섯 개와 물고기 두 마리를 가지고 축사 하신 후에 오천 명을 먹이고 열두 바구니가 남는 엄청난 기적의 사건입니다. 군중들이 예수님의 기적과 능력 베푸심을 보고 추종하며 왕 삼으려는 의도를 아시고 그들을 하나씩 돌려보냈습니다. 그리고 제자들에게 배를 타고 벳세다 건너편(번역상의 어려움–오병이어의 장소가 벳세다였기 때문임), 즉 가버나움으로 건너가도록 한 후에 당신은 기도하러 산으로 가셨습니다(45). 하루 종일 피곤한 중에도 하나님과 하루의 삶을 정리하며 깊은 기도의 골방으로 들어가신 것입니다. 그렇게 바쁜 일정 가운데서도 주님께서 기도의 자리를 소홀히 하지 않았던 까닭이 무엇이겠습니까? 기도의 시간이 아버지의 뜻을 찾는 방편이고, 위로부터 능력을 입는 유일한 대안임을 아셨기 때문입니다. 예수님의 기도의 삶은 하나님의 아들로 이 땅에 거하면서 하나님을 드러내는 능력의 통로가 되었습니다. 기도는 성도들로 하여금 그리스도인으로 능력 있는 삶을 드러내도록 하는 방편임을 잊어서는 안 됩니다. 새벽기도회와 수요기도회 그리고 특별 기도회는 우리의 영혼을 맑게 하고 성령으로 충전되는 시간임을 깊이 경험해야 합니다. 영성은 저절로 생기는 것이 아닙니다. 기도를 통해서 하나님을 만나고 그의 뜻을 헤아려 순종할 때 하늘의 은혜가 우리 심령에 담겨 삶이 풍요로워지고 하나님을 기쁘시게 해 드리는 삶을 살 수 있는 것입니다. 주님은 어떤 내용을 가지고 기도하셨을까요? 기록된 내용이 없기 때문에 알 수는 없지만 전후 사건을 통해 추측해 보건대 아마 세 가지 정도가 아니었을까 하는 짐작이 갑니다. 앞서 행하신 기적에 대한 종합적인 정리에 관한 기도였을 것입니다. 기적을 통해서 하나님의 사랑을 나타내신 것에 대한 감사와, 군중들이 이적에 대한 본질적인 의도를 깨닫지 못하고 인간적인 욕망을 채우려는 것에 대한 하나님의 용서와 마지막으로 제자들에게 군중심리와 분위기에 휩싸이지 않고 차분하게 하나님의 뜻을 헤아리는 성숙함이 있도록 기도했을 것입니다. 이러한 기도의 삶이 모든 영역에서 승리하는 근원이 되었던 것입니다. 한자어에 '망중한(忙中閑)' 이라는 말이 있는데 그 뜻은 '바쁜 중에도 한가로움이 있다' 는 것입니다. 세상사는 여러 가지 일로 분주할 수밖에 없지만 시간을 쪼개어서 육체적으로 정신적으로 쉬어야 진취성이 있고 삶에 열매를 거둘 수가 있습니다. 그리스도인들도 고달픈 인생사에 망중한이 있어야 하는데 그것은 바로 기도의 자리입니다. 기도는 육체적으로는 힘 드는 일이고 영적으로는 재충전을 얻을 수 있는 기회입니다. 세상 사람들처럼 휴양지나

관광지에 가서 쉬는 것도 물론 필요하지만 심신의 충전은 어렵습니다. 에너지원인 하나님과 깊은 교제를 할 때 영적으로 충전되고 정신적이고 육체적인 피로를 씻을 수 있고 결국 안정을 누릴 수 있습니다. 우리 주님은 가르치시는 사역과 복음 전파 특히 이적을 통한 그의 능력을 발휘함으로 인하여 소진되는 영육간의 피로감을 하나님과의 깊은 만남인 기도를 통해서 해결하고 재충전 하신 것을 알 수 있습니다.

바람의 거슬림

날이 저물어 제자들이 타고 가던 배는 호수 중앙에 있고(47), 갈릴리 호수에서 가끔씩 일어나는 예상치 못한 돌풍 때문에 배는 더 이상 나아갈 수 없는 진퇴양난에 빠지게 되었습니다. 아마 배의 노를 계속 젓는데도 배는 앞으로 가지 않고 물만 배 안으로 들어 왔던 것 같습니다. 그러면 왜 제자들은 건너편으로 다시 돌아가지 못하였을까요? 그 이유는 바람이 반대로 불어 왔기 때문입니다. 바람이 기슭에서 바다를 향하여 불어와서 주께서 가라고 하신 방향으로 가는 데는 어려움이 있었던 것입니다. 뱃머리를 바람이 불어오는 쪽으로 돌리고 순풍을 받으면서 돌아가는 간단한 해결책이 있었습니다. 그러나 그들은 그러한 일을 할 수가 없었습니다. 왜냐하면 주님께서 그들에게 그 방향으로 가라고 하셨기 때문입니다.

우리가 사는 인생길에도 주님이 가라는 방향으로 나아가다 보면 많은 어려움을 만나는 것을 경험하게 됩니다. 세상 사람들이 가는 편안한 길 넓은 길을 가면 아무 어려움이 없을 것 같은데 우리 주님께서는 고집스럽게도 우리에게 주님께서 뜻하신 좁은 길을 가라고 하십니다. 다시 옛 모습으로 돌아가면 쉬울 것 같은데 그렇게 할 수 없습니다. 그래서 풍랑 속에서 어떻게 할 방법을 찾지 못하고 발만 동동 구르는 경우가 허다합니다. 넓은 길을 걸어가면 여러 동료들과 함께 재미있고 편안하게 갈 수 있지만 그 길은 보람도 열매도 없는 멸망의 길이요, 비록 바람이 불고 고생해야 하는 길, 협착한 길일지라도 그 길을 걸어가면 승리와 생명이 보장되어 있습니다. 우리는 주님이 가라는 길을 걸어가는 하나님의 자녀들입니다. 세상의 가치관이나 유형 그리고 풍속을 좇아가면 안 됩니다.

제자들의 순종

제자들은 주님께서 가라고 말씀하신 목적지를 향하여 갈릴리 호수를 횡단해 가고 있었습니다. 그들은 주님이 말씀하신 그대로 순종하며 나아갔습니다. 이것은 순종의 길을 걸어 갈 때도 고통을 당할 수 있다는 것을 우리에게 가르쳐 주고 있습니다. 그러나 그 길은 주님의 능력을 드러내는 길이기도 했습니다. 주께서 그들의 뒤를 따라 오셨던 것입니다. 주님은 당신이 걸어가라고 하신 그 길을 걷는 성도들의 걸음을 외면하지 않고 관심을 가지시고 지켜보고 계십니다. 마치 아버지가 아이들이 자전거를 타면서 넘어지기도 하고 비틀거리는 모습을 뒤에서 지켜보고 있는 것과 같습니다. 바람은 주님에게도 역풍으로 불어 왔지만 주님을 막지는 못했습니다. 주님에게도 바다는 풍랑이 이는 곳이었지만 주님에게 오히려 바람은 승리를 가져오게 했습니다. 주님께서 바다위로 걸어 오셔서 바람을 잠잠케 해 주신 것입니다.

바람이 있기에 주님이 필요한 것이고, 주님께서 계신 것은 우리에게 힘이 되고 능력이 됩니다. 우리가 사는 현장에 아무런 일이 없으면 굳이 주님이 필요하지 않을 것입니다. 노도강풍과 같은 돌풍이 일어나기에 주님이 필요한 것이고 주님은 돌풍 중에 능력을 드러내시는 것입니다. 순종하며 나아가는 길은 어렵고 힘들지만 주님께서 함께하심을 믿고 나아가면 반드시 승리합니다. 그러나 내가 나의 삶에 주인이 되면 성공하는 것 같고 평탄한 것 같으나 마침내는 실패하게 됩니다. 순종의 길은 험난하지만 형통의 길이요, 주님이 함께 하시는 길임을 믿고 나아갑시다.

물위로 걸어오심

기도하신 후에 제자들이 어려움을 겪고 있을 때(마 14: 22-33과요 6:15-21에는 더 상세하게 기록하고 있음) 예수님께서는 호수 위로 걸어 오셨습니다. 왜 함께 배타고 가시지 않고 기도 후 한참 계시다가 물 위를 걸어서 제자들에게 오셨을까요? 여러 가지 추측이 가능하지만 분명한 목적이 있었을 것입니다. 장정 5000명 정도의 무리를 먹이시고 남은 조각을 12광주리에 가득 채우는 이적을 접했던 일반 무리들의 반응은 요 6: 14에 **"사람들이 예수의 행하신 이 표적을 보고 말하되 이는 참으로 세상에 오실 그 선지자라 하더라"**고 했습니다. 여기 '그 선지자' 라는 말은 구약에서 예언되었던 그 메시야 즉, 그리스도를 가리키는 말입니다. 그리고 더 나아가 그들 심중에 있었던 의도를 드러내는 내용이 15절에 나오는데 **'억지로 예수님을 임금으로 삼으려고'** 하였던 것입니다. 그들은 눈이 휘둥그레질 만큼 큰 표적을 보고서 그 놀라운 신통력으로 자신들을 의식주 문제를 해결해 주실 수 있는 분으로 생각했을 뿐만 아니라 그 당시 지배국으로 맹위를 떨치고 있던 로마 정부로부터 해방시켜 줄 분으로 생각했던 것입니다. 이런 추측은 당시 이스라엘 대중 속에 강렬하게 뿌리 박혀 있었던 정치적 메시야관이 있었기에 가능하다고 할 수 있겠습니다. 일반 군중들이 예수님을 향해서 가진 인식은 자신들의 현실적인 갈구와 필요를 채워줄 수 있는 분으로만 아는 자리에 머물러 있었습니다.

그들은 예수님을 하나님의 아들로, 이 세상을 구원하여 하나님의 왕국을 건설하시기 위해 오신 그리스도로 깨닫는 자리까지 가지 못했던 것입니다. 이런 그들의 상태를 예수님께서는 드러내셨는데 **"너희가 나를 찾는 것은 표적을 본 까닭이 아니요 떡을 먹고 배부른 까닭이로다"**(요6:26)라고 말씀하셨습니다. 그들이 벳세다 들판으로 따라왔을 때는 병인들에게 행하시는 신기한 이적을 보려고 좇았고 가버나움으로 달려 올 때는 표적을 바로 깨닫지 못하여 떡을 먹고 배부른 까닭에 좇았습니다. 예수님께서는 오병이어의 기적에서 세상의 구원주가 되심을 드러내어 주셨지만 무리들은 그것을 깨닫지 못하고 자기들의 필요를 따라 판단하였던 것입니다. 많은 군중들이 예수님을 추종한 목적은 이런 현실적인 이익이 있었기 때문입니다. 이런 현상을 아셨던 예수님께서는 앞으로 하나님 나라의 미래를 위하여 훈련 받은 제자들이 이러한 그릇된 생각에서 벗어나기를 원하셨습니다. 우리는 이러한 의도를 파악할 수 있어야 합니다.

제자들이 그릇된 메시야관에 빠져들 위기에 있을 때에 물 위를 걸으신 예수님의 이적은 큰 교훈을 주는 것이었습니다. 물 위를 걸으신 이적에는 현실적 이익이 없습니다. 여기 현실적 이익이라 함은 배부름이라든지 하는 인간의 기본적인 욕구를 충족시키는 유익이 없었다는 것입니다. 다시 말하면 물 위를 걸으신 이적은 실리적이지 않은 이적이었습니다. 예수님은 이 이적을 통하여 저 군중들과 같이 현실적인 이익과 축복만을 바라보고 살아가는 길보다 예수님을 바로 알고 하나님 나라와 그 크신 뜻을 기초로 삼고 살아가는 길을 바라보기 원하셨던 것 같습니다. 이 두 갈래의 길 가운데 너희는 어느 길을 가려느냐고 그들의 결단을 촉구하셨던 같습니다.

제자들은 이 이적을 통해 바로 배워서, 마태복음 14장에서 **"예수님은 진실로 하나님의 아들이시다"**라는 귀한 고백을 하게 됩니다. 예수님이야말로 인간의 현실적인 이익을 채우기 위한 존재이기 이전에 우리 인생들의 신앙의 대상으로 그리고 인생의 궁극적인 목적이 되심을 알게 하십니다. 한국 교회 신앙의 모습을 단적으로 규정하기는 어렵겠지만 기복신앙 쪽으로 기울어진 면이 강하게 나타납니다. 하나님의 거룩하신 뜻보다 내가 어떻게 복을 받고 사는가에 관심이 쏠려 있는 것입니다. 물론 예수님께서는 우리들이 어려운 일 당할 때 기도하면 그 어려운 일을 해결해 주십니다. 몸에 병이 있을 때 주께 기도드리면 몸을 건강하게 해주십니다. 심한 궁핍함 속에서 매달리면 그 가난을 면케 해주십니다. 그러나 그러한 이유 때문에만 예수님을 믿는다면 그 사람은 실리적인 이익 때문에 예수님을 따랐던 이스라엘 군중들과 별다름이 없다고 할 수 있을 것입니다. 이런 식으로 신앙생활을 하는 분들을 보면 자기가 활동을 잘 해서 사는 줄로 알고, 부지런히 일하니까 나는 잘 먹고 잘 산다고 착각하고 있는 것을 발견하게 됩니다. 또한 그들의 마음속엔 하나님의 영원하신 계획과 목적이 들어설 자리가 너무나 작은 것 같습니다. 예수님을 개인 소원성취의 대상으로 생각하는 것입니다. 예수님께서는 우리 인생의 생명이시요 전부가 되시며 우리를 주장하시는 주인이 되십니다. 주님께서는 이 본문의 말씀을 통해 신앙의 각성이 있기를 원하십니다. 우리가 이러한 깨달음이 없이 예수 그리스도를 믿는다면 그 신앙생활은 자기의 행복과 목적을 위해서 믿는 것으로 끝나 버릴 것입니다.

주님은 우리에게 두 가지 길 중에 한 가지 길을 선택하는 결단을 요구하고 있습니다. 자기의 뜻과 목적을 성취하기 위해 믿는 인본주의로 걸어갈 것인가? 아니면 예수님을 구세주로 바로 알아 주께서 보여 주시는 목적을 향하여 주님만을 전적으로 의지하는 길을 걸어 갈 것인가? 이런 갈림길에서 올바른 선택을 하도록 하시기 위해 예수님께서는 물 위를 걸으시는 이적을 제자들 앞에서 베푸셨고, 이것을 계시로써 교회에 남겨 주셨습니다. 물 위를 걸으신 초자연적인 예수님의 모습을 보는 우리에게도 동일하게 올바른 하나님의 아들로써 우리 각자에게 사소한 필요뿐 아니라 근본적인 문제를 해결하시는 메시야 되심을 고백하도록 하시는 것입니다.

주님이 주신 선물

마음의 평정

사투를 벌이며 꼼짝 할 수 없는 형편에서 밤 사경이 되었는데도 해결의 기미가 보이지 않았습니다(48). 밤 사경은 새벽 동트기 전, 가장 밤이 깊은 때 새벽 한 3~4시쯤을 말합니다. 제자들이 고통의 한복판에 있을 때 가장 큰 위기의 순간에 주님께서 바다 위를 걸어 오신 것입니다. 제자들은 건너편에서 한 물체가 바람에 옷자락을 휘날리면서 다가오는 것을 보고 기절초풍을 했습니다. '유령이다' 라고 소리를 지르며 공포에 휩싸였습니다. 뱃사람들에게는 바다에서 유령이 나타나면 반드시 배가 파선한다는 전설이 있다고 합니다. 그들은 이제 배가 파선해서 예수님도 없이 죽게 되었다고 생각하고 깊이 탄식했습니다. '이젠 우리도 다 끝났다. 이젠 배가 파산해서 우리가 여기서 죽는구나!' 하는 절망과 죽음의 두려움이 다가왔을 때 예수님께서 풍랑 위를 걸어오십니다. 우리 인생의 마지막이라 생각되는 때가 하나님께는 역사의 시작하는 타이밍입니다. 우리가 무엇을 할 수 없어 두 손 들고 "천부여 의지 없어서 손들고 옵니다"(찬송280장)라고 겸손히 나아갈 때에 주님께서 일하시는 것입니다. 시 29:10에 이와 같은 표현이 있습니다. **"여호와께서 홍수 때에 좌정하셨음이여 여호와께서 영원하도록 왕으로 좌정하시도다."** 홍수가 나서 모든 사람이 절망의 홍수에 빠졌을 때, 그 홍수에 좌정하시고 모든 문제를 주님께서 다 해결해 주신다는 놀라운 축복의 말씀인 것입니다. 일반적으로 풍랑을 만나서 깊은 절망에 빠지면 우리 주위의 사람들이 떠나갑니다. 친구도 떠나고, 직장 동료도 떠나고, 심지어는 사랑하는 가족들도 떠납니다. 그러나 우리의 예수님은 우리를 떠나시는 것이 아니라 우리를 찾아오십니다. **"내 맘의 모든 염려 이 세상 고락도 주님 항상 같이하여 주시고 시험을 당할 대에 악마의 계교를 즉시 물리치사 나를 지키네 온 세상 날 버려도 주 예수 안 버려 끝까**

지 나를 돌아보시니 주는 저 산 밑의 백합 빛나는 새벽 별 이 땅 위에 비길 것이 없도다."(찬송88장 2절) 라는 찬송이 있습니다. 세상 사람들은 나를 버리고 떠나도 주님께서는 그 때 우리를 찾아오셔서 우리를 그 품에 꼭 안아주시고 '슬퍼하지 말아라. 낙심하지 말아라. 절망하지 말아라. 그리고 포기하지 말아라. 내가 너와 함께 할 것이라.' 라고 격려하시는 것입니다.

주님께서는 제자들에게 먼저 **"안심하라 내니 두려워하지 말라"**(50)고 하십니다. 우리 주님은 문제를 가지고 있는 사람에게 마음의 안정을 주십니다. 물 위로 걸어오시는 예수님을 보고 유령으로 착각한 그들에게 두려움을 없애고 마음에 평안을 주신 것을 볼 수 있습니다. 나쁜 상황, 어려운 상황을 만나면 사람들은 당황하게 되고, 초자연적인 현상을 만나면 두려워합니다. 어린 시절 혼자서 먼 길을 다녀올 때 두려움을 느꼈던 적이 있습니다. 해는 져서 어둡고 음산한데 혹 귀신이 나타나지 않을까 겁을 먹고 길을 걸어오곤 했습니다. 부모님들과 동네 어른들이 하시는 이야기가 더 공포를 불러오곤 했습니다. 어디에는 특히 비 오는 밤에 귀신이 나온다는 말이 늘 마음에 있어서 더더욱 그랬던 것 같습니다. 혼자 길을 걸을 때, 외로울 때, 문제가 많을 때 두려움이 많은 것이 우리입니다. 우리 주님은 우리가 잘 될 때, 성공할 때뿐만 아니라 실패했을 때, 어려움 당할 때, 극한 질병에 걸렸을 때, 문제를 만났을 때, 그때에도 변함없이 우리와 함께하시고, 도와주시고, 은혜를 내려주시는 분입니다. 사 43:2에 **"네가 물 가운데로 지날 때에 내가 너와 함께 할 것이라 강을 건널 때에 물이 너를 침몰하지 못할 것이며 네가 불 가운데로 지날 때에 타지도 아니할 것이요 불꽃이 너를 사르지도 못하리니"**라는 약속의 말씀이 있습니다. 예수님이 물 위를 걸으신 이 사건에 대해 성 어거스틴은 **"예수님은 파도를 밟고 오셨다. 그와 같이 예수님께서는 인생에 넘치는 모든 혼란을 발아래에 밟아 버리셨다. 그리스도인이여! 왜 두려워 하는가?"**라고 했습니다. 마음에 두려움을 가지고 계시는 분들, 마음이 불안하신 분들, 아직 다가오지 않은 미래까지 품고 우울해 하시는 분들, 주님의 귀한 음성을 듣고 마음에 평안을 가지시기를 바랍니다. 세상이 주는 평안과 안정은 일시적이고 잠깐이며 한계가 있습니다. 주님만이 우리의 마음에 참 평안과 안정을 주시는 분입니다.

문제 해결

주님께서 제자들의 마음을 안정시킨 후에 배에 올라타시니 바람이 그치게 되었습니다. 제자들에게 있어서 두려움은 바로 꼼짝 달싹 할 수 없는 환경 그 자체에 있었습니다. 사실 호수나 바다 한복판에서 큰 풍랑을 만나거나 바람을 만나면 아무 대책이 없습니다. 도저히 바람과 풍랑을 피할 곳이 없습니다. 예수님은 역경 가운데 제자들이 괴로워하는 것을 참을 수 없었습니다. 예수님의 마음은 제자들에게 가 있었습니다. 예수님은 제자들이 위험에 처하는 것을 보고 계실 수만 없었습니다. 예수님께서는 급하게 물 위를 걸어 제자들을 향해 가셨습니다. 아마 걸어 가셨다고 하지만 총총 걸음으로 뛰다시피 하면서 가셨을 것입니다. 주님께서는 그 어려운 위기의 순간을 넘기도록 해 주셨습니다. 주님께서 명하신 그 길을 걸어가는 중에 만나는 위기와 어려움이 있음을 우리는 종종 경험하게 됩니다. 그리스도인들이 만날 수 있는 그러한 어려운 환경은 자연재해일수도 있습니다. 경제적 불황일수도 있습니다. 혹은 치료가 불가능한 병일 수도 있습니다. 그 때마다 우리가 이것을 책임져야 한다고 생각해서는 안 됩니다. 우리를 홀로 남겨 두지 않으시고 함께 하시는 주님을 의지해야 합니다. 그것이 바로 믿음입니다. 구원의 방주에 불어 닥친 어려움에 대해 우리는 무관심해 하거나 당황하며 절망해서는 안 됩니다. 주님의 도움을 구하고 기도해야 합니다. 그를 전적으로 신뢰하고 나아갈 때 우리의 믿음은 성숙하고 문제 또한 해결될 것입니다.

중요한 것은 52절에 **"이는 그들이 그 떡 떼시던 일을 깨닫지 못하고 도리어 그 마음이 둔하여졌음이러라"**는 말씀입니다. 이 기록에서 제자들이 영적 민감성을 상실한 이유를 떡 떼시던 일과 관련짓고 있다는 것을 발견하게 됩니다. 도와 주시기 위해 오시는 예수님을 유령으로 알고 그의 실체를 알지 못하는 인간의 한계를 드러내고 있다는 것입니다. '둔하다' 는 동사는 '페프로메네' (Πεπωρωμενη)로 분별력을 잃게 되어 무지한 상태를 지칭하는 단어입니다. 그렇다면 이 말씀은 제자들이 오병이어 기적을 통해서 체험한 예수 그리스도의 신적 능력을 망각했다는 것일까요? 그렇지 않습니다. 그들은 사도의 권세를 받은 제자들로서 예수께서 천지의 주재이심을 알고 있습니다. 여기서 주님께서는 제자들이 알고 있는 예수 그리스도에 관한 지식이 현실을 뛰어넘지 못하고 있는 영적 무감각 상태를 지적하신 것입니다. 혹시 여러분들은 이런 상황을 체험을 해 보신 일이 있으신지요? 주께서 당신의 고통을 보고 달려 오셨는데도 당신의 믿음이 현실을 뛰어 넘지 못하여 주의 영을 체감하지 못한 채 주께서 당신을 지나쳐 가시게 하지는 않았는지요? 그러나 당신이 만약 제자들처럼 유령이라도 느낄 수 있는 영적 민감성이 있다면 주님은 당신이 가진 문제의 현장으로 들어와 고통의 바람을 잠재우실 것입니다. 그러므로 성도들은 어려운 위기를 당할 때 당황하지 말고 깨어 근신하며 영적인 분별력을 가지고 주님의 임재를 경험하면 쉽게 그 문제가 해결 될 줄 믿습니다.

마 14:33에 보면, 배에 있는 사람들은 예수님에게 절하며 **"진실로 하나님의 아들이로소이다"**라고 고백하였고 예수님의 신적 영광을 깨달았습니다. 주님께서 의도하신 바가 그대로 실현된 것입니다. 오늘 우리의 삶에도 이와 같이 주님께서 의도하신 것이 이루어지도록 하는 여러 가지 과정이 있는데 그것은 마치 시험을 치는 것과 흡사합니다. 다 통과하고 나면 큰 기쁨과 영광이 있는 법입니다. 오늘 우리는 예수님께서 물 위를 걸으신 이 기적을 보면서 "정말 예수님은 하나님의 아들이시구나!", "예수님은 모든 것의 주인이 되시는구나!", "예수님은 온 세계를 다스리시는구나!", "예수님은 자연(自然)도 다스리시는구나!" 이런 고백을 진솔하게 해야 합니다. 배 안에 타고 있던 제자들이 모두 이런 고백을 했습니다. 주님께서 의도하신 학습의 목적이 다 성취된 것입니다. 의식주 문제만을 해결해 주는 가시적인 신앙에서 이제 보이지 않는 그리스도의 통치하심을 인정하고 그 분의 주권을 온 영역에서 인정하는 신앙이 필요합니다. 오늘 우리도 말씀을 들으면서 같은 고백을 주님께 드려야 합니다. 예수님은 우리 개인의 삶에만 관계하시는 분이 아닙니다. 예수님은 온 세상의 주가 되십니다. 예수님의 "주되심(Lordship)"이 미치지 않는 곳이 없습니다. 이 사실을 인정하고 사는 자들은 어떤 어려움과 위기의 순간에도 낙심하지 않고 안정을 얻고 마음에 담대함을 가지고 세상을 넉넉하게 이기며 사는 것입니다. 주님의 주되심을 인정하며 사는 자들은 언제나 주께서 함께 하시는 임마누엘의 은혜를 누리며 안심하고 담대함으로 모든 삶의 영역에서 하나님께 영광을 돌려 드리는 삶을 살 수 있게 될 것입니다.

Chapter 16

터치의 위력

(The power of touching)

마가복음 6:53-56

건너가 게네사렛 땅에 이르러 대고 배에서 내리니 사람들이 곧 예수신 줄을 알고 그 온 지방으로 달려 돌아 다니며 예수께서 어디 계시다는 말을 듣는 대로 병든 자를 침상째로 메고 나아오니 아무 데나 예수께서 들어가시는 지방이나 도시나 마을에서 병자를 시장에 두고 예수께 그의 옷 가에라도 손을 대게 하시기를 간구하니 손을 대는 자는 다 성함을 얻으니라

손으로 만지고 몸으로 부대끼는 행위는 우리가 생각하는 이상의 놀라운 힘을 가지고 있습니다. 사람은 어린 시절에는 부모님과, 청소년 때는 친구들과 그리고 결혼해서는 부부와 몸을 터치하며 부대기며 생활해야 건강한 삶, 행복한 삶을 살게 됩니다. 터치의 위력은 과학적으로나 이론적으로 설명이 불가능합니다. 하지만 그 결과는 분명하게 드러나게 됩니다. 무엇을 만지느냐에 따라서 결과는 다양하게 나타나지만 터치하는 그 어떤 것이라도 반드시 반응을 일으킨다는 것은 진리입니다. 예수님 당시에 많은 사람들은 예수님께 나아와 그 분의 터치를 바랐고 심지어는 예수님의 옷자락이라도 만질 수

있도록 허락해 주실 것을 간청했습니다. 주님께서는 수많은 병자들을 만져 주시고 더 나아가 머리나 환부에 손을 얹어 안수하심으로 치유해 주셨습니다. 말씀만으로도 능히 환자를 깨끗하게 하실 수 있음에도 불구하고 친히 몸에 손을 대시는 예수님의 사랑의 행위를 우리는 간과해서는 안 됩니다. 주님께서는 그 분을 간절히 찾는 자를 만나 주시고 문제를 해결해 주십니다. 지금도 주님은 많은 환자들을 치유하기를 원하고 계십니다.그 분께 손을 대는 자를 말입니다.

유진 피터슨은 오늘 본문을 다음과 같이 의역 했습니다. **"그들은 게네사렛에 배를 댔다. 그들이 배에서 내리자, 순식간에 소문이 퍼졌다. 사람들이 이리 저리 내 달리며, 들것에 병자들을 메고 예수가 계시는 곳으로 데려왔다. 마을이나 시내나 촌 네거리마다 그 분이 가시는 곳이면 어디든지, 사람들이 병자들을 데리고 나와서 그 분의 옷자락을 만지게 해 달라고 간청했다. 그것이 전부였다. 그 분을 만진 사람은 누구나 병이 나았다."**

병 고침에 대한 열정

먼저 우리는 병을 고치고자 하는 열정을 가져야 합니다. 자신이 지니고 있는 질병에 대해서 빠른 쾌유를 바라지 않는 사람은 아무도 없을 것입니다. 그러나 꼭 주님으로부터 고침을 받아야 되겠다고 생각하고 그 분께 열정적으로 나아오는 분들은 많지 않다는 사실입니다. 열정을 가진 자들은 그 행동으로 드러나게 되어 있습니다. 마치 불 옆에 가면 뜨거운 온기를 느끼는 것과 같습니다. 오늘 본문을 보면 예수님이 게네사렛 땅에 이르러 배에 하선을 했을 때 많은 사람들이 몰려들었는데 그 중에 대부분은 환자를 침상에 메고 오는 사람들이었습니다. 예수님께 나오면 꼭 고침을 받을 수 있을 것이라고 생각하고 격식을 차려 정리하고 나올 겨를도 없이 침상에 환자가 누워있는 그대로 여러 사람들이 침상을 메고 주님께 나온 것입니다. 그 열심과 열정 그리고 믿음이 대단했습니다. 시간을 다투는 사람들도 있었지만 조금만 늦어도 자기에게 기회가 주어지지 않을 것이라는 불안감 때문에 그들은 앞 다투어 병자들을 데리고 나온 것입니다. 주님께 나아오는 데는 체면이나 격식이 필요 없습니다. 응급실을 통할 필요가 없이 주치의 되시는 그 분께 직행하면 됩니다. 상처 나고 아픈 그 상태로 나오면 됩니다.

있는 그대로 나오면 주님은 만나 주시고 치유해 주십니다. 주님을 향해 구원의 손을 내뻗은 사람들은 마치 그리스도를 만나기 위해서 고난을 감수하는 사람들 같기도 합니다. 우리는 이미 앞에서 예수의 소문을 듣고 그의 옷자락에 손을 대어도 나을 것이라는 믿음을 가진 혈루증 여인의 믿음을 보았습니다(막5:25-34). 그 여인이 믿음으로 행동하기까지는 열 두 해의 고통을 겪어야만 했습니다. 그러나 오늘 이 말씀은 고통 중의 사람들을 구원하기 위해 병든 사람들을 둘러메고 나온 사람들의 믿음의 열정이 기록되어 있습니다. 이 얼마나 아름다운 믿음의 열정입니까? 만나고 싶어도 만날 수 없는 상황 속에서 고통 받는 영혼들을 주께 데려 오는 믿음의 열정이야말로 이 세상에서 가장 아름다운 스킨쉽의 순간이 될 것입니다. 우리는 육체적인 질병이나 문제 그리고 영적인 것까지도 주님께 그대로 가지고 오면 회복되고 해결 될 것이라는 확신과 열정을 가져야 합니다. 열정이 우리의 현실을 뛰어 넘어 주께로 나아가게 합니다. 열정도 올바른 방향을 향한 열정이 되어야지 잘못된 방향으로 나아가는 열정은 해가 되고 잘못된 결과를 가져 올 수 있습니다. 믿음의 주요 온전케 하시는 예수님을 향해 열정을 가지고 나아갈 때 분명히 좋은 결과를 얻을 수 있는 줄로 믿습니다. 성경은 우리의 신앙생활에 있어서 차든지 덥든지 해야지 미지근한 신앙은 아무런 기적과 열매를 가져올 수 없다고 말씀하고 있습니다. 뜨거운 열정이 기적을 만들어 내는 에너지가 됩니다. 마치 대장장이가 뜨거운 불 속에 쇳덩어리를 집어넣고 한참 후에 끄집어내어 연장을 만드는 원리와 같습니다. 뜨거운 용광로 속에 넣지 않고는 아무런 연장도 만들 수 없습니다. 우리가 열정을 가질 때 하나님께서 고치시고자 하는 능력의 통로가 되는 것입니다.

터치하기를 간구함

마을 사람들은 배에 내린 예수님을 알고 그의 옷 가에라도 손이

닿게 하시기를 간구했습니다. 예수님을 병 고치는 능력 있는 자로 이해했기 때문에 그의 옷이라도 만질 수 있도록 해 달라고 한 것입니다. 주님을 바르게 아는 것은 참 중요합니다. 주님을 바르게 알지 못하고서는 그 분께 나아갈 수 없습니다. 이 세상에 존재하는 사람 중에 병을 가지고 있지 않는 사람은 아무도 없습니다. 모든 사람이 크고 작은 질병과 문제를 가지고 살아가고 있습니다. 육적인 질병뿐만 아니라 정신적이고 영적인 병자들도 참 많습니다. 빈부귀천을 떠나서 질병은 모든 사람들에게 노출되어 있습니다. 요세푸스가 게네사렛 동네는 부요한 마을(열매 맺지 아니하는 나무가 없을 정도로 수확이 풍성했음)이었다고 기록하고 있을 정도로 부유한 마을, 열매가 풍성한 마을이었기에 수확도 많았고 풍요로운 생활을 하는 사람들이 많이 살고 있었습니다. 생활에 여유가 있는 마을이었습니다. 우리나라 같으면 포항이나 울산 그리고 창원이나 거제도 같은 곳이었습니다. 그러나 이처럼 풍요로운 삶 가운데도 인간이 안고 있는 질병으로부터는 자유롭지 못했습니다. 풍요로움이 더 많은 질병을 가져왔는지도 모릅니다. 목표를 향해 열심히 달려가면 질병도 극복이 되는데 늘 풍요로운 삶을 살다 보니 비만증이 오고 각종 질병에 노출 되었는지도 모릅니다. 빈부를 떠나 근본적인 질병의 문제는 예수님만이 고칠 것으로 확신하고 주님의 옷자락이라도 만질 수 있도록 간구한 것입니다. 우리는 주님을 때때로 오해하는 경우가 있는데 주님이 나의 형편을 아시고 적절하게 해결해 주실 것으로 기대만 하지 간구하지 않는 것입니다. 물론 주님께서는 우리 각자의 형편을 다 알고 계시지만 간구하는 자에게 먼저 다가가셔서 고쳐주시고 해결해 주시는 분임을 믿으시기 바랍니다. 미국에서 한인 2세들을 위해 귀하게 쓰임 받고 계시는 분이 있습니다. 김 춘근 장로님이신데 그는 몬트레이 베이 캘리포니아대학에서 현재 가르치고 (알라스카 대학 교수로 19년 봉직함) 계시며 JAMA(Jesus Awakening Movement for America) 사역을 통해서 한인 2세들을 신앙으로 일깨우고 있습니다. 장로님은 젊은 시절(37세) 간경화와 간암으로 배가 만삭된 부인처럼 부어서 죽을 형편이 되었습니다. 그는 간암 말기에 LA 근교의 Big Bear Mt.에 올라가서 금식기도를 드렸습니다. 죽으면 죽으리라는 일사각오를 가지고 하나님께 살려달라고 애원을 했습니다. 어느 날 새벽 기도하는 중에 자신 깊숙이 감춰진 쓴 뿌리를 발견했습니다. 그는 가슴 깊이 맺힌 원한과 미움을 철저하게 회개하였습니다. 이렇게 회개의 눈물을 쏟고 기도했을 때 하나님의 음성이 들려 왔습니다. 주님께서 그를 감싸 안으시면서 영어로 "I forgive you"(내가 너를 용서하노라)라고 말씀하시는 음성이 세 번 들렸습니다. 이렇게 자신의 쓴 뿌리가 치유되고 그 순간부터 건강이 회복되면서 간암이 깨끗하게 치유되었습니다. 지금도 삼대가 행복한 가정을 꿈꾸며 젊은이들을 깨우고 미국교회의 부흥을 위해 방방곡곡에 다니시며 복음을 전하고 계십니다. 이렇게 주님과의 터치를 위해 기도하고 간구할 때 하나님께서는 능력을 행하시고 회복케 하시는 줄 믿습니다. 또한 하나님 나라를 위해 귀하게 쓰임 받게 되는 줄 믿습니다. 기도는 주님을 만나는 최적의 통로입니다. 기도를 통해서 주님은 자신과의 만남을 허락하시고 능력을 드러내십니다. 기도하면 주님과의 소통과 더불어 터치가 일어나고 능력이 창출되는 것입니다. 주님의 옷자락만 만져도 낫게 해 주실 것을 믿는 신앙이 바로 행동하는 믿음입니다. 그러한 사람에게는 세상이 감당치 못할 은혜와 기적을 베푸시는 것입니다.

다 성함을 받음

간절하게 기도하고 주님의 옷자락을 만졌을 때 병자들이 다 고침을 받았습니다. 이렇게 고침을 받고 치유를 경험하는 데는 조건이 하나 있었습니다. 본문 56절에 보니 **'예수님께 손을 대는 자'** 였습니다. 지식으로 아는데서 끝나는 것이 아니라 행동하는 믿음이 될 때 기적을 맛보게 되는 것입니다. 신앙은 이성으로만 이루어지는 것이 아니라 그 생각과 마음이 행동으로 드러날 때 기적을 동반하는 것입니다. 쉬운 예로 이스라엘 백성들이 광야생활을 하는 가운데 하나님의 말씀에 불순종하고 지도자인 모세를 원망하게 될 때 하나님께서는 광야에 불 뱀들을 나오게 해서 물게 하시므로 많은 사람들이 죽었습니다. 그 안타까운 현실을 모세가 보고 하나님께 기도하여 처방전을 받는데 그것은 바로 진 중앙에 높은 장대에 놋 뱀을 만들어 달고 그것을 바라보는 자는 다 낫게 된다는 것이었습니다. 그 말씀을 믿고 바라 본 자들은 다 나았습니다. 그러나 불 뱀에 물렸지만 모세의 말을 듣기만 들었지 실제 보지 않은 자는 다 죽었습니다. 내 생각으로 불가능해 보이는 것도 믿고 행동할 때 가능하게 되고 기적적인 역사가 나타나는 줄 믿습니다. 그러면 모든 사람이 다 간구하고 기도하면 치유를 경험하게 되느냐의 문제는 실제 그리스도인들의 신앙생활에서 부딪히게 되는 벽입니다. 가족 중에 누가 불치병이 걸려 기도했는데 낫지 않고 세상을 떠나는 경우를 보면서 정말 성경에 기록된 말씀이 사실인가를 의심하게 되고, 주님의 치유의 능력에 대해서 의구심을 가지는 경우가 있다는 것입니다. 어떤 사람은 기도하고 주님을 터치했더니 깨끗하게 치유함을 받아 회복이 되었는데 어떤 사람은 고생 고생하다가 세상을 떠나버리는 경우를 보면서 어떤 해답을 우리는 가질 수 있겠습니까? 이런 경험을 하는 사람들은 신앙에 회의가 들고 과연 내가 믿고 있는 것이 진리인가에 대한 의심이 들 때도 있습니다. 그런데 우리가 성경을 연구해 보면 세 가지 사실을 발견할 수 있습니다. 예수님 당시에도 많은 환자들이 있었는데 그 중에 일부만 고침을 받았지 모든 사람이 다 나은 것은 아니라는 사실입니다. 그렇다면 성경에 기록된 병자의 치유는 그 치유를 통해서 예수님께서 하시고자 하는 목적이 있었을 것입니다. 그렇다면 우리도 치유를 통해서 분명한 목적을 이루실 그 분을 신뢰하면서 더욱 하나님께 가까이 가는 계기로 삼아야 신앙에 유익이 있을 것입니다. 두 번째는 육신의 질병은 한 번 고침을 받는다고 죽지 않는 영생으로 가는 것이 아니고 그들도 결국 얼마 동안의 수명연장이 되었을 뿐이라는 사실입니다. 이러한 사실을 통해서 우리에게 더 소중한 것은 영혼의 구원과 영원한 하늘나라의 소망을 갖는 것입니다. 우리가 더 추구해야 할 것은 나의 영적인 건강입니다. 하나님께로부터 받은 선물인 구원과 믿음의 성숙, 영적 건강을 지켜가도록 힘써야 할 것입니다. 세 번째는 우리의 질병이 전인적인 욕구와 관련이 되어 있다는 것입니다. 육신적 질병이 단순하게 육체적이고 생리적인 것에만 국한되는 것이 아니라는 것입니다. 정신적이고 사회적이며 더 나아가 영적인 욕구불만에서 비롯될 수 있습니다. 그러므로 완전한 치유는 육적, 정신적, 사회적, 그리고 영적인 만족이 주어질 때 오는 결과일 것입니다. 진정한 건강은 육체적으로 질병이 없는 상태를 의미하는 것이 아니라 그 한 사람이 가지고 있는 필요가 충족될 때 건강하다는 의미로 볼 수 있습니다. 어느 병원에 한 우아한 중년 부인이 찾아 왔는데 남편은 우리나라 최고의 재벌 기업의 임원이었습니다. 속이 쓰리다고 해서 내시경을 해 봤더니 미란성 위염으로 위가 얇게 헐어 있었습니다. 약을 처방했는데 깨끗해졌는데 6개월 후에 다시 병원을 찾아 왔습니다. 검사를 했더니 전보다 더 심하게 위가 헐었습니다. 약을 처방해서 드렸는데 얼마 후에 119 앰뷸런스에 실려 와서 자초지종을 물었더니 피를 토하고 더 상태가 나빠졌다는 것입니다. 검사를 해 보았더니 궤양이 너무 심해져 동맥이 노출이 되면서 피가 솟구쳐 토하게 되었던 것입니다. 약을 복용해서 좀 나아지면 남편이 외도를 하고 섹스 파트너가 집에까지 전화를 해서 '당신 남편 바꾸라'는 등의 협박 전화를 해 속이 상해서 속병을 앓게 되니 위가 더 망가진 것입니다. 이 여인은 단순한 육체의 질병이 문제가 아니라 남편과의 관계가 더 시급한 문제입니다. 약만 처방하여 복용한다고 해서 해결될 문제가 아니라는 것입니다. 환자의 육체적, 정신적, 심리적, 그리고 영적인 토탈 케어(Total care)가 되어야 완전한 회복을 얻을 수 있습니다. 분명한 사실은 주님과의 터치를 가지는 사람은 영육간에 완전한 회복을 이룰 수 있고, 현실 속에서도 천국을 이루며 기쁨의 삶을 누릴 수 있다는 것입니다. 그것은 계속 이어져 이 세상을 떠나도 영원한 천국에서 영생복락을 누리게 됩니다. 그러므로 우리가 주님과 깊은 관계성을 가지는 것은 너무나 중요합니다. 이 관계성이 성립될 때 완전한 치유가 일어나고 더 나아가 영생을 복을 누리는 은혜를 받게 되는 것입니다. 터치는 신체적, 심리적, 그리고 정신적으로 반드시 반응을 가져오게 되어 있습니다. 언어보다, 글보다 만짐(touch)의 반응이 더 크다는 것이 정설입니다. 우리가 주님을 만질 때 주님께서 우리에게 주시는 은혜는 바로 치유와 회복의 기적입니다. 주님의 옷자락이라도 만질 수 있다면 12년 동안 혈루증으로 고생하던 여인이 깨끗하게 치유함을 받은 것과 같은 기적을 경험하게 됩니다. 누구를 만지고 손을 대느냐에 따라 그 결과가 확연히 다르다면 우리는 오늘 주님을 만지는 열정을 가져야 할 것입니다. 주님을 만지는 행위는 바로 기도입니다. 말씀에 순종하며 나아가는 것도 터치의 방편중 하나입니다. 하나님께서는 자기를 사랑하는 자를 사랑하고 자기를 간절히 찾는 자를 만나 주신다고 약속했습니다(잠 8:17 **"나를 사랑하는 자들이 나의 사랑을 입으며 나를 간**

절히 찾는 자가 나를 만날 것이니라"). 온 마음과 뜻과 정성을 다하여 우리 주 예수님께 손을 내밀어 그 분의 사랑을 경험하고 치유케 하시는 은혜를 누릴 수 있기를 주의 이름으로 축복합니다.

Chapter 17

사람의 계명

(The traditions of men)

마가복음 7:1-8

바리새인들과 또 서기관 중 몇이 예루살렘에서 와서 예수께 모여들었다가 그의 제자 중 몇 사람이 부정한 손 곧 씻지 아니한 손으로 떡 먹는 것을 보았더라 (바리새인들과 모든 유대인들은 장로들의 전통을 지키어 손을 잘 씻지 않고서는 음식을 먹지 아니하며 또 시장에서 돌아와서도 물을 뿌리지 않고서는 먹지 아니하며 그 외에도 여러 가지를 지키어 오는 것이 있으니 잔과 주발과 놋그릇을 씻음이러라) 이에 바리새인들과 서기관들이 예수께 묻되 어찌하여 당신의 제자들은 장로들의 전통을 준행하지 아니하고 부정한 손으로 떡을 먹나이까 이르시되 이사야가 너희 외식하는 자에 대하여 잘 예언하였도다 기록하였으되 이 백성이 입술로는 나를 공경하되 마음은 내게서 멀도다 사람의 계명으로 교훈을 삼아 가르치니 나를 헛되이 경배하는도다 하였느니라 너희가 하나님의 계명은 버리고 사람의 전통을 지키느니라

어떤 일이든지 오랫동안 반복적으로 행하다 보면 자신도 모르게 습관화 되고 형식화되는 되는 경향이 있습니다. 처음에는 내용과 원리에 충실하지만 시간이 흐를수록 본질은 사라지고 껍데기만 남아서 형식주의가 되어 매너리즘에 빠지고 맙니다. 정말 위험한 일이요, 우리가 경계해야 할 습관입니다. 공산주의도 처음에는 아주

좋은 의도와 이념으로 시작했지만 시간이 흐를수록 사상의 껍데기만 남아 대중을 착취하고 철의 장막이라는 올가미 속에 가두어 불행한 삶만이 존재하는 정치체제가 되고 말았습니다. 공산주의 이론을 들었던 많은 사람들이 그 사상에 심취하여 추종자가 되고, 한 때 엄청나게 번창하는 시기도 있었지만 결국 형식화 되고 제도화가 되면서 이 땅에서 그 자취를 감추었고 몇몇 나라만 그 명맥을 유지하고 있습니다. 대표적인 나라가 북한이고 아직도 그 잔재가 남아 있는 곳이 러시아와 중국, 그 외 몇몇 나라들입니다. 종교생활도 본질을 잃어버리면 시간이 지날수록 화석화되고 사람의 전통과 계율에 얽매이게 되어 형식적인 의식만 남게 됩니다. 중세 기독교가 바로 그와 같은 전철을 밟게 되어 결국 천주교와 개신교로 결국 나누어지는 아픔을 겪게 되었습니다. 하나님을 섬긴다는 미명 아래 사람의 전통과 인간 우상화가 만연하여 결국 말씀중심으로 돌아가자는 운동이 곳곳에 일어나 프로테스탄트, 즉 루터와 칼빈 그리고 영국 스코틀랜드를 무대로 한 쯔빙글리의 종교개혁이 본격화 된 것입니다.

우리 주님께서 지상에 계시는 동안 가장 싫어하시고 질책하셨던 일이 바로 형식주의와 바리새인들의 외식주의였습니다. 본문에서도 전통과 형식에 사로잡힌 유대주의 지도자들에 대한 잘못을 질책하시고 있는데 마찬가지로 주님을 따르는 현대 그리스도인들도 본질이 훼손되고 신앙이 형식화되면 동일하게 책망하실 것입니다.

부정한 손

오늘 본문 2절은 부정한 손 곧 씻지 아니한 손으로 떡 먹는 것을 언급하고 있습니다. 여기에서 저자 마가는 깨끗한 식물에 관한 바리새인들의 정결주의를 말하고 있습니다. 구약시대에 하나님께서는 이스라엘 백성들의 정결함을 위해서 정결의식에 대한 법을 주셨습니다. 제사장들의 정결의식 뿐만 아니라 음식에 관한 것과 식기류에 관한 정결법을 제시하셨습니다(출29:4, 30:20, 40:12; 레12:-14J). 그러나 마가복음에 나타나는 제의적 부정의 문제에서 예수님은 나병환자와 접촉(1:41), 혈루증을 앓은 여인과의 접촉(5:27-30), 죄인들과 세리와의 자유로운 접촉들을 통해 부정의 문제에 정면 도전하였습니다. 무엇보다 예수님의 사상에서 핵심은 인간성임을 강조하는 것이었습니다.

본문에서 제의적 부정의 문제는 깨끗한 식물과 깨끗지 못한 식물의 구별과 취식법에서 드러납니다. 제자들 중 몇 명이 씻지 아니한 손으로 먹은 것이 부정함의 원천을 나타내어 장로들의 유전을 범한 것이 되었습니다. 당시의 서민들이 죄인들이라고 배척당한 까닭은 그들이 제의적 정결에 무관심하였기 때문이었습니다. 이에 제사장이 성막에 들어가기 전에 손과 발을 씻어야 한다는 결례는 생활 조례의 기초가 되었습니다. 그래서 유대인들은 제사장의 정결법을 자발적으로 받아들여 아침 기도 전에 규칙적으로 손을 씻었습니다.

만약 부정해진 다음에 레위기적 정결의 회복을 얻으려면 물로 씻어야 할 필요가 있는데 그 중에서 가장 일상적인 제의적 결례로써 손을 씻는 법을 언급합니다. 이 결례는 음식 먹기 전에 공식적으로 요구되는 절차였습니다. 그 방법들은 물을 부어 손을 씻음, 물을 뿌림과 목욕이나 손목까지 담그는 형식들이 있었습니다.

원래 손을 씻는 정결 예식은 제사장을 위한 규례였습니다. 제사장들은 백성들을 대신해서 짐승을 잡아서 하나님께 제사를 드렸습니다. 그러므로 그들의 손에는 항상 짐승의 피가 묻어 있었습니다. 때문에 그들은 하나님께서 임재하시는 성소에 들어갈 때에 항상 물두멍에서 손을 씻어야 했습니다(출30:20). 그런데 후대에 오면서 율법학자들은 일반 백성들도 손을 씻어야 한다고 주장했습니다. 그리고 그들은 일반 백성들도 식사하기 전에 손을 씻도록 규정했습니다. 이러한 장로들의 전통법에 따라 백성들은 식사하기 전에 물로 손바닥과 손가락을 씻었습니다. 그들은 시장에 갔다 와서 반드시 손을 씻고 음을 먹었고, 잔과 주발과 놋그릇도 물로 씻었습니다. 그들은 사람이 자는 동안에 **'쉬브타'** 라는 악마가 와서 그들의 손에 올라앉는다고 생각했습니다. 이러한 까닭에 그들은 손을 씻지 않고 음식을 먹으면 그 악마로 인해 음식이 부정해진다고 가르쳤습니다. 그러므로 유대인들에게 음식을 먹기 전에 손을 씻는 일은 매우 중요한 예식이 되었습니다.

이러한 유대인의 좋은 전통의 목적은 청결한 삶을 위한 것이었습니다. 음식을 먹기 전에 손을 씻는 행위는 위생상 좋은 일입니다. 우리나라도 과거 어려운 시절, 수도 사정이 좋지 않았을 때는 더러워진 손 그대로 음식을 먹고 물건을 만지곤 했습니다. 더러운 손으로 음식을 먹음으로 인하여 여러 가지 질병에 노출되기도 했습니다. 그나마 우리는 숟가락이나 젓가락으로 음식을 먹었기 때문에 직접적인 병균에 노출되지는 않았지만 손으로 음식을 먹는 나라들은 많은 균에 의해 감염되어 질병으로 고생을 하기도 하고 단명하기도 했습니다. 몇 년 전에 신종 플루가 유행했을 때 손을 반드시 씻도록 국가적으로 홍보했던 것을 우리는 기억합니다. 예를 들면 필리핀은 숟가락이나 포크를 사용하지 않고 손 자체로 음식을 먹기 때문에 세균에 많이 노출되어 여러 가지 질병에 걸리곤 합니다. 지금은 많이 문명화되어 어느 정도 생활수준이 되는 사람은 포크나 숟가락을 사용하여 음식을 먹지만 지금도 하층 서민들은 더러운 손으로 길가에서 그대로 음식을 섭취하므로 여러 가지 질병으로 고생을 하는 것을 보게 됩니다. 지금도 평균 수명이 60대를 넘지 못하고 있습니다. 위생상으로 좋은 것이라면 누구든지 지키는 것이 좋습니다. 그러나 왜 그것을 지켜야 하는지에 대한 본질적인 질문에 대답을 하면서 바르게 지켜야 합니다. 유대인들은 맹목적으로 그것을 지키면서 지키지 않는 사람들에 대해서 비난하거나 정죄하는 잘못을 저질렀던 것입니다. 결국 그들 질문의 속셈은 자기들이 지키는 전통을 무시하고 소홀하게 여길 것이라는 예수님에 대한 선입견으로 그의 가치관에 대한 잘못을 지적하기 위한 것에 있었습니다. 잘못된 것은 주님이 아니라 자기들인데 적반하장(賊反荷杖) 격으로 예수님을 정죄한 것입니다. 자신들의 전통이 남의 가치관을 시험하고 자기들의 것을 고수하지 않으면 정죄하는 잣대는 그 자체로 잘못입니다. 부정한 손에 대한 그들의 잘못된 관념이 바로 주님을 질책의 대상으로 삼은 이유입니다. 진정한 정결은 그리스도의 보혈, 즉 십자가의 능력으로 가능한 것이지 사람의 계명을 지킴으로 되는 것이 아님을 우리는 기억해야 합니다. 우리의 손에 놓인 죄악과 허물은 그리스도의 피로 깨끗하게 되는 줄 믿습니다. 육신의 손의 더러움 보다 더 무서운 것은 바로 마음으로부터 짓는 죄입니다.

장로들의 전통

손을 씻는 행위에 관한 규범도 장로들의 전통인 미쉬나에 기록이 되어 있습니다. 유대인들은 율법이 오경에 기록된 율법 외에도 하나님이 모세에게 말로 주신 구전(口傳)율법이 있다고 생각했습니다. 또한 유대교에서는 성경 율법은 원리만을 가르치기 때문에 세세하고 복잡한 현실 생활에 구체적으로 적용하기 위해서는 보다 상세한 규범이 필요하다고 생각하였습니다. 그리하여 바벨론 포로생활 이후부터 유명한 유대 랍비들이 고대의 전승(傳承 : 계통을 대대로 전하여 이어 감)자료들을 중심으로 세세한 생활 규범들을 정비,

집성(集成)하기 시작했습니다. 이것이 바로 장로들의 전통(傳統:끼쳐 내려옴)이었습니다. 이것은 외형상으로는 별문제가 없는 듯이 보이지만 인간의 생각을 하나님의 계시와 동일한 수준으로 생각하였다는 점과 율법의 목적과 정신을 버리고 세부규칙을 우스꽝스러울 정도로 상세히 규정해 놓음으로써 결과적으로 하나님께서 요구하시는 순종과 사랑을 버리고 인간의 위선과 교만만을 자극했다는 점에서 치명적인 오류를 범했습니다. 즉, 인간은 전적으로 죄인으로서 하나님께서 주시는 의만을 사모할 수 있는데, 랍비들은 율법의 정신은 버리고 율법의 형식만 지키면 구원받을 수 있다고 착각하여 그것을 지키는 데만 주력하였던 것입니다. 한편 B.C. 300년에서 A.D. 800년 사이에 이런 구전 율법을 집대성하여 문서화한 것이 바로 탈무드(Talmud)입니다. 탈무드는 내용상 율법의 세부규정을 담은 미쉬나(Mishna-반복)와 율법규정의 교훈적 풀이인 게마라(Gemara-보완) 두 부분으로 나눌 수 있고, 그 문체 면에서는 법 규정을 다루는 할라카(Halakah-규범)와 각종 이야기를 통한 지혜와 훈계를 주는 학가다(Haggadah-설화, 이야기) 두 부분으로 나뉩니다. 또 본래 탈무드라는 것이 구전, 즉 입으로 떠돌던 율법을 정리한 것이기 때문에 그 편집자에 따라 약간 내용이 달라질 수도 있는데 현재 유명한 탈무드로는 바벨론 탈무드와 예루살렘 탈무드가 있습니다.

개역개정판 이전의 성경에서는 '장로들의 유전'이라고 번역을 했는데 우리가 사용하는 개역개정판에는 '전통' 이라고 번역을 하고 있습니다. '유전' 이나 '전통' 이나 헬라어 단어는 '파라도신' (παράδοσιν)으로 사람이 만든 교리(Doctrine)입니다. 성경의 내용을 가지고 해석과 설명을 하고 구체적인 방법을 찾아서 물려준 교리문답과 같은 것입니다. 이것은 분명히 성경에서 말하고 있는 것을 근거로 했지만 사람들이 쉽게 지킬 수 없는 것으로 본질적 내용보다는 방법적인 것을 우선순위에 두고 강조를 했고, 그것을 지키지 않은 사람들을 죄인으로 정죄하곤 했습니다. 중세기에 로마 가톨릭이 꼭 이와 같은 방식으로 믿는 사람들을 우민화했습니다. 당시 가톨릭교회는 '성경' 과 아울러 '전통' 의 권위를 강하게 주장했고 곧 진리는 '성경' 에만 있는 것이 아니라 기록되지 않은 '전통' 을 통해 계속해서 전해 내려 왔다고 주장했습니다. 따라서 이런 '전통' 도 '성경' 과 마찬가지의 권위를 가지며 똑같이 존중해야 한다고 말합니다. 종교개혁에 대한 반동으로 1546년에 모인 트렌트(Trent) 회의에서는 성경뿐만 아니라 전통도 '동등한 경건한 사랑과 존경으로(pari pietatis affectu ac reverentia)' 받아들이고 경외하여야 한다고 결정하였으며, '전통' 도 '성경' 과 똑같은 권위를 가지고 있는 것으로 보았습니다. 예를 들면, 성경에 전혀 근거가 없는 '마리아 무죄 탄생' 과 '마리아 수난' 과 '마리아 승천' 교리도 제2 바티칸 회의에서 '전통' 의 권위에 의해 채택합니다(The Church, VIII, 58-59). 공식적인 결정은 나중에 있었지만, 오래 전부터 가톨릭교회에서 미신적으로 믿어 오던 것들을 나중에 '전통' 의 이름으로 공인한 것입니다. 그래서 성당 안팎에 마리아 상을 만들어 숭배하고 그것에 경외심을 가지고 섬기지 않거나 예배하지 않으면 잘못된 신자로 낙인을 찍었습니다. 성경에는 동정녀 마리아로, 예수님을 탄생시킨 어머니로, 그리고 결혼해서 많은 자녀들을 낳은 것으로 기록을 하고 있을 뿐인데 그를 우상화하고 신격화하여 하나님처럼 섬기고 있는 것입니다. 이러한 잘못된 전통을 지키고 있는 로마교를 향하여 종교개혁자들은 '오직 성경'을 주장하게 된 것입니다. 그들은 성경 자체가 최고의 궁극적 권위를 가진다고 주장했습니다. 루터는 '공회'도 잘못할 수 있으며, 실제로 잘못했다고 주장했습니다. 종교개혁자들은 '전통'이 '성경'을 보완한다는 주장을 배척하고 '성경의 충족성(sufficiency of Scripture)'을 주장했고 같은 맥락에서 칼빈은 성경의 '자증(自證, Autopistia)'을 강조했습니다. 성경은 교회의 결정이나 외부의 권위에 의해서가 아니라 그 자체 안에 신적 권위를 가지고 있습니다. 또한 종교개혁자들은 성경은 불분명하며 교회가 해석하는 권한을 가지고 있다는 가톨릭교회의 주장에 반대하여 '성경의 명료성(Perspicuity of Scripture)'을 주장했습니다. 그리고 성경 해석의 최고 심판자는 성경 자신이라고 외쳤습니다.

예수님 당시 유대인들은 조상 적부터 내려오던 장로의 유전을 지켜야 한다고 예수님께 항변했지만 주님은 성경보다 우위에 있는 전통에 대해서는 부정적이었습니다. 그들은 정결의식을 준수하면서 몇 가지 전통을 만들었는데 오늘 본문 3절 이하에 보면 세 가지로 언급이 되어 있습니다. 1) 음식을 먹기 전에는 반드시 손을 씻어라 2) 외출을 하고 난 후 집에 들어 왔을 때는 샤워를 하고 음식을 먹어라(물을 뿌리는 것으로) 3) 음식과 음료수를 담는 잔과 대접과 놋그릇을 씻으라는 것이었습니다. 예수님을 흠잡고 헐뜯기 위해서 찾아온 그들의 주장이 하나님의 말씀보다는 조상 적부터 내려오는 인간적인 주장에서 비롯되었다는 것을 까마득하게 잊고 있었던 것입니다. 겉모양의 치장이나 정결함보다 더 중요한 것이 바로 우리의 마음입니다. 마음이 그리스도의 보혈로 정결하게 되고 거룩하여 하나님 앞에 투명해야지, 외형적인 모습은 그럴듯한데 내면과 영혼이 더러워져 있다면 주님께 책망을 받게 될 것입니다.

신앙의 우선순위

신앙생활에 있어서 형식보다는 내용의 본질이 우선순위에 있어야 합니다. 순서가 바뀌면 본질 자체가 사라지게 되고 형식이라는 겉모양만 남게 되어 능력은 상실되고 경건의 모습만 남게 됩니다. 그러므로 우리가 행하는 행동이나 관습에 대해서 무엇 때문에 이것을 행하는가에 대한 질문을 끊임없이 해야 합니다. 그래서 그 의도와 목적에 충실할 수 있어야 합니다. 옛날 러시아 궁전 안에 작은 연못이 하나 있었습니다. 그 연못을 항상 두 명의 군인이 24시간 교대로 지키고 있었습니다. 그런데 그 군인들이 왜 그 연못을 지키는지 아무도 몰랐습니다. 그러나 왕이 바뀌며 수백 년 동안 그 연못을 지켜왔기 때문에 아무도 왜 그 연못을 지키느냐고 의문을 제기하는 사람이 없었습니다. 그런데 어느 날, 어떤 사람이 그 연못을 지키는 이유를 추적해 봤습니다. 그랬더니 몇 백 년 전에 그 궁전에 한 공주가 살았다는 것입니다. 왕이 무척 귀여워하여 공주가 원하는 모든 것을 다 들어줬습니다. 공주는 그 연못에 아주 귀한 붕어 두 마리를 사다가 키웠습니다. 그리고 혹 누가 그 붕어를 해할까봐 보초를 세워 놓았던 것입니다. 그런데 세월이 가면서 왕도 죽고, 붕어도 죽고, 공주도 죽었습니다. 그러나 보초를 서는 일은 계속되었습니다. 그래서 무엇을, 왜 지키는지도 모르면서 계속 군인들이 보초를 섰다는 이야기입니다.

오늘 우리 신앙의 모습 가운데도 그 의도와 목적을 모르고 맹목적으로 행하는 습관이 있습니다. 그것이 교회에서 하나의 전통이 될 때도 있습니다. 의미도 모른 채 그렇게 해 왔기 때문에 지켜야 한다는 사실은 처음 교회에 온 사람들을 어리둥절하게 만들기 십상입니다. 옛날에는 강단이 거룩한 곳이라 하여 반드시 신발을 벗고 올라갔습니다. 특별히 강단에 아이들이 올라가면 큰일이 났었습니다. 더 옛날에는 교회당 본당도 신발을 벗고 들어갔었습니다. 그러나 시대가 변했습니다. 어떤 교회에 가 보면 강단에 신발을 벗어놓고 대신 실내화를 신고 올라가는 것을 보는데 정말 이상합니다. 우리가 신앙생활을 할 때 왜 그렇게 하는 것인지 물어보고, 연구하고,

토론도 하면서 바른 의미를 찾아 행하는 지혜가 필요합니다. 그리고 본질에서 벗어나 모양만 남은 전통이면 과감히 버리거나 고치는 용기가 있어야 합니다. 무조건적인 전승과 따름은 위험할 수 있습니다.

신앙생활을 하는 데는 여러 가지 함정이 있을 수 있습니다. 말씀을 깊이 있게 모르면 사람들이 만들어 놓은 전통이나 관습에 빠져 참다운 신앙의 본질을 놓치고 형식적인 종교생활을 하게 될 수 있습니다. 예수님의 말씀처럼 6절에 **"입술로는 하나님을 공경하지만 사람의 계명으로 하나님을 헛되이 경배하는"** 오류에 빠지게 됩니다. 하나님의 계명을 지키는 것이 우선적이어야 합니다. 사람이 만들어 놓은 그럴듯한 전통에 얽매이는 것을 언제나 경계해야 할 것입니다. 과거로부터 내려오는 좋은 전통도 물론 있습니다. 하지만 잘못된 관습도 있다는 것을 알고 말씀에 충실하고 말씀에 따라 살려는 노력을 하는 것이 무엇보다 필요합니다. 외형적인 것보다 내면적인 자아상이 더 중요합니다. 신앙의 껍질을 벗고 내면의 정체성을 확립하여 하나님 앞에서, 하나님을 위해 사는 정직한 삶이 참된 그리스도인의 모습입니다. 낡은 전통을 가지고 다른 사람을 정죄하려는 어리석음을 버리고 하나님의 계명에 충실한 그리스도인들이 되기를 주의 이름으로 축복합니다.

Chapter 18

하나님의 계명

(The commands of God)

마가복음 7:9-16

또 이르시되 너희가 너희 전통을 지키려고 하나님의 계명을 잘 저버리는도다 모세는 네 부모를 공경하라 하고 또 아버지나 어머니를 모욕하는 자는 죽임을 당하리라 하였거늘 너희는 이르되 사람이 아버지에게나 어머니에게나 말하기를 내가 드려 유익하게 할 것이 고르반 곧 하나님께 드림이 되었다고 하기만 하면 그만이라 하고 자기 아버지나 어머니에게 다시 아무 것도 하여 드리기를 허락하지 아니하여 너희가 전한 전통으로 하나님의 말씀을 폐하며 또 이같은 일을 많이 행하느니라 하시고 무리를 다시 불러 이르시되 너희는 다 내 말을 듣고 깨달으라 무엇이든지 밖에서 사람에게로 들어가는 것은 능히 사람을 더럽게 하지 못하되 사람 안에서 나오는 것이 사람을 더럽게 하는 것이니라 하시고

지난 시간에 우리는 외형적인 것에 매여 본질에 충실하지 못한 사람들의 시비에 대해서 살펴보았습니다. 오랜 전통에 젖어 있다 보면 그것이 옳은 것인지 그렇지 않은 것인지를 알지 못하고 맹목적으로 따르는 경우가 있습니다. 특히 신앙생활을 하는 가운데 이런 경우가 허다하고 그것이 나 자신을 속이는 헛된 경건이 될 수 있음을 알아야합니다. 사람들은 눈에 보이는 것에 신경을 많이 씁니

다. 예를 들면 내가 가진 옷이나 머리 스타일, 그리고 얼굴과 같은 외모에 대한 것들입니다. 깔끔한 옷이나 단정한 머리 스타일 그리고 인자함과 웃음이 있는 얼굴 등은 인간관계나 사회생활에 중요합니다. 그러나 우리가 놓치지 말아야 할 것은 다른 사람들의 시선에 가려져 잘 드러나지 않는 내면의 모습입니다. 사람은 외모를 보지만 주님은 마음을 감찰하시는 분이라고 하셨는데 주님은 사람들이 가지고 있는 생각과 마음의 모습을 더 중요하게 여기시는 분입니다. 그러한 마음을 가진 분이시기에 인간이 만든 전통을 더 부각시키면서 자신의 내면을 감추고 있는 가식적인 사람들의 행태를 그냥 보고 넘어가지 않습니다. 그것도 가만히 있는 사람에게 시비를 걸고 무엇인가 꼬투리를 잡아 정죄하려고 하니 그들의 잘못을 지적하시고 시정하고자 하신 것입니다.

오늘 본문은 구체적인 예를 제시하면서 하나님의 계명을 잘 지켜야 할 것을 말씀하고 계십니다.

하나님의 계명

예수님은 바리새파 사람들과 율법학자들이 제기한 전통과 형식에 대한 논쟁에 대해서 다음과 같이 대답을 했습니다. 핵심은 장로들의 유전이 하나님의 계명과 배치된다는 것입니다. 우리가 믿고 행하면서 따라야 할 것은 하나님의 말씀이지 사람이 만든 계명이나 율례가 아니라는 것입니다.

첫째, "너희는 입술로만 나를 공경하고 마음은 내게서 멀리 떠났다." 태도 따로, 마음 따로의 섬김은 위선이고 외식적인 이중적 삶입니다. 둘째, "사람의 훈계를 교리인 양 가르치고 나를 헛되이 예배한다." 자칫하면 우리가 드리는 모든 예배가 헛된 예배가 될 수 있습니다. 셋째, "너희가 하나님의 계명은 버리고 사람의 전통만 붙들고 있구나."입니다. 은혜는 날마다 기쁨을 줍니다. 결국 가장 문제가 되는 것은 하나님의 은혜가 아닌 사람의 전통만을 붙들고 있는 것입니다. 그러면서 "나는 신앙생활을 잘하고 있다. 교회에 출석했다. 나는 하나님의 뜻대로 살았다."고 말하면서 자화자찬합니다. 그런데 그들의 내면에는 신앙이 없습니다. 이렇게 영적 능력이 없으면 무기력해집니다. 기쁨이 없기 때문에 조금만 봉사를 해도 지치고 짜증이 납니다. 마치 자기 혼자서만 일하는 것처럼 느껴집니다. 봉사를 할 때에는 샘물이 솟아나듯이 기쁨이 계속해서 샘솟아야 합니다. 밥 먹는 것이 힘들어 지치는 사람이 있습니까? 하루 세 끼씩 식사를 매일 하지만 밥 먹는 일이 힘들어서 지치는 사람은 없습니다. 사역은 밥과 같습니다. 사역을 하면 힘이 납니다. 그 힘은 하면 할수록 더욱 세집니다. 그런데 어떤 사람들은 하나님을 위해서 봉사를 조금 하고는 '이제는 좀 쉬고 싶다' 고 말합니다. 잘못된 사역을 하고 있기 때문입니다. 운동을 하면 할수록 힘이 세지는 것처럼 사역은 하면 할수록, 예배를 드리면 드릴수록 영적으로 맑아지고 힘이 솟아나는 것입니다.

이렇게 주님이 지적한 말씀의 핵심은 바리새인들이나 종교지도자들이 하나님의 말씀을 버리고 사람들이 만들어 놓은 전통에 더 충실하고 있다는데 있습니다. 그들은 하나님을 바라보지 않고, 오히려 사람을 바라보려 했습니다. 또한 그들은 성경에 기록된 하나님의 말씀에 절대적으로 순종하지 않고, 오히려 사람의 말 듣기를 좋아했습니다. 한 마디로 그들의 초점이 잘못 되었습니다. 우리는 사람을 바라보지 말고, 오직 하나님만 바라봅시다. 기도와 예배와 봉사와 삶 전체가 하나님께 초점이 맞추어져 있어야 합니다. 사도 바울은 먹든지 마시든지 살든지 죽든지 무엇을 하든지 하나님 영광을 위해서 하라고 권면합니다(고전 10:31; 빌1:20). 그리스도에게 초점을 맞추어 사는 삶이 하나님께서 기뻐하시는 복음적인 삶입니다. 우리는 사람의 말에 귀를 기울이지 말고, 오직 성경에 기록된 하나님의 말씀에 귀를 기울입시다. 우리의 초점은 언제나 하나님과 하나님의 말씀인 성경에 있기를 바랍니다. 성경을 모르면 초점이 쉽게 흐려질 수 있습니다. 말씀에 능통한 성숙한 그리스도인이 되어야 합니다.

고르반

오늘 본문 10절에서 먼저 예수님께서는 바리새인들과 서기관들의 문제점이 무엇인가를 지적하십니다. 그들은 자기들의 전통을 지키기 위하여 하나님의 계명을 잘 저버렸습니다. 곧 이어서 예수님께서는 이와 관련된 하나의 구체적인 예를 드셨습니다. "모세는 네 부모를 공경하라 하고 또 아버지나 어머니를 모욕하는 자는 죽임을 당하리라 하였거늘", "네 부모를 공경하라." 이는 십계명 가운데 제5계명으로서, 모세가 출20:12에 기록한 말씀입니다. 본문 9절에서 예수님은 이를 **"하나님의 계명"**이라고 부르셨습니다. 또한 본문 13절에서 예수님께서는 이를 **"하나님의 말씀"**이라고 칭하셨습니다. 이로써 우리는 무엇을 알 수 있습니까? 예수님은 모든 성경이 하나님의 말씀임을 분명하게 하셨다는 것입니다. 그러니까 모세가 기록했든지, 이사야가 기록했든지, 또는 다른 사람이 기록했든지 성경에 기록된 말씀은 모두 다 하나님의 말씀입니다. 그래서 같은 내용을 담고 있는 마15:4 말씀을 보면, '모세는' 이라는 말씀 대신에 '하나님이 이르셨으되' 라는 말씀으로 시작을 하고 있습니다. 같은 뜻입니다. 모든 성경은 하나님의 말씀이기 때문입니다. 이처럼 예수님께서는 성경의 권위를 확고하게 세우셨습니다. **"모든 성경은 하나님의 감동으로 된 것으로 교훈과 책망과 바르게 함과 의로 교육하기에 유익하니, 이는 하나님의 사람으로 온전케 하며 모든 선한 일을 행하기에 온전케 하려 함이니라"**(딤후 3:16,17)

신 12:32 말씀처럼 하나님의 말씀은 가감할 수 없습니다. 하나님의 말씀은 그대로 지키고 행해야만 합니다. 따라서 **"네 부모를 공경하라"**는 하나님의 계명은 반드시 지켜져야 합니다. 여기에 무슨 변명이나 핑계가 있을 수 없습니다. 이 사실을 강조하시기 위하여 오늘 본문에서 예수님께서는 성경에 있는 또 다른 말씀을 추가로 인용하셨습니다. 이번에는 출 21:17 말씀입니다. **"또 아버지나 어머니를 모욕하는 자는 죽임을 당하리라."** 이렇듯 예수님에게는 언제나 성경만이 절대적이었습니다. 자기 부모를 공경하지 않는 자가 받아야 할 벌은 죽임을 당하는 것이었습니다. 그만큼 "네 부모를 공경하라"는 하나님의 계명은 심각하게 받아들여져야 했습니다. 바리새인들이나 서기관들이 이 사실을 모를 리가 없습니다. 물론 구약성경과는 달리 신약성경에는 그와 같이 혹독한 벌이 명시되어 있지는 않지만 구약의 말씀은 신약의 말씀과 동일한 효력이 발생하기 때문입니다. 하나님의 은혜의 시대에 살기 때문에 즉각적인 벌이 주어지지 않지만 그 효력은 영원한 것입니다. 즉결심판을 받지 않는 이유는 예수님께서 십자가에서 이미 우리의 모든 죄 값을 치르시고, 우리를 대신해서 죽으셨기 때문에 오래 참으시는 하나님의 은혜의 시대에 살고 있는 연고입니다. 그러나 자녀가 부모를 공경해야 함은 예나 지금이나 조금도 변함이 없습니다. 자녀는 부모를 존경하며, 부모에게 순종해야 합니다. 또한 부모가 나이 들어 일할 수 없을 때, 자녀는 물질로 부모를 봉양해야 합니다. 부모 공경에는 이 모든 것이 다 포함됩니다.

그런데 바리새인들과 서기관들은 어떠했습니까? 그들은 "네 부모를 공경하라"는 하나님의 계명을 너무나도 잘 알고 있었습니다. 또한 그들은 이 계명을 어길 경우에 중한 벌을 받게 되리라는 사실도 잘 알았습니다. **"누구든지 자기 부모를 저주하는 자는 반드시 죽을 것이다"**라고 했습니다(출20:12; 출21:17; 레20:9). 그럼에도 불구하고 그들은 어떠했습니까? 본문 11절에 **"너희는 이르되 사람이 아버지에게나 어머니에게나 말하기를 내가 드려 유익하게 할 것이 고르반 곧 하나님께 드림이 되었다고 하기만 하면 그만이라 하고"**라고 말씀합니다. "너희는 이르되" 이는 10절에서 시작하는 말씀, 곧 "모세는"이라는 말씀과 서로 대조를 이루고 있습니다. 그들은 성경과는 다르게 행하며, 또한 성경과는 다르게 사람들을 가르쳤습니다. 그들이 지키는 잘못된 전통 때문이었습니다. '고르반'(Κορβαν)이라는 말은 '하나님께 드리는 예물이 되었다'는 의미입니다. 그런데 그들은 말만 그렇게 하고 실제로는 예물을 드리지 않았습니다. 또한 그들은 부모를 실제로 모시지 않고 '고르반'이라는 말만 하면서 종교적인 의무를 다 했다고 생각했습니다. 즉 전통을 핑계 삼아 하나님의 말씀을 유명무실하게 만든 것입니다. 말씀보다 앞서는 것은 우상이며 사람의 계명입니다. 아무리 오랫동안 내려온 전통이라도 하나님의 말씀의 의도와 다른 것은 과감하게 버릴 줄 아는 지혜와 용기가 필요합니다. 우리의 신앙생활 가운데도 우리가 알지 못하는 그러한 것이 있을 수 있습니다. 깨달을 수 있는 지혜를 달라고 기도하고, 말씀 중심의 삶을 살도록 노력해야 할 것입니다.

더럽게 하는 것

예수께서 다시 사람들을 불러 말씀하셨습니다. "너희는 모두 내 말을 잘 듣고 깨달으라. 몸 밖에 있는 것이 사람 속으로 들어가 사람을 '더럽게' 하지 못한다. 오히려 사람 속에서 나오는 것이 사람을 '더럽게' 하는 것이다." 예수님께서는 당신의 말씀을 잘 듣고 깨닫기를 원하셨습니다. 사람들이 예수님의 말씀을 잘 듣지 않고 자기들이 지금까지 배우고 경험한 것에 근거하여 고집스럽게 사는 것을 원치 않으셨습니다. 지금도 마찬가지입니다. 주님은 나의 의지나 경험 그리고 배운 것에 의존하지 않고 말씀에 근거하여 살기를 원하십니다. 진리는 변함이 없습니다. 우리 주님은 사람의 속으로 들어가는 음식이 더러운 것이 아니라 나오는 것이 더럽다는 것을 강조하고 계십니다.

"사람 속으로 들어가는 것이 사람을 '더럽게' 하지 못하는 것을 너희가 알지 못하느냐? 그것은 사람의 마음으로 들어가는 것이 아니라 뱃속으로 들어갔다가 결국 몸 밖으로 나오기 때문이다." 뱃속으로 들어가는 것이 무엇입니까? 음식입니다. 예수님께서는 모든 음식을 깨끗하다고 하셨습니다. 더러운 음식을 자의로 먹는 사람은 아무도 없습니다. 사람들은 음식을 먹을 때 깨끗해 보이는 것도 농약이 있을까 씻고 또 씻어 먹습니다. 사람의 뱃속에 들어가는 음식은 깨끗합니다. 더러운 것은 들어가지 못합니다. 사람의 바깥에서 몸 안으로 들어가는 것은 깨끗하지만 반대로 뱃속에서 나오는 것은 어떻습니까? 더럽습니다. 그것에 대해서 예수님께서는 제자들이 물었을 때에 상세하게 말씀해 주셨습니다.

우리는 눈에 보이는 것만 가지고 깨끗하고 더럽다고 판단하는 경우가 많습니다. 그러나 우리 눈은 한계를 가지고 있습니다. 눈이 나쁜 사람은 더러운 것도 잘 보이지 않습니다. 옛날에는 아궁이에 불을 지펴서 밥을 지었습니다. 어머님께서 나이가 드시니 쌀을 씻는다고 씻지만 그 속에 머리카락이나 돌 같은 것이 들어갈 수 있었습니다. 자녀들은 눈이 밝으니까 자기 그릇에 머리카락과 돌 심지어 쥐똥 같은 것이 들어 있는 것을 보게 됩니다. 어떤 자녀들은 이런 일이 일어날 때 어머니께 불평을 털어 놓곤 했습니다. 그러나 실제 눈에 보이는 더러운 것은 더러운 것이 아닐 수 있습니다. 더 더러운 것은 마음속에 자리 잡고 있는 온갖 허물과 죄로 인하여 파생되는 것들입니다. 음식도 들어가서 소화가 다 되고 나면 나올 때는 오물이 되는 것입니다. 나오는 것들이 더러운 것이지 들어가는 것이 더러운 것이 아님을 우리는 알아야 합니다. 죄로 인하여 우리 내면에 가득 차 있는 것이 삶을 더럽고 황폐하게 만드는 것입니다. 무엇보다 우리가 다스리고 중요하게 여겨야 할 것은 우리의 마음입니다. 마음은 가린다고 해서 없어지거나 사라지는 것이 아닙니다. 근본적으로 해결하지 않으면 사라지지 않는 것이 우리 마음속에 있는 더러운 죄악입니다. 우리 주님은 종교지도자들이 가지고 있는 더러운 마음의 죄, 시기와 질투, 불순종과 정죄의식을 지적하시고 깨끗하게 하시기를 원하신 것입니다. 예수님 외에 우리 속에 있는 더러움을 씻을 수 있는 분은 없습니다.

> 찬송 252장 1절 "나의 죄를 씻기는 예수의 피 밖에 없네 다시 정케 하기도 예수의 피 밖에 없네 (후렴) 예수의 흘린 피 날 희게 하오니 귀하고 귀하다 예수의 피 밖에 없네."

> 찬송 274장 1절 "나 행한 것 죄 뿐이니 주 예수께 비옵기는 나의 몸과 나의 맘을 깨끗하게 하옵소서 물가지고 날 씻든지 불가지고 태우든지 내 안과 밖 다 닦으사 내 모든 죄 멸하소서"

주님의 보혈로 우리의 더러운 죄를 깨끗하게 씻음 받게 될 때 참 행복이 있고 기쁨이 있습니다. 요일 1:9에 **"만일 우리가 우리 죄를 자백하면 저는 미쁘시고 의로우사 우리 죄를 사하시며 모든 불의에서 우리를 깨끗케 하실 것이요"**라고 약속하고 있습니다. 약속을 붙잡고 기도할 때 그 어떤 죄악도 주의 피로 깨끗하게 사함 받을 수 있습니다.

그러므로 사람의 전통이나 계명보다 하나님께서 말씀 하시는 것에 충실한 자들이 되어야 합니다. 어떤 사람은 자신이 만들어 놓은 삶의 양식을 가지고 신앙생활하려는 분들이 있습니다. 그렇게 하면 고르반과 같은 형태가 됩니다. 하나님이 의도하신 바는 온데간데없고 자신의 욕심을 따라 행동하는 것은 바로 본문에 나타나는 유대 지도자들과 같은 모순을 범하고 있는 것입니다. 하나님께서 명백하게 말씀하신 것에 대해서 우리는 목숨을 걸고 실천할 수 있어야 합니다. 그렇게 충실하게 살면 하나님을 기쁘시게 해 드릴 수 있고, 신앙생활에 활력을 가지고 살 수 있습니다. 신앙의 본질은 규율과 전통에 얽매이는 것이 아니라 말씀 안에서 참된 자유와 행복을 누리는 것입니다. 문화와 전통 그리고 형식 때문에 본질을 놓치는 어리석음을 우리는 과감하게 배제해야 합니다.

Chapter 19

진정 더러운 것

(The dirty of man's heart)

마가복음 7:17-23

무리를 떠나 집으로 들어가시니 제자들이 그 비유를 묻자온대 예수께서 이르시되 너희도 이렇게 깨달음이 없느냐 무엇이든지 밖에서 들어가는 것이 능히 사람을 더럽게 하지 못함을 알지 못하느냐 이는 마음으로 들어가지 아니하고 배로 들어가 뒤로 나감이라 이러므로 모든 음식물을 깨끗하다 하시니라 또 이르시되 사람에게서 나오는 그것이 사람을 더럽게 하느니라 속에서 곧 사람의 마음에서 나오는 것은 악한 생각 곧 음란과 도둑질과 살인과 간음과 탐욕과 악독과 속임과 음탕과 질투와 비방과 교만과 우매함이니 이 모든 악한 것이 다 속에서 나와서 사람을 더럽게 하느니라

한 사람이 인터넷 검색창에 재미있는 질문을 던졌습니다. '얼굴은 못생겼는데 마음이 따뜻한 여자와 얼굴은 예쁜데 마음은 더러운 여자 둘 중에서 어떤 것이 더 나으세요? 답변 좀 해주세요.' 이 질문에 대한 첫째 답변자는 '첫 번째 여자는 결혼하고 싶은 여자고요, 두 번째 여자는 갖고 놀다 버리고 싶은 여자에요' 라고 했고 두 번째 답변은 '나이가 어릴수록 사람의 내면을 볼 수 있는 눈보다는 외면을 더 중요시 할 수도 있답니다. 하지만 아주 쉽게 생각해보면,

질문자님이 같은 동성친구들 중에서 얼굴은 예쁘지만(또는 잘생겼지만) 마음이 안 좋은 친구와 얼굴은 예쁘지 않지만(또는 잘생기지 않았지만) 마음이 예쁜 친구 중에 어떤 친구가 더 좋은가요? 외모가 그 효과를 발휘하는 것은 아주 한정적이랍니다. 더 길고 더 깊게 주위 사람들의 마음을 사는 것은 따뜻하고 예쁜 마음이라는 것을 의심하지 마시고 외모보다는 마음을 가꾸는 일에 더욱 더 노력한다면 질문자님 주변에 좋은 사람들이 많이 생길 거예요.' 라는 것이었습니다.

오늘 우리가 함께 읽은 본문도 예수님께서 위의 질문자가 가지고 있었던 비슷한 의구심에 대해 비유적으로 말씀하시고 그것에 대한 해답을 해 주는 내용입니다. 얼굴도 예쁘고 마음도 아름답고 착하면 금상첨화(錦上添花)이겠지만 그렇지 못할 때 우리는 어느 쪽을 택해야 하겠습니까? 외형적인 것이겠습니까? 아니면 내면적인 것이겠습니까? 우리는 본문 말씀을 통해 '진짜 더러운 것' 이 무엇인지에 대한 예수님의 대답을 살펴보고자 합니다.

사람들의 오해 : 음식과 배설물

조용한 시간에 회중들에게 비유적으로 하신 예수님의 말씀(15,16)에 대해서 제자들이 비유의 진의가 무엇인지를 질문합니다.

예수님께서는 "너희는 모두 내 말을 잘 듣고 깨달으라. 밖에서 들어가는 것이 사람을 '더럽게 하는 것' (Κοινωσαι)이 아니라 사람 속에서 나오는 것이 사람을 더럽게 하는 것이다" 라고 설명하셨습니다. 주님께서는 청중들과 제자들이 어떤 말씀이든지 잘 듣고 깨닫기를 원하셨습니다(14,18). 그래서 더 쉽게 이해하도록 비유와 속담 그리고 일상 소재를 가지고 말씀을 풀어 주시기도 했습니다. 예수님은 누구든지 말씀을 잘 듣지 못한 채 자기들이 지금까지 배우고 경험한 것에 근거하여 해석하고 받아들이는 것을 원치 않으셨습니다. 오늘날도 마찬가지입니다. 우리는 사실 하나님의 말씀을 듣노라고 하면서도 거의 깨닫지 못할 때가 많습니다. 한술 더 떠서 나의 의지나 경험 그리고 짧은 지식에 의존하여 판단하기도 합니다. 말씀에 대한 올바른 태도는 들은 것을 잘 이해하고 즉시 순종하는 것입니다. 믿음의 성숙은 말씀을 듣고 깨닫고 순종하는 데서부터 시작됩니다. 깨닫지 못하는 사람은 짐승과 같거나 더 못하다고 했습니다. 하나님께서는 이사야 선지자를 통해 그 시대 이스라엘 백성들을 향하여 이렇게 말씀하셨습니다. **"소는 그 임자를 알고 나귀는 주인의 구유를 알건마는 이스라엘은 알지 못하고 나의 백성은 깨닫지 못하는도다 하셨도다."**(사1:3) 말씀을 듣고 깨달을 수 있는 것이 은혜요 큰 복인 줄 믿습니다. 우리 모두가 말씀을 들을 때에 그 어떤 종류의 말씀이든지 이해하고 수용하고 행동하는데까지 나아가는 은혜가 있으시길 소망합니다.

주님께서는 제자들에게 “외부에서 사람 속으로 들어가는 것이 사람을 ‘더럽게’ 하지 않는다는 것을 너희가 알지 못하느냐?”라고 말씀하십니다. 그것은 사람의 마음으로 들어가는 것이 아니라 뱃속으로 들어갔다가 결국 몸 밖으로 나오기 때문입니다. 뱃속으로 들어가는 것이 무엇입니까? 음식입니다. 예수님께서는 모든 음식을 깨끗하다고 하셨습니다(19절 하반절). 사람들은 더러운 것을 섭취하지 않습니다. 그렇게 하는 사람도 없습니다. 사람의 바깥에서 안으로 들어가는 것은 깨끗하지만 반대로 뱃속에서 나오는 것은 어떻습니까? 더럽습니다. 그것에 대해서 예수님께서는 제자들이 물었을 때에 상세하게 말씀해 주셨습니다.

아무리 깨끗한 음식을 먹어도 나오는 것은 더럽습니다. 더럽고 냄새 나는 것을 먹기 때문에 악취가 나는 것이 아닙니다. 즉 음식이 더러워서 나오는 것이 더러운 것이 아니라 완전히 소화된 것이기 때문에 나올 때 냄새가 나는 것입니다. 배설물은 체내에서 몸 밖으로 내보내는 물질입니다. 사람은 그 음식을 통해 필요한 양분을 섭취하게 됩니다.

예수님의 비유의 말씀은 “네 부모를 공경하라 하고 또 아비나 어미를 훼방하는 자는 반드시 죽으리라” 하신 계명을 버리고 고르반이란 제도를 만들어 하나님의 말씀을 폐한데서 비롯되었습니다. 사람들은 이 계명을 주신 하나님의 뜻을 충분히 이해하지 못하였기 때문에 말씀 속에서 하나님의 사랑과 은혜를 체험하지 못하고 또 그 뜻을 왜곡하였습니다. 이러한 예는 복음서에 잘 나타나 있습니다. 하루는 사두개인들이 주를 시험하여 자식을 얻지 못하고 죽은 남편의 가계를 잇기 위해 남편의 일곱 형제와 차례로 혼인을 한 여인이 결국 자식을 얻지 못하고 죽었다면 부활의 때에 그 여인은 누구의 처가 되겠는지 물었습니다. 이 때 주님은 **"너희가 하나님의 말씀과 능력을 알지 못하여 오해하였도다"** 하셨습니다(마22: 23-33). 그러므로 "부모를 공경하라" 하고 또 "아비나 어미를 훼방하는 자는 반드시 죽으리라" 하신 계명은 그 목적이 부모를 공경하는 데 있는 것이지 사람을 죽이는데 있는 것이 아닙니다. 이것은 그 어떤 경우라도 부모를 공경해야 하는 도덕적 원리를 가르치신 것입니다. 그런데 사람들은 편법을 만들어 하나님의 계명을 폐하였습니다. 이 세상에 어느 누가 하나님보다 지혜로운 자가 있어 하나님의 법을 폐하고 사람의 법을 세울 수 있겠습니까? 사람들의 아이디어가 아무리 뛰어나고 현실적으로 탁월하다 하더라도 하나님의 말씀보다 더 지혜로운 것은 있을 수 없습니다. 그러므로 우리는 말씀의 의도를 잘 파악하여 하나님의 뜻을 따라 사는 지혜로운 성도들이 되어야 할 것입니다. 말씀의 진의를 잘 파악하지 못하면 의도한 것이 아니라 하더라도 말씀을 왜곡하여 잘못된 신앙의 길로 빠지게 됩니다.

사람들의 무지 : 진짜 더러운 것

예수님은 사람을 더럽게 하는 것이 과연 무엇인가에 대해서 구체적으로 말씀하십니다. 사람의 배로 들어가는 것은 음식이지만 음식은 사람의 인격을 더럽히지는 않습니다. 이것이 가슴으로 들어가는 것이 아니라 배로 들어가기 때문입니다. 그리고 뒤로 배설해 버리기 때문에 인격과 아무런 관계가 없습니다. 유대인들의 전통 중에 외출 했다가 집에 들어 와서 음식을 먹기 전에 손을 씻는 문제도 인격이 더럽혀 지는 것과는 전혀 상관이 없는 문제입니다. 이것은 인격의 문제가 아니라 위생의 문제이기 때문에 그렇게 생각하는 자체가 미신적인 행동이라고 할 수 있습니다. 외출했다가 집에 들어와서 손을 씻음으로 마음이 깨끗해 질 것이라고 하는 것은 신화입니다. 아마 유대인들은 예수 그리스도의 십자가의 보혈의 능력을 믿지 않기 때문에 그러한 것으로 자기들의 마음이 깨끗해 질 것으로 착각한 것입니다.

이에 대해 주님께서는 단호하게 마음에서 나오는 이것이 바로 사람을 더럽게 한다고 하신 것입니다. 그것은 대부분 타락하고 부패한 인간의 마음에서 나오는 것인데 **"악한 생각 곧 음란과 도적질과 살인과 간음과 탐욕과 악독과 속임과 음탕과 흘기는 눈과 훼방과 교만과 광패"**라고(20-23)하셨습니다. 예수님은 인간의 마음은 다 부패했고 죄 덩어리라고 말씀하셨습니다. 이미 인간의 마음속에 죄가 가득

차 있다는 것입니다. 우리는 수양을 해서 죄를 다스릴 수 있을 것으로 생각하여 기도원이나 수도원 그리고 절에 들어가서 고행을 하지만 그것은 조금은 죄가 유입되는 것을 차단할 수 있을지 모르나 근본적으로 내재한 죄를 없이 할 수 없습니다. 예수님께서 말씀하신 우리의 삶을 진짜 더럽게 하는 것(Κοινωσαι)은 십계명의 인간관계 계율인 6계명부터의 9계명까지를 어기게 될 때 나타나는 현상인데 이것을 구체적으로 설명하고 있습니다. 제6계명이 '살인하지 말라' 인데 여기서 예수님은 살인과 악독과 광패라고 하셨습니다. 살인은 사람은 죽이고 싶은 충동과 그 결과를 말합니다. 악독은 자꾸 악한 쪽으로 자기 마음을 몰고 가는 것을 말합니다. 광패는 광기를 부리는 것입니다. 사람이 무서운 것은 멀쩡하던 사람이 일단 미쳐 날뛰게 되면 완전히 살인마가 되는 것에 있습니다. 제 7계명은 '간음하지 말라' 인데 여기서 음란과 간음과 음탕과 흘기는 눈이라고 했습니다. 사람은 마음으로 끊임없이 간음을 행합니다. 이것이 발전되면 다른 사람을 그런 눈으로 유혹하게 됩니다. 그래서 음란한 삶을 살게 되고 결국 자신과 가정을 더럽히게 됩니다. 성경은 제7계명을 어기는 것이 자기를 더럽히는 것이고 죄가 된다고 지적하고 있습니다(고전 6:18 **"음행을 피하라 사람이 범하는 죄마다 몸 밖에 있거니와 음행하는 자는 자기 몸에게 죄를 범하느니라"**)

그러므로 히 13:4에서 **"모든 사람은 혼인을 귀히 여기고 침소를 더럽히지 않게 하라 음행 하는 자들과 간음하는 자들을 하나님이 심판하시리**

라"라고 했습니다. 구약에서는 간음하는 자는 반드시 죽이라고 말씀하고 있습니다. 레 20:10에는 **"누구든지 남의 아내와 간음하는 자 곧 그 이웃의 아내와 간음하는 자는 그 간부와 음부를 반드시 죽일지니라."** 라고 했습니다. 제8계명은 '도적질 하지 말라' 인데 여기서는 도적질과 탐욕이 나옵니다. 사람은 자기가 가진 것으로 만족해야 하는데 자꾸 남이 가진 것을 빼앗으려고 합니다. 더 욕심을 부리다가 결국 망하는 것입니다. 적게 가지고 나누어 주어야 행복한데 더 가지려고 하니 불행하게 되고 이후에는 자기의 이름과 가문을 더럽히게 되는 것입니다. 아프리카의 어느 부족이 원숭이를 잡는 방법을 소개하겠습니다. 먼저 원숭이가 잘 다니는 길목에 가죽으로 만든 자루를 단단한 나무에 매어 놓습니다. 이 가죽 자루는 겨우 원숭이의 손이 드나들 정도의 작은 입으로 되어 있다고 합니다. 이 가죽 자루 안에 원숭이가 좋아하는 과일을 넣고 멀찍이 떨어져서 한참을 기다리면 원숭이가 그곳을 지나가다 과일의 냄새를 맡고 주머니 안으로 손을 집어넣고는 과일을 빼내려고 안간힘을 씁니다. 그러나 빈손만 겨우 들어가는 자루에서 과일을 집는 순간 손은 빠지지 않습니다. 바로 이때 원주민들은 소리를 지르며 원숭이에게 달려갑니다. 이때 원숭이는 깜짝 놀라 도망치려고 하지만 손에 있는 과일을 놓지 않으려고 손을 쥐고 있는 바람에 도망가지 못하고 결국 원주민들에게 붙들리고 마는 것입니다. 작은 탐욕 때문에 자신의 목숨까지도 잃고 마는 것입니다. 제 9계명은 **'거짓말 하지 말라'** 인데 여기서는 속임과 훼방이 나옵니다. 남을 속이고 정한 것을 훼방하고 방해하는 것입니다. 거짓으로 다른 사람을 속여서 자기의 욕망을 채우지만 그것은 결국 자신을 더럽히고 공동체를 더럽히는 행위가 됩니다. 이러한 부패한 마음에서 비롯되는 온갖 죄는 우리의 종교적 의식이나 수양 그리고 정화하는 것(요가나 명상)으로는 근본적으로 해결할 수 없습니다. 이것은 마치 구정물을 잠시 가라 앉혀 놓는 것에 불과 합니다. 누군가가 작대기로 휘저어 놓으면 온갖 더러운 것이 다시 우리 마음을 가득 채우게 됩니다. 근본적인 해결책은 타락으로 인하여 심히 부패한 온갖 더러운 것을 뽑아내고 새로운 마음을 집어넣어야 하는 것에 있습니다. 간음한 다윗은 회개와 자복의 기도를 하면서 '새 마음을 창조해 주시어 정직한 영을 새롭게 해 달라' 고 애원했습니다(시 51:10에 **"하나님이여 내 속에 정한 마음을 창조하시고 내 안에 정직한 영을 새롭게 하소서"**). 오늘 우리가 새롭게 되는 것은 그리스도의 십자가뿐입니다. 히 9:14에서는 **"하물며 영원하신 성령으로 말미암아 흠 없는 자기를 하나님께 드린 그리스도의 피가 어찌 너희 양심으로 죽은 행실에서 깨끗하게 하고 살아 계신 하나님을 섬기게 못하겠느뇨"** 라고 단언하고 있습니다.

주님의 피가 우리를 정결케 하고 새롭게 할 뿐 아니라 구체적으로 성령과 말씀이 우리 마음속에 있는 더러운 것을 깨끗하게 할 수 있음을 믿습니다. 새롭게 된 자신의 마음을 지키는 것은 오직 기도와 말씀뿐임을 고백하게 됩니다. 그러나 무릇 자기의 마음을 지키는 자는 용사보다 낫다고 했으니 이 작업은 투쟁하지 않으면 무너지고 마는 것입니다.

위에서 언급한 6–9계명까지의 더러운 죄악, 즉 악한 생각과 살인과 간음과 음란과 도둑질과 거짓증언과 비방은 사람을 더럽게 하고 추하게 하며 더 나아가 사회와 이 세상을 오물이 가득 찬 쓰레기장으로 만듭니다. 결국 자기 마음속에서 나온 것이 일차적으로 자신을 더럽히는 것입니다. 그런데 가만히 생각해보면 이것은 자신에게 만족을 가져다주고, 자신에게 기쁨을 주기 위한 모습과 행동이며, 마음입니다. 이런 것들이 나중에 사회 전체와 공동체 전체를 망가지게 하고 엉망진창이 되게 합니다. 그러므로 마음이 더러우며 불결하고 부패한 사람은 나오는 행동도 역시 더러울 수밖에 없습니다. 그래서 성경 딛 1:15에 **"깨끗한 자들에게는 모든 것이 깨끗하나 더럽고 믿지 아니하는 자들에게는 아무 것도 깨끗한 것이 없고 오직 저희 마음과 양심이 더러운지라."** 라고 말씀하고 있습니다. 만약 거룩한 하나님의 자녀로서의 신분임에도 마음에서 더러움이 계속 나온다면 결국 그 사람도 예수님 당시에 종교지도자로 살았던 바리새인이나 사두개인과 같은 위선자 중의 한 사람일 것입니다.

그리스도인들은 내면이 그리스도의 보혈로 정결함을 받아 새 사람이 된 분들입니다. **"그리스도 안에 있으면 새로운 피조물이라 이전 것은 지나갔으니 보라 새것이 되었도다."**(고전5:17) 라고 성경은 선언하고 있습니다. 그리고 우리를 향하여 엡 4:24에서 **"하나님을 따라 의**

와 진리의 거룩함으로 지으심을 받은 새 사람을 입으라"라고 권면하고 있습니다. 그러므로 성도들은 이중적인 삶을 사는 위선적인 그리스도인이 되어서는 안 됩니다. 날마다 그리스도의 피로 정결함을 받아 거룩하고 깨끗한 사람으로 이 세상에서 빛이 되고 소금이 되어야 할 것입니다.

Chapter 20

한 여인의 큰 믿음

(The great faith of a woman)

마가복음 7:24-30

예수께서 일어나사 거기를 떠나 두로 지방으로 가서 한 집에 들어가 아무도 모르게 하시려 하나 숨길 수 없더라 이에 더러운 귀신 들린 어린 딸을 둔 한 여자가 예수의 소문을 듣고 곧 와서 그 발 아래에 엎드리니 그 여자는 헬라인이요 수로보니게 족속이라 자기 딸에게서 귀신 쫓아내 주시기를 간구하거늘 예수께서 이르시되 자녀로 먼저 배불리 먹게 할지니 자녀의 떡을 취하여 개들에게 던짐이 마땅치 아니하니라 여자가 대답하여 이르되 주여 옳소이다마는 상 아래 개들도 아이들이 먹던 부스러기를 먹나이다 예수께서 이르시되 이 말을 하였으니 돌아가라 귀신이 네 딸에게서 나갔느니라 하시매 여자가 집에 돌아가 본즉 아이가 침상에 누웠고 귀신이 나갔더라

가정이나 사회에서 여성의 힘은 실로 크다고 할 수 있습니다. 특히 현대 사회에서는 여성의 지위와 역할이 확대되고 있습니다. 심지어 국가를 책임지는 수상이나 총리 그리고 대통령도 여성들이 숫자를 더해 가고 있습니다. 독일의 앙겔라 메르켈 총리(독일 기독교 민주연맹)나 우리나라의 박근혜 대통령은 그 영향력이 대단하다고 할 수 있습니다. 과거에는 꿈도 꾸지 못했던 상황인데 지금은 여성의 지위가 남성과 같아지고 있고 어떤 영역에서는 더 우위에 있습

니다. 특히 여성은 가정에서 등불의 역할을 합니다. 어두움을 밝히고 희망과 내일을 만들어 가는 장본인이 바로 어머니며 아내입니다. 오늘 본문에 나타나는 수로보니게 출신의 익명의 한 여인을 통해서도 이러한 모습을 볼 수 있습니다. 수로보니게 여인의 이야기는 앞서 시작된 유대교의 잘못된 신앙과 전통을 폭로하고 그것을 해체시켜 나가는 예수님의 계속된 행보로 보아야 합니다. 우리가 마가복음에서 자주 마주치는 장면은 유대교의 지도자들과 끊임없이 대결하는 예수님의 모습입니다. 그렇다고 예수님이 자신을 유대인의 범주에서 제외시킨 것은 아닙니다. 그 분은 여전히 유대인의 랍비였지만 당시의 랍비가 가지고 있는 신앙관과 종교관을 뛰어 넘고자 했던 것입니다. 성경을 보면 예수님은 어린 시절부터 요셉과 마리아에게 엄격한 유대교 신앙을 전수받은 것으로 보입니다. 예수님의 형제로 소개되고 있는 야고보, 요셉, 유다, 시몬 등의 성경적 이름을 봐도 알 수 있고, 예수님의 부모가 유월절을 맞아 매년 예루살렘으로 갔다는 내용을 보아서도 알 수 있습니다. 그러나 예수님은 그 전통을 무비판적으로 수용하기보다는 율법의 본질이 무엇인지를 꿰뚫어 보고 그것에 비추어 유대전통을 다시 재구성하셨습니다. 본문 이야기 가운데 주인공격인 이 여인과 예수님의 행보를 살피면서 오늘 우리에게 주는 교훈이 무엇인지 함께 나누고자 합니다.

여인의 형편

막 3장7-8에 보면, 이미 예수님의 명성이 널리 퍼져서 예수님이 주로 활동하시던 갈릴리 지역 외에 두로와 시돈에서도 사람들이 몰려 왔다고 기록하고 있지만 오늘 본문에서는 예수님께서 직접 **"두로 지역으로 가셔서 어떤 집"**에 거하셨다고 말씀하고 있습니다. 본문에 등장하는 여인은 두로와 시돈 지역에 거주하는 것으로 보아 유대인이 아니고 헬라인으로 보입니다. 예수님께서 이방인들이 복음권(하나님의 나라) 안으로 들어와 하나님의 자녀가 되는 권세를 주신 사역을 십자가 사건 이전에 보여 주신 사건입니다. 하나님께서 요나를 통해 니느웨를 구원하시고자 했던 계획과 흡사합니다.

예수님께서 두로 지방에 가셔서 좀 쉬려고 했을 때 수로보니게 여인이 찾아와 자기 딸을 치유해 달라고 간청을 합니다. '수로보니게' 라는 말은 이 여인이 시리아-페니키아의 지역의 여인이면서, 혈통적으로 굉장히 복잡한 이방인이었음을 암시해 줍니다. 갈릴리 위쪽 지역이 시리아 지역인데, 시리아 지역 중에서 해안가에 있는 두로와 시돈, 사렙다(사르밧, 왕상 17장)가 위치한 지역이 페니키아라고 불립니다. 이 지역은 오랫동안 앗시리아, 페르시아, 그리고 이집트, 그리스의 통치를 받았던 지역입니다. 그러니까, 오늘 본문에 수로보니게 여인을 헬라 사람이라고 부른 것도 그런 이유입니다. 예수님 당시에 이 지역은 로마의 지배 아래 있었고, 로마에서 파견된

시리아의 통치권자가 다스리고 있었을 것입니다. 이 지방 사람들을 흔히 페니키안이라고 불렀는데 이들은 무역에 밝았고 바알을 신으로 섬겼습니다. 그리고 이들은 인신제사를 많이 드렸습니다. 노예는 물론이고 심지어 아들딸까지 제물로 바치는 일들이 있었습니다. 그래서 사람들은 페니키아인들이 멸망한 이유가 바로 하나님께서 싫어하시는 인신 제사를 드렸기 때문이라고 생각합니다. 아프리카에 있는 카르타고는 로마에 의해 멸망당했고, 두로는 바벨론에 의해 멸망당했습니다. 이 지역에 사는 사람들은 장사나 무역을 통해 물질적으로 부유하고 풍요로운 삶을 살았지만 영적으로는 아주 피폐했습니다. 우리가 흔히 물질적으로 부요하면 행복하고 평안을 누릴 수 있을 것으로 여기지만 꼭 그러한 것만은 아닌 것을 역사적으로나 현실적으로 경험하고 있습니다. 오늘 주어진 이야기 속에서 우리의 시선을 집중하도록 하는 것은 수로보니게 여인의 신분이나 문화나 지역적인 종교적 배경이 아니라 그 여인이 안고 있는 문제와 해결 방법입니다. 수로보니게 여인은 부모로서 한계를 넘어선 큰 문제를 안고 있었습니다. 우리는 부모로서 할 수 있는 일이 있고, 할 수 없는 일이 있음을 알고 있습니다. 이 여인에게도 그 한계를 벗어난 문제가 있었으니 바로 자기의 딸이 악한 영에 의해서 귀신이 들려 정상적인 삶을 살지 못하고 있었던 점입니다. 애지중지하는 딸이 귀신이 들려 정상적인 삶을 살지 못하고 힘들어 했을 때 부모로서 딸을 고치기 위해 백방으로 노력했을 것입니다. 좋은 의원이나 약을 찾아보았을 것입니다. 종교적인 힘을 빌어 귀신을 내쫓기 위해 유명한 무당을 불러 푸닥거리도 했을 것이고, 바알 신전에 가서 열심히 빌어도 보았을 것입니다. 그러나 그 모든 것이 허사였습니다.

어느 가정이든지 자녀를 양육하다 보면 가끔 수로보니게 여인이 안고 있었던 문제처럼 남에게 말 못할 문제 앞에 당황하며 고통스러워하는 경우가 있습니다. 신체적인 문제도 아니고 정신적이고 영적인 문제는 더더욱 가정을 어렵게 만들고 고통을 안겨줍니다. 아이가 악한 귀신에 사로잡혀 가정생활과 학교생활 더 나아가 부족공동체에서 정상적인 관계를 갖지 못하면 그것은 죽음보다 더 심각한 현상입니다. 이러한 형편과 처지에 놓인 가정이 오늘날에는 너무나 많습니다. 이렇듯 부모들의 능력이나 힘으로 해결할 수 없는 난제를 안게 되면 당황하게 되고 실망하거나 좌절하면서 자기를 미워하게 되는 경우가 많습니다. 이러한 문제로 인하여 사람들은 하나님을 찾게 되고 예수님께 나아오게 되었는지 모릅니다. 가정에 자녀들이 전혀 문제가 없으면 기도도 믿음도 잘 자라지 않을 텐데 어떻게 할 수 없는 자녀 문제를 가지고 있을 때 주님께 더욱 맡기게 되고 매달리게 되는 것이 우리의 처지요 형편입니다.

해결의 실마리

여인은 딸의 치유를 위해 백방으로 노력했지만 해결이 기미가 보이지 않자 예수님에 대한 소문을 듣고 찾아 온 것입니다. 그녀는 이방 땅에 살면서 예수님이 행하신 갈릴리 사역과 예루살렘에서 행한 여러 가지 기적에 대한 소문을 들었습니다. 문제가 없는 사람은 사람의 소문에 대해서 둔감하지만 어떤 문제를 안고 있든지 문제가 있는 사람은 소문에 대해서 예민합니다. 예를 들면 건강이 좋지 않는 사람은 좋은 의원이나 약국에 대한 이야기를 들으면 굉장히 빠르게 반응합니다. 우리에게 문제가 없는 사람은 아무도 없습니다. 특히 자녀에 대한 문제는 어느 가정이나 다 안고 있는 숙제입니다. 우리가 이를 숨기지 않고 주님께 소상하게 알리게 되면 해결의 실마리를 찾게 될 줄 믿습니다. 사람들이 각자 가지고 있는 문제를 숨기거나 은폐하는 것은 문제에 대한 해결책이 될 수 없습니다. 하지만 그것을 주님께 내어 놓고 기도하거나 지혜를 찾으면 반드시 그 문제는 하나님께서 책임져 주시고 해결해 주시는 줄 믿습니다. 수로보니게 여인은 예수님에 대한 소문을 듣고 예수님에 대한 기대를 가지게 되었습니다. 이렇게 믿음은 소문을 듣고 생기는 법입니다. 이 여인은 갈릴리를 왕래하면서 나사렛에서 예수님이라는 선지자가 나타났는데 그 분에게 가기만 하면 모든 병을 고칠 수 있다는 소문을 듣게 되었습니다. 그러나 이방인 주제에 감히 갈릴리까지 갈 수 없었고 그렇다고 예수님이 자기에게 오실 리도 없었는데 어느 날 갑자기 예수님께서 자기가 살고 있는 지방에 오셨다는 소문을 듣게 된 것입니다. 그녀는 소문을 듣자마자 '즉시 와서' 그 분의 발 앞에 엎드려 자신의 문제를 솔직하게 내어 놓았던 것입니다. 우리는 문제가 발생할 때, 그것을 숨기려고 하거나 수수방관해서는 안 됩니다. 우리는 일반적으로 '병은 자랑해야 한다' 라고 말합니다. 어쩌면 자기가 당하고 있는 고통이지만 자랑을 하게 될 때 그 이야기를 듣는 사람들이 좋은 병원과 의사 그리고 약을 소개해 줄 수 있는 것입니다. 마찬가지로 우리가 가진 문제도 주님께 내어 놓으면 우리 주님께서 그 형편을 너무나 잘 아시기 때문에 그 문제에 대한 시원한 대답을 해 주실 수 있습니다. 자신이나 가족의 문제를 숨기거나 은폐하면 형통함이 없습니다. 왜냐하면 문제가 발생하는 것은 반드시 그 이유와 목적이 있기 때문입니다. 문제가 생기면 그것을 사람에게 내어 놓을 것이 아니라 모든 문제의 키를 가지고 계시는 주님께 내어 놓아야 합니다. 그것이 바로 기도며 간구입니다.

문제 해결책

여인이 예수님께 나아와 자기 딸을 고쳐 달라고 간청했을 때 예수님께서는 의외로 "아이들을 먼저 배불리 먹여야 한다. 아이들이 먹을 빵을 집어서 개들에게 던져 주는 것은 옳지 않다."(27)고 하십니다. 예수님의 이러한 표현은 굉장히 충격적으로 들립니다. '아이들' 은 바로 유대인을 지칭하는 것이고 '개' 는 이방인들을 가리키는 표현입니다. 이방인과는 상종을 하지 않는다는 그 당시의 통념을 표현한 경멸적인 것이었습니다. 예수님께서 이렇게 경멸적이고 모욕적인 발언을 하시게 된 숨어 있는 의도는 이 여인의 믿음을 체크해 보기 위함이었습니다. 그렇게 간청하는 여인의 딸을 쉽게 고칠 수 있는 능력도 가지고 계시고 그 여인의 형편을 누구보다 잘 알고 계셨지만 여인의 믿음을 점검하고 성숙시키기 위해서 그러한 모멸적인 표현을 하신 것입니다.

예수님의 말씀에 따른 수로보니게 여인의 반응은 "주님, 그러나 상 아래에 있는 개들도 아이들이 흘리는 부스러기는 얻어먹습니다."라고 말합니다. 무슨 말입니까? 비록 개라고 하더라도 먹을 것을 주셔야 하지 않겠습니까? 라는 겸손함이 그 속에 묻어 있음을 알 수 있습니다. 집주인은 사람만 먹이는 것이 아니라 개도 먹어야 하지 않겠냐는 것입니다. 일단 개가 그 집에 거한다면, 집주인은 개도 먹여야 하지 않겠습니까? 하나님의 집에 아들의 신분이 아닐지라도, 애완견에게 먹이를 주는 것처럼 개먹이라도 좀 주시면 좋겠다는 기도가 여기에 함축되어 있습니다. 그런데 개들이 먹는 음식은 어떤 것입니까? 아이들이 먹는 것과 다른 것이 아닙니다. 부스러기지만 동일한 음식 아닙니까? 부스러기라도 아이들이 먹는 그 음식을 달라는 것입니다. 무슨 말입니까? "예수님, 당신을 통해 하나님께서 이스라엘에 쏟아 부으시는 그 크신 은총의 햇살을, 바로 그것을 나에게도 주십시오." 라는 간절하고도 겸손한 기도가 여기에 담겨 있는 것입니다. 이 여인은 다른 은혜를 구한 것이 아닙니다. 바로 유대인들에게 주신 그 은혜를 나눠달라는 것입니다. 비록 유대의 편협한 종교적 시각에서 볼 때 우리 같은 이방인은 개라고 하더라도, 은총의 입장에서 볼 때 동일한 은총이 필요하다는 것입니다. 이 여인은 예수님께서 자신을 개로 취급하는 것을 기분 나빠하거나 미워하지 않았습니다. 오히려 그것을 기꺼이 받아들였습니다. 사실을 사실로 말씀하시는 것이지만 여인에게는 자존심 상하는 일이었을 것이고 기분 상하는 일이었을 것입니다. 그러나 딸을 위해서 자신을 한없이 낮추었던 것입니다. 그녀는 예수님의 은혜를 받는 일을 위해서는 얼마든지 개처럼 낮아질 수 있다고 생각했습니다.

이렇게 은혜를 구하는 사람에게는 분명한 확신이 있습니다. 받을 수 있는 조건이 전혀 없어도 주님께서 주시면 받을 수 있다는 믿음과 기다릴 줄 아는 인내와 목말라 하는 애절함이 있습니다. 시편 기자의 고백처럼 목마른 사슴이 시냇물을 찾아 헤매는 것과 같은 간절함이 있습니다(시 42:1 **"하나님이여 사슴이 시냇물을 찾기에 갈급함 같이 내 영혼이 주를 찾기에 갈급하니이다"**). 그리고 겸손함이 있습니다. 겸손은 자신의 형편과 분수를 알고 도움을 요청하는 마음의 자세입니다. 하나님께서는 겸손한 자에게 은혜를 베풀어 주십니다(잠 3:34). 약 4:6에 **"그러나 더욱 큰 은혜를 주시나니 그러므로 일렀으되 하나님이 교만한 자를 물리치시고 겸손한 자에게 은혜를 주신다 하였느니라"**고 기록하고 있습니다. 끌레르보의 버나드는 겸손에 대해서 다음과 같이 말했습니다. "커다란 은혜가 얻어질 수 있는 것은 겸손이 그것을 보증할 때뿐이다. 그래서 당신이 굴욕을 받고 있다고 느껴

질 때, 그것을 은혜가 가까이 오고 있다는 확실한 보증의 표시로 여기라. 멸망이 오기 전에 마음이 교만으로 부풀어 오르는 것처럼, 영광을 받기 전에 마음이 굴욕을 당한다". 그는 다음과 같이 결론을 짓습니다. "우리로 하여금 유일하게 은혜를 받아들이게 해 주는 것은 즐거움과 참된 겸손을 소유하는 것이다".

대부분의 사람들은 자기가 간청하고 요구한 것이 거부되었을 때 그를 떠나가 버리거나 상대를 미워하거나 욕하는 경우가 많습니다. '너 아니면 안 되는 줄 아느냐' 하는 마음으로 쉽게 포기해 버리거나 좌절감을 가지고 실망하는 경우가 많습니다. 그러나 인내하면서 끝까지 겸손함과 간절함을 유지할 때 나의 믿음의 분량대로 이루어지는 은혜가 있음을 기억해야 합니다. 만일 이 여인이 예수님의 냉소적이고 경멸적인 언사를 듣고 포기했더라면 그가 찾아 온 목적을 이루지 못했을 것입니다. 믿음의 사람들은 현실의 문제를 가지고 주님 앞에 나와서 나의 형편과 사정을 아뢰었을 때 그것이 쉽게 받아들여지지 않는다고 해서 실망하거나 되돌아서는 자가 아니라 어떤 경우에서도 해결해 주실 것을 믿고 겸손히 기다리는 자입니다. 간혹 교회에 나와서 말씀을 듣는 중에 자기의 마음에 거슬리는 설교를 들으면 부정적으로 반응하여 떠나가거나 미운 마음을 가지는 성도들이 있는데 그렇게 반응하는 것으로는 문제의 해결을 얻어 낼 수 없습니다. '부스러기 은혜라도 나에게 주십시오.' 하는 겸허한 마음을 가지는 것이 중요하고 그러한 긍정적인 반응을 보일 때 도

무지 해결할 수 없는 문제도 해결 받게 되는 줄 믿으시길 바랍니다. 하나님께서는 스스로 궁핍하고 가치가 없는 존재임을 고백하는 사람들을 끝까지 도와주십니다. 토니 캠폴로(Tony Campolo) 목사님이 아칸소에 위치한 존 브라운 대학교(John Brown University)에서 집회를 할 때 한 부부가 설교를 마치고 나오는 자기에게 드릴 말씀이 있다고 하더니 가정이야기를 하면서 고마움을 표시했습니다. 그 이야기의 내용은 다음과 같습니다. "3년 전에 목사님께서 이 대학에 오셔서 집회를 해 주셨는데 그 때 저희 집 딸도 집회에 참석을 했습니다. 그 애는 저희 집에서 사사건건 반항만 일삼던 애였습니다. 머리 모양이나 코걸이 같은 것에서도 반항기가 줄줄 흐르던 애였습니다. 언제나 하는 말이라고는 '난 엄마가 싫어! 아빠도 질색이야! 엄마랑 아빠가 좋아하는 건 다 싫어!' 가 고작이었습니다. 그런데 딸이 그 집회에 참석했고, 집회가 끝날 무렵에 말씀 가운데 자신의 삶을 철저히 회개하고 자기 생명을 그리스도께 드리게 되었습니다. 자기 방으로 되돌아와서 우리에게 편지를 썼습니다. 자기를 그리스도께 맡겼으니 이제 자기는 그리스도 안에서 새로운 피조물이 되었다는 내용이었습니다. 그런데 그만 우체국에서 그 편지를 부치고 돌아오는 길에 딸아이는 트럭에 깔려 숨졌습니다. 싸늘한 몸으로 집에 돌아 온 아이를 땅에 묻으며 우리 부부는 딸아이를 영원히 잃어버린 것으로 여겼습니다. 장례식 사흘 후에 딸의 편지가 도착했습니다. 편지에서 딸아이는 우리에게 자기가 그리스도 안에서 변화되었으며, 새로운 삶의 길에 헌신하겠다고 말해 주었습니다. 또

가능한 빨리 집에 돌아와서 엄마 아빠와 화해하겠다고 약속했습니다. 우리 딸아이가 그런 방법으로 우리 곁으로 돌아오리라고는 꿈에도 몰랐습니다. 그래서 우리는 목사님께 감사의 말씀을 드리려고 이곳까지 왔습니다. 장례식 때는 우리 아이의 삶이 다 끝났다고 생각했지만 그게 끝이 아니었습니다. 하나님께서는 기도하면서 기다린 저희 부부에게 회복의 은혜를 주셨습니다." 우리는 문제가 발생했을 때 너무 조급한 마음을 가지지 말고 인내하면서 겸손히 은혜를 구하므로 주의 은총을 누리는 믿음의 백성들이 되어야 할 것입니다.

유대인들은 자신들의 편협한 선민사상과 메시야관 때문에 주님이 베풀어 주신 말씀의 식탁에서 음식을 먹지 않았습니다. 주님께서 말씀의 잔치를 배설하시고 초청을 해도 아예 응하지 않았습니다. 여러 가지 핑계를 대면서 거절했습니다. 그러나 이방 여인은 주님께 대한 소문을 듣고 은혜를 구함으로 고질적으로 안고 있었던 가정의 문제를 해결 받아 새로운 삶을 살게 되었고 행복한 가정을 이룰 수 있었습니다. 예수님은 이 여인에게 **"돌아가라 귀신이 네 딸에게서 나갔느니라"**(29) 하셨고, 그 말을 듣고 이 여인이 **"집에 돌아가 본즉 아이가 침상에 누웠고 귀신이 이미 나갔고"**(30) 완쾌 되어 있었습니다. 그런데 마 15:28에서는 **"이에 예수께서 대답하여 이르시되 여자여 네 믿음이 크도다 네 소원대로 되리라 하시니 그 때로부터 그의 딸이 나으니라"**라고 기록하고 있습니다. 이 여인은 예수님의 냉대와 경멸적인 발언과 멸시에도 불구하고 그것을 잘 극복하고 인내와 겸손함으로 결국 자신의 소원을 성취하는 결과를 얻어 낸 것입니다. 큰 믿음의 특징은 문제를 해결해 가는 과정 속에 있는 여러 가지 어려움을 극복하면서 전적으로 주님을 신뢰하고 최종적인 해답이 주께만 있음을 확신하는 믿음입니다. 이 믿음은 예수님으로부터 인정받는 믿음입니다. 우리의 믿음도 주님께로부터 인정받는 믿음을 통해서 모든 문제를 해결 받을 수 있어야 할 것입니다. "아무개여 네 믿음이 크도다 네 소원대로 되리라."는 주님의 음성을 듣고 회복되는 복을 누릴 수 있기를 축복합니다. 우리도 주님의 은혜와 긍휼을 받을 수 있는 자격이 없는 자이지만 자존심과 신분 그리고 모든 가정 배경을 뒤로 하고 주님께 나와서 구하면 우리 주님께서 냉소적으로 말씀을 하시는 것 같지만 결국 들어 주시는 분임을 믿어야 합니다. 구하고 찾고 두드리는 애절함은 반드시 응답 받게 됩니다. 그리고 그러한 간청 앞에 자존심을 구기는 일이 있어도 믿음을 통해 극복하게 되면 회복의 은혜를 누리게 되고, 모든 고통과 아픔이 사라지고 참 자유와 평안을 누리게 되는 것입니다. 큰 믿음은 모든 문제를 해결하는 마스터 키(master key)입니다. 이러한 믿음의 소유자로 승리하는 성도들이 되시기를 축복합니다.

Chapter 21

장애인 치유

(The healing of a handicapped person)

마가복음 7:31-37

예수께서 다시 두로 지방에서 나와 시돈을 지나고 데가볼리 지방을 통과하여 갈릴리 호수에 이르시매 사람들이 귀 먹고 말 더듬는 자를 데리고 예수께 나아와 안수하여 주시기를 간구하거늘 예수께서 그 사람을 따로 데리고 무리를 떠나사 손가락을 그의 양 귀에 넣고 침을 뱉어 그의 혀에 손을 대시며 하늘을 우러러 탄식하시며 그에게 이르시되 에바다 하시니 이는 열리라는 뜻이라 그의 귀가 열리고 혀가 맺힌 것이 곧 풀려 말이 분명하여졌더라 예수께서 그들에게 경고하사 아무에게도 이르지 말라 하시되 경고하실수록 그들이 더욱 널리 전파하니 사람들이 심히 놀라 이르되 그가 모든 것을 잘 하였도다 못 듣는 사람도 듣게 하고 말 못하는 사람도 말하게 한다 하니라

오늘날 우리 사회는 장애인에 대한 관심이 참 많아졌습니다. 당연히 그렇게 해야 함에도 불구하고 과거에는 그렇지 못했고 장애인들이 푸대접과 냉대를 받았습니다. 나라 전체가 어려운 시기를 지나다보니 일어난 현상이라 이해는 하지만 장애인에 대한 인권과 복지는 당연히 사회 전체가 감당해야 할 시대적 사명입니다. 장애를 안고 있는 가정의 아픔은 다른 어떤 것보다 훨씬 크다고 할 수 있습니다. 경제적 문제로 고통 받는 것보다 비장애인들이 바라보는 곱

지 못한 시선과 사회적 냉대로 인한 정신적인 고통이 더 큰 것입니다. 성경은 하나님을 장애인과 소외 계층의 하나님이시라고 선언하고 있습니다. 레 19:14에 **"너는 귀먹은 자를 저주하지 말며 소경 앞에 장애물을 놓지 말고 네 하나님을 경외하라 나는 여호와니라"**라고 했고, 시 146:9에는 **"여호와께서 객을 보호하시며 고아와 과부를 붙드시고 악인의 길은 굽게 하시는도다"** 라고 했습니다. 심지어는 고아와 과부 즉 사회의 약자들을 돌아보는 것을 성도들의 참된 경건이라고 했습니다. 약 1:27에 **"하나님 아버지 앞에서 정결하고 더러움이 없는 경건은 곧 고아와 과부를 그 환난 중에 돌아보고 또 자기를 지켜 세속에 물들지 아니하는 이것이니라"**라고 했습니다.

본문은 우리 주님께서 청각과 언어장애를 안고 있는 한 사람을 어떻게 대하시는가에 대한 아름다운 이야기입니다. 요즘 시대보다 장애인이 더 괄시 받고 천대를 받던 시대에 파격적으로 그들을 대하시는 주님의 모습을 엿볼 수 있습니다.

청각 언어장애인

본문 31절에서는 주님께서 두로에서 수로보니게 여인의 딸을 고치시고 시돈을 거쳐서 갈릴리 지역에 왔음을 알려 주고 있습니다. 이어서 32절은 **'귀먹고(코폰-κωφον) 말 더듬는 자(모기라론-**

μογιλαλον)’를 예수님께 데리고 와서 안수하여 고쳐 주시기를 간구하는 사람들의 모습을 볼 수 있습니다. ‘귀가 먹었다는 것’은 청각 장애를 가졌다는 말이고, ‘말을 더듬는다는 것’은(개역성경은 어눌한 것) 말이 정확하지 않고 힘들게 말하기 때문에 소통이 거의 불가능하다는 뜻입니다. 어떤 사람이든지 들을 수 없으니 말할 수 없는 것은 당연하지만 이 사람의 형편이 얼마나 어렵고 힘들었는가를 우리는 능히 짐작할 수 있습니다. 오늘 우리 사회에도 듣지 못하고 보지 못하며 말도 잘 할 수 없는 장애인들이 많이 있습니다. 이들과 함께 하는 가족들의 고통은 이루 말할 수 없을 것입니다. 늘 곁에서 돌보아 주어야 하고 누군가 귀가 되어 주어야 하고, 입이 되어 주어야 할 사람들입니다. 그렇지 않으면 혼자 있어야 하고 듣지 못하고 말하지 못하니 소통부재로 고통을 당할 수밖에 없는 처지입니다. 당사자도 힘이 들지만 그것을 바라보는 가족과 친지들도 힘들 수 있습니다. 어떤 아픔이나 고통을 겪는 장애든지 당사자보다 간접적으로 겪는 사람들이 더 힘들다는 말이 있습니다.

예수님께서 갈릴리 마을로 돌아오셨을 때 예수님의 소문을 듣고 가족과 친지들이 장애인을 데리고 예수님께 와서 고쳐 주시기를 애원했습니다. 가족 중에 장애를 안고 있는 부모와 형제 그리고 친지들의 한결 같은 마음이 바로 치유를 위해 백방으로 노력하는 행동을 통해 드러납니다. 그들은 여러 방법을 총동원하여 고쳐보고자 했지만 귀가 들리지 않고 말을 하지 못하는 것은 그들이 할 수 있는 어떤 한계를 벗어난 것이기 때문에 포기 상태에 있었을 것으로 판단됩니다. 하지만 주님에 대한 명성과 병 고침에 대한 능력 행하심에 대한 소문을 듣고 그들은 그 장애인을 예수님께 직접 데리고 온 것입니다. 주님이 안수하면 고칠 것이라는 믿음을 가졌던 것입니다. 왜냐하면 주님의 능력은 그 어떤 병도 고칠 수 있다는 확신 때문이었습니다. 믿는 자는 그 믿음대로 되는 것입니다. 안 된다고 생각하는 사람에게는 기적이 일어날 수 없습니다. 주님께서 능히 이 정도의 장애는 충분히 고칠 수 있는 하나님의 아들이심을 믿었기 때문에 주님께 나아왔던 것입니다. 우리가 주님께 나올 때도 마찬가지입니다. 장애와 같은 불가능한 문제라도 주님이 능히 고치실 것을 믿고 나와서 간구하는 사람에게는 기적이 일어날 줄 믿습니다. 가정에서 부부간의 소통의 어려움을 겪고 있는 분들이나, 부모와 자식 간의 소통문제나, 직장과 사회 속에서 듣는 일과 말하는 것에 문제를 가지신 분들은 주님께 나아와야 합니다. 의사들의 도움도 필요하고, 상담자의 상담도 도움이 될 수 있지만 근본적인 소통의 문제는 주님께 나아올 때 해결이 되는 줄 믿습니다.

예수님의 치유

예수님께 장애인을 데리고 온 사람들은 많은 사람들 앞에서 안수하여 고쳐 주시기를 바랐지만 주님은 그 사람을 따로 한적한 곳에 데리고 나가 치유해 주셨습니다. 우리는 여기서 군중의 생각과 예수님의 생각이 다르다는 것을 알 수 있습니다. 군중이 생각한 것은 많은 사람들 앞에서 예수님의 안수를 통해서 고쳐 주시는데 있었지만 주님은 군중심리를 이용해서 자기를 드러내지 않으시고 개인과의 일대일 관계를 통해서 믿음을 갖도록 하신 것입니다. 때로는 주님께서 군중 앞에서 기적을 행하기도 하십니다. 예를 들면 오병이어의 기적은 많은 사람들을 대상으로 주님의 능력을 행하심이었습니다. 하지만 일대일 혹은 소수와의 관계를 통해서 이적을 행하시고 서로의 인격적인 관계를 통한 믿음을 원하시는 경우도 있는데 본문의 기사는 바로 그런 케이스입니다. 주님의 기적의 목적이 여기서 분명히 드러납니다. 많은 사람들에게 구경거리가 되기를 바라시는 것이 아니라 그 분의 치유를 통해서 자신이 그 사람의 개인적 구주가 되시며 주인 되심을 알려 주시기 원하셨던 것입니다. 그래서 예수님은 사람이 없는 조용한 곳으로 장애인을 데리고 가서 손가락을 그 사람의 귀에 집어넣고 손에 침을 뱉어 그의 혀에 대신 것입니다. 이 사람의 말이 어눌했던 것은 귀가 먹으면서 자기 말이 들리지 않으니까 그랬던 것 같습니다. 아무도 이 사람의 귀에 손가락을 넣지 않았을 것입니다. 그러나 예수님께서는 문제의 근원이 어디에 있는지를 아셨기 때문에 귀에 손을 넣으셨고, 말라붙어 굳어져 있는 혀에 침을 뱉어 바르시므로 그 사람의 혀가 풀리고 말하게 된 것입니다. 오랫동안 혀를 사용하지 않으면 혀는 돌처럼 굳어져 더 이상 말을 할 수 없습니다. 하나님께서는 우리 인체의 모든 지체들이 잘 사용되도록 창조하셨고 그것을 계속해서 사용하는 가운데 더 효과적인 기능을 하도록 하십니다. 각자가 나중에 사용하기 위해 과도하게 아껴도 그 기능이 퇴화 되는 것입니다.

주님은 머리에 안수 하는 것보다 장애인의 귀를 만지고 손가락을 집어넣으므로 문제가 어디에 있다는 것을 인식시키시고 마음에 평안함을 주셨을 것입니다. 우리가 어릴 때 귀 후비는 도구가 없었을 때 어머니 무릎에 누워있으면 어머니께서 귀를 후비어 주시던 것을 기억합니다. 어머니 무릎에 누워 있으면 그 손길이 얼마나 사랑스럽고 마음이 편안했던지 고이 잠이 들었던 기억이 납니다. 그 때가 가장 행복하고 마음이 편안할 때였습니다. 장애를 가진 사람들은 그 장애로 인하여 보통 사람과는 다른 행동이 나오는 것을 보게 됩니다. 귀가 어둡거나 잘 안 들리는 사람은 상대방에게 고함을 지르거나 신경질을 내는 경우가 많습니다. 자기가 잘 안 들리기 때문에 상대방도 안 들리는 것으로 생각하고 크게 소리를 지르는 경우가 많습니다. 주님은 그러한 사람의 양 귀에 손가락을 넣어서 먼저 문제를 파악하게 하고 마음에 편안함을 주시고 돌같이 굳은 혀를 만져 부드럽게 하심으로 그 부드러운 손길로 문제를 풀어주신 것입니다. 이러한 방법은 개인의 병이나 장애의 종류에 따라 주님의 치유 방법이 다양함을 시사한 것입니다. 한 가지의 방법이 아니라 사람의 믿음과 병의 종류에 따라 역사하는 방법도 다양합니다.

예수님께서 그렇게 터치를 하시고 난 다음에 장애인의 고통이 어디서부터 왔는가를 생각하시면서 하늘을 향하여 탄식하셨습니다. 여기서 '하늘을 우러러 보심'은 모든 긍휼함과 은혜의 기적이 하늘의 아버지로부터 옴을 주님께서 아셨고, 자신이 하는 모든 능력도 아버지로부터 옴을 확인하신 것입니다. 그렇습니다. 모든 은혜와 복이 하늘 아버지로부터 내려옵니다. 땅에서 솟는 것도 아니고 인위적으로 만들 수 있는 것도 아니며 하늘 문이 열릴 때 치유와 기적의 역사가 일어나는 것을 모든 사람들에게 보여 주신 것입니다. 늘 땅만 바라보는 사람은 땅의 것만 얻어서 살다가 땅으로 돌아가지만 하늘을 향해 은혜를 구하는 사람들에게는 하늘 아버지의 좋은 것을 갖도록 하시고 천국을 누리며 살게 하십니다. 보통 기적을 행하시기 전에 기도하셨던 모습과는 다르게 주님께서 '탄식했다'고 기록하고 있습니다. '탄식하다'는 단어는 기도가 아님을 우리는 쉽게 알 수 있습니다. 이 단어는 헬라어로 에스테낙센(εστεναξεν)인데 '신음하다, 괴로워하다, 번민하다'라는 뜻을 가지고 있습니다. 여기서는 그 장애가 죄의 결과임을 아시고 그 비참함에 대한 괴로움을 드러내는 의미를 가지고 있다고 할 수 있습니다. 주님은 사람이 가지고 있는 질병이나 장애에 대한 현상만 보시는 것이 아니라 그 모든 것이 어디에서부터 기인했는가를 아시고 탄식하신 것입니다. 서로간의 가로막고 있는 언어의 장벽을 가져온 죄에 대한 탄식이요, 그 결과로 고통 받고 있는 장애인에 대한 탄식입니다. 우리가 하나님께 죄를 지으면 하나님과 단절되고 점점 멀어지는 것을 느끼게 되고, 부모나 다른 인간관계 속에서 죄를 지으면 관계가 소원해지면서 상호간에 소통이 일어나지 않습니다. 그러므로 소통이 이루어지기 위해서는 마음에 있는 죄를 그리스도의 보혈로 제거해야 합니다. 오늘 우리의 형편을 보시고 탄식하시는 주님의 소리를 들을 수 있는 영적인 귀와 그의 모습을 볼 수 있는 영적인 안목이 필요합니다. 우리의 처지에 대해서 방관하거나 모르는 척 하시는 주님이 아니라 우리의 내면에 불순종과 불의로 인하여 나타나는 온갖 잘못된 현상에 대해서 탄식하시며 괴로워하시는 주님이십니다. 무엇보다 하나님과 우리를 가로막고 있는 죄와 허물에 대해서 탄식하시는 주님의 비통함을 우리는 알아야 합니다. 여기서 우리가 기억해야 할 바는 비록 병 고치는 일과 장애인들을 치유하는 것은 일시적인 것일 수 있지만 우리에게는 앞으로 십자가의 구원을 위해서 완전히 회복하게 하시는 주님의 구속의 은총이 있다는 것입니다.

주님께서는 하늘을 우러러 탄식하시고 난 후 곧 바로 '에바다' 하시며 귀가 열리도록 명령하셨습니다. 에바다(εφφαθα)는 아람어로써 그 뜻은 Be opened 즉 '열리라' 는 의미인데 '전에 닫힌 것을 열다' 라는 좀 깊은 의미를 가진 열림입니다. 전에 다른 사람들로부터 들을 수 없는 막힘에서 '이제 열림으로 들을 수 있게 되어라' 는 뉘앙스를 가지고 있습니다. 주님께서는 그 장애인의 닫힌 귀를 여시고 이제 소통할 수 있도록 해 주신 것입니다. 어떤 요인에 의해서 닫혔더라도 주님 앞에 나와서 그의 은혜를 누릴 수 있다면 반드시 열리게 되는 것입니다. 과거의 단절과 닫힘으로 한탄하거나 상심하지 말고 그 어떤 경우에서라도 할 수 있다는 믿음과 확신을 가질 때 우리의 아픔이 회복되는 줄 믿습니다.

장애인의 회복

주님께 나아왔던 장애인은 주님의 말씀을 들을 수 없음에도 불구하고 예수님의 일방적인 선언인 '에바다' 라는 말씀에 귀가 열리고 말을 할 수 있게 되었습니다. 본문 35절에 보니 **"그의 귀가 열리고 혀의 맺힌 것이 곧 풀려 말이 분명하게 되더라"** 라고 기록하고 있습니다. 귀는 하나님의 말씀을 듣기 위해서 존재하는 것이고 혀는 예수님께 말하기 위해 있는 것입니다. 이제는 주님의 음성을 얼마든지 들을 수 있는 귀가 되었습니다. 이제는 들은 말씀, 경험한 바를 다른 사람들에게 말할 수 있고 전할 수 있는 혀가 되었습니다. 듣고 말할 수 있는 것은 큰 복입니다. 오늘 육신적인 귀와 혀는 건강하지만 영적으로 청각 장애를 앓고 있고, 언어 장애를 안고 있는 그리스도인들이 많습니다. 사실 귀와 혀는 아무 문제가 없는데 마음이 닫혀 있어서 귀와 입이 둔하여 정상적인 신앙생활을 못하는 사람들이 많습니다. 하나님의 말씀을 바르게 듣지 못하는 그리스도인들이 많습니다. 의사소통이 안 되고 말씀에 대한 경청이 부족한 사람들이 꽤 많습니다. 주님은 그러한 영적 장애인들을 향하여 '에바다' 라고 말씀하시는 것입니다.

우리는 주님의 음성을 듣기 우해 귀가 열려야 하고 입이 열려야 합니다. 들을 수 있어야 하고 말할 수 있어야 다른 사람들과 소통할 수 있습니다. 자폐 아동들 중에 친구들과 하루 종일 같이 있으면서도 말을 하지 않는 아이들이 있습니다. 그러니 자기 혼자서 옷을 이빨로 물어뜯기도 하고 머리카락을 뽑는 비정상적인 행동을 보입니다. 소통하고 싶지만 마음의 문이 닫혀 있어서 엉뚱한 행동을 보이는 것입니다. 그리스도인들도 마찬가지입니다. 하나님과 성도들과의 원활한 소통을 하지 못하는 사람들은 사회에서 많은 사람들과 같이 어울려 살지만 정상적인 삶을 사는 것이 아니라 이상한 행동을 통해서 자기를 드러내려고 하는 경향이 있습니다. 예를 들면 과도한 과소비를 통해서 자기 자신을 드러내 보이려고 하거나 미모지상주의로 다른 사람의 이목을 집중시켜 보려는 것이나 자기 혼자 은둔형 외톨이가 되곤 합니다. 영적 자폐 증세가 있는 분들은 오늘 말씀을 듣고 마음과 영혼이 먼저 열려야 말씀을 들을 수 있고 소통할 수 있습니다.

예수님 앞에 나와 예수님의 치유를 통해서 장애인은 깨끗하게 회복이 되었습니다. 하나님과의 관계도 풀리고 사람 특히 집안사람들과의 소통이 일어나게 되었습니다. 모든 것이 다 풀리게 되어 정상적인 의사소통이 일어난 것입니다. 말씀에 대해서, 기도에 대해서,

귀가 닫히고 입이 닫힌 사람들은 이 시간 말씀을 듣고 열리는 은혜를 누릴 수 있기를 소망합니다. 열려야 가정생활이 행복하게 됩니다. 세상적인 모든 조건을 다 갖추고 살아도 가정에 가족들과의 대화를 통한 의사소통이 일어나지 않으면 그 가정은 점점 단절을 통한 지옥 같은 삶으로 치닫게 됩니다. 기도하지 않고 살아가는 사람은 나중에 말 못하는 벙어리, 바보가 되고 맙니다. 기도하는 사람은 하나님과의 소통을 통해서 영적인 문제가 풀리고 축복의 통로가 활짝 열리게 됩니다.

이 사람의 치유와 회복은 개인에서 끝난 것이 아니었습니다. 주위에 보고 들은 많은 사람들이 깜짝 놀라게 되었습니다. 조용한 곳에 가서 치유를 받고 회복이 되었지만 그 파장은 많은 사람들에게까지 미치게 된 것입니다. 개인적으로 말씀을 듣고 변화된 사람들은 이러한 영향력을 통해서 그리스도를 드러내게 됩니다. 백 마디의 말이나 이론보다는 변화된 모습이 사람들을 놀라게 만들고 결국은 그 변화를 이끌어 내신 그리스도가 존귀하게 되는 것입니다. 우리의 가정과 직장 사회에서 변화된 모습을 보임으로 복음의 전이가 일어나기를 소망합니다. 그것이 바로 우리가 이 세대에 아버지께 드릴 몸으로써의 제사입니다(롬12:1).

그러므로 그리스도인들은 주님의 마음 즉 사랑을 가지고 장애인들에게 대한 관심을 가져야 할 뿐만 아니라 나 자신을 정확하게 진단하여 영적인 장애와 그로 인한 소통의 부재를 안고 있지는 않는지를 점검해 보아야 합니다. 만일 그러한 장애를 가지고 있다면 '에바다' 라는 주님의 음성을 듣고 치유 받아 새롭게 회복되는 은혜를 누릴 수 있기를 축복합니다. 하나님과 사람과의 소통을 통해서 우리는 성장할 수 있고 행복할 수 있습니다. 주님은 소통의 달인입니다. 주님은 스스로 하나님과 우리를 이어주는 통로가 되셨고, 사람과 사람의 소통을 도와주는 진정한 치유자이십니다. 진정한 장애는 육체적인 것이 아니라 마음이기에 마음의 문, 영혼의 문을 활짝 열 수 있어야 합니다. 그렇게 함으로써 여러분의 가정과 직장, 그리고 사회생활이 더 풍요롭고 행복하게 될 것입니다.

마가복음 강해서 ②

하나님의 나라

■
초판 1쇄 인쇄 / 2013년 4월 15일
초판 1쇄 발행 / 2013년 4월 20일

■
지은이 / 안 병 만
펴낸이 / 김 수 관
펴낸곳 / 도서출판 영문
122-070 서울시 은평구 역촌동 10-82
☏ (02) 357-8585
FAX • (02) 382-4411
E-mail • kskym49@yahoo.co.kr

■
출판등록번호 / 제 03-01016호
출판등록일 / 1997. 7. 24

정가 15,000원
ISBN 978-89-8487-303-2 03230
Printed in Korea